U0448368

RESEARCH ON THE DEVELOPMENT OF
WORLD-CLASS TVET INSTITUTIONS
WITH CHINESE CHARACTERISTICS

中国特色
世界一流职业院校
建设研究

杨欣斌 等 著

商务印书馆
The Commercial Press

目 录

第一章 全球产业变革与世界一流职业院校建设 ·················· 1

一、数字经济呼唤世界一流职业教育 ····················· 1

二、中国特色世界一流职业院校建设的战略抉择和行动纲要··· 10

三、中国特色产教融合的"核心密码":九个共同 ·········· 25

四、中国特色世界一流职业院校建设的评价基准 ············ 41

第二章 世界高等职业教育的历史演进 ······················ 49

一、世界高等职业教育发展的主要阶段 ·················· 49

二、发达国家和地区高等职业教育发展模式 ··············· 53

三、世界高等职业教育院校案例剖析 ···················· 69

四、高等职业教育发展的国际经验与借鉴 ················· 76

第三章 新科技浪潮中的"大国工匠"培育与传承 ············ 84

一、新科技浪潮与产业革命中的"工匠精神" ·············· 84

二、人才培养模式的改革与创新 ························ 93

三、职业院校的招生就业制度改革 ····················· 99

四、创新创业教育的"生态体系" ······················ 105

第四章 产业协同视域下的专业和课程建设 ……… 113

一、学科专业建设的国际比较：经验与借鉴 ……… 113
二、产业协同视域下的专业建设审视：整合与共建 ……… 116
三、职业教育课程模式的演变与发展：理实一体化 ……… 120
四、专业和课程转型的理念与实践 ……… 123
五、职业教育专业教学标准开发 ……… 128

第五章 数字化教育革命与教学创新 ……… 132

一、数字化教学环境建设 ……… 132
二、"以学习者为中心"的教与学范式变革 ……… 140
三、技术技能人才培养的教学创新 ……… 146

第六章 职业院校"技艺之美"的文化选择 ……… 154

一、职业院校文化的属性和特色 ……… 154
二、树立职业院校文化育人理念 ……… 159
三、职业院校文化育人的要素分析 ……… 165

第七章 全球化时代职业院校的国际合作 ……… 171

一、拓展国际合作教育的内涵 ……… 172
二、加强人才培养与国际接轨 ……… 176
三、基于"一带一路"倡议推动国际合作 ……… 178

第八章 基于大数据的质量保障体系建设 ……… 183

一、高等教育质量保障的理论基础和国际经验 ……… 183
二、我国高等教育质量保障体系建设述评 ……… 198

三、基于大数据的全过程教学质量保障体系建设……………208

第九章　中国特色世界一流职业院校建设的思考……………220
　　一、中国特色世界一流职业院校的发展模式……………220
　　二、中国特色世界一流职业院校的发展路径……………236

附录　德国双元制职业教育及发展趋势……………260
　　一、德国现代职业教育的兴起……………260
　　二、德国现代职业院校的发展和运行机制……………268
　　三、德国职业院校发展的经验启示……………282
　　四、院校案例：巴符州双元制大学……………288

后　记……………295

第一章

全球产业变革与世界一流职业院校建设

自2016年二十国集团（G20）杭州峰会首次将"数字经济"列为创新增长蓝图中的重要议题并通过《G20数字经济发展与合作倡议》以来，数字经济作为一种经济形态和一个经济时代的定义在全球达成了共识。数字经济是继农业经济、工业经济之后的主要经济形态，是以数据资源为关键要素，以现代信息网络为主要载体，以信息通信技术融合应用、全要素数字化转型为重要推动力，促进公平与效率更加统一的新经济形态。[①] 在数字经济时代，职业教育具有重要的经济社会意义，主要体现在有助于实现制造业高质量发展、激发社会活力和提升营商环境国际竞争力等方面[②]，这对职业教育发展提出了新的要求，也是促使职业教育高质量发展的新动能。

一、数字经济呼唤世界一流职业教育

数字经济既是传统经济转型升级的"跳板"，也是未来新经济

[①] 国务院关于印发"十四五"数字经济发展规划的通知［EB/OL］.［2022-01-12］. http://www.gov.cn/zhengce/content/2022-01/12/content_5667817.htm.

[②] 刘琛.数字经济背景下的职业教育［J］.中国人民大学学报，2020（6）：40.

快速发展的"蓝海",正前所未有地重构着经济发展"新图景"。一方面,数字产业化释放经济增长潜力,以人工智能为代表的新一代信息技术和数字技术深度渗透到实体经济中,为产业数字化转型创造了必要条件;另一方面,数字经济催生出大量新业态,在刺激消费、带动就业等方面发挥了重要作用。[①]职业教育发展面临新的机遇和挑战。

(一)人工智能引领科技和产业变革

《中国新一代人工智能发展报告2019》显示,目前人工智能(AI)战略部署呈现从少数大国关注走向全球布局的新格局,中美两国是全球人工智能合作网络核心节点。报告分析发现,2018年以来,人工智能对科技、产业和社会变革的巨大促进作用在全球得到更加广泛的认同,各国人工智能战略布局进一步升级。2018年,有12个国家或地区陆续发布了国家级人工智能战略计划,另有11个国家正在筹备制定人工智能国家战略。由此看来,以人工智能技术为标志的新科技革命正蓬勃展开。[②]

自"人工智能"这一术语在1957年达特茅斯(Dartmouth)会议上被正式提出之后,人类对人工智能领域的关注逐渐增多,相关技术也获得了极大发展,人工智能技术在社会各领域发挥着越来越重要的作用,对人们的思想观念与技术形态变革产生了重要影响。[③]随着人工智能技术的不断发展,各国政府纷纷加大财政投入力度,

---

[①] 人民财评:拥抱数字经济时代,既要抢先更要行稳[EB/OL].人民网,[2021-04-01]. https://baijiahao.baidu.com/s?id=1695799360904244000&wfr=spider&for=pc.

[②] 中国新一代人工智能发展报告出炉:AI战略走向全球布局[EB/OL].[2020-10-01]. https://www.thepaper.cn/newsDetail_forward_3518834.

[③] 刘德建.人工智能赋能高校人才培养变革的研究综述[J/OL].电化教育研究,2019(11):1-8.

从国家战略产业布局、企业支持等各个维度出发，大力推进人工智能技术与经济社会的深度融合。许多发达国家为了应对人工智能时代的技术变革与科技创新，纷纷出台技术支持政策，以促进本国人工智能技术的纵深发展，提升自身的国际竞争力。

在政策规划上，世界主要发达国家纷纷出台人工智能及其教育应用发展的相关政策，引领人工智能支撑下的教育教学改革。韩国教育科学技术部于2011年6月向总统府递交《通往人才大国之路：推进智能教育战略》提案，并于同年10月发布《通往人才大国之路：推进智能教育战略施行计划》。2016年美国发布《为人工智能的未来做好准备》和《国家人工智能研发战略规划》，其目的是为促进人工智能知识与技术的发展，提供跨部门的人工智能发展战略。2017年英国发布《在英国发展人工智能》和《产业战略：建设适应未来的英国》白皮书，对人工智能的应用、市场和政策支持进行分析，提出了促进英国人工智能发展的行动建议。[1]

我国政府密切关注人工智能的发展趋势，出台了一系列支持政策推动人工智能技术的深度发展，具体包括《中国制造2025》《"十三五"国家科技创新规划》等，为人工智能技术与产业深度融合，以及人工智能产业人才培养提供了重要的政策支持。2016年6月《教育信息化"十三五"规划》出台，积极推进"互联网+"教育，形成以新一代信息技术为基础的教育发展成果。为培养新一代信息技术人才，2017年2月教育部高等教育司开展新工科研究与实践。[2] 从首批新工科研究与实践项目名单和发展方向可以看出，我国

---

[1] 吴砥，饶景阳，王美倩. 智能教育：人工智能时代的教育变革[J]. 人工智能，2019（3）.

[2] 陈劲，吕文晶. 人工智能与新工科人才培养：重大转向[J]. 高等工程教育研究，2017（6）：18-23.

高等教育已经进入由信息化向智能化转型的初级阶段。

2017年7月，国务院印发《新一代人工智能发展规划》，提出发展人工智能的三个阶段，要求我国实现弯道超车，在人工智能理论、技术与应用方面总体达到世界领先水平。向新型智能化目标的转变过程，意味着我国正迈向人工智能2.0的初级阶段。[①] 教育部于2018年4月发布《高等学校人工智能创新行动计划》和《教育信息化2.0行动计划》，推进人工智能教育发展。这两个行动计划的出台，体现了国家对于促进人工智能技术人才培养的大力支持，是应对日益复杂的国际经济贸易形势、促进我国产业转型升级的重要政策指导。

近年来，人工智能技术对经济社会的影响日益广泛，引发相关经济产业结构发生变化，医疗、农业、工业、能源、国防等领域出现了重大变革。随着移动互联网、通信技术、脑科学、大数据、物联网等新技术的不断发展，人工智能技术也得到快速提升。[②] 产业转型中呈现出深度学习、跨界融合、人机协同及自主操控等新特征，推动经济社会各领域从网络化向数字化、智能化方向加速跃升。人工智能技术已成为引领21世纪教育系统变革与创新的重要动力，世界主要发达国家皆非常重视人工智能技术在教育领域的实际应用。

目前，人工智能技术与产业经济的深度融合已到达新阶段。人工智能与智能制造、医疗卫生、金融、自动驾驶等领域的深度融合，推动着人才需求朝着智能化、自动化、个性化方向转变。人工智能作为一种历史性的技术进步，在某种程度上超越了传统被动的工具，

---

① 潘云鹤. 人工智能2.0与教育的发展［J］. 中国远程教育，2018，5.
② 柴天佑. 工业互联网与工业人工智能［N］. 中国信息化周报，2019-10-28（007）.

一跃成为具有主动性和自主性的新兴技术。①麦肯锡的最新报告显示,到2030年,全球8亿多人的工作岗位可能被机器人取代②;而国际机器人联合会估计,仅机器人产业就将在全球产生17—19万个工作岗位。③人工智能所引发的产业技术革命,将直接推动职业技术教育人才培养理念与目标的转变,未来的职业技术教育将着力于适应智能化经济产业的发展目标,为经济产业转型升级提供人才支持。

(二)新科技革命冲击下制造业大国的转型

21世纪以来,随着人工智能、智能制造、物联网、大数据等技术的深度融合,全球的产业经济急剧变革,新一轮科技革命开始呈现加速发展的趋势。这一系列技术变革引发了制造业在生产方式、组织形式、制造模式等方面的巨大变革。我国的制造业正处在转型升级的重要关口,新科技革命愈演愈烈的态势为我国制造业转型升级提供了强大动力。

中国电子信息产业发展研究院在《2019年中国数字经济发展指数白皮书》前言中提出:"全球正处于新一轮科技革命和产业变革之中,以互联网、大数据、人工智能等为代表的数字技术向经济社会各领域全面渗透,全球已进入以万物互联、数据驱动、软件定义、平台支撑、智能主导为主要特征的数字经济时代。传统意义上的时空因感知、联接、数据、计算技术的发展和应用被不断压缩和虚拟化,智能终端等新型工具大量涌现,数字技术在经济社会发展中的作用已经从提升效率和劳动生产率的辅助角色上升到生产力的中心

---

① 王玄.MIT媒体实验室伊藤穰一:泡沫很难预测,但硬件与生物领域值得投资[EB/OL].[2015-11-18]. https://www.tmtpost.com/1470561.html.
② 高金萍.高等教育进入智能化发展阶段[J].北京教育(高教),2019(5):8-10.
③ 欧阳忠明,潘天君.面对人工智能职业培训以变应变[N].中国教育报,2018-10-09(09).

位置，从而快速演变为基础创新和创造的赋能者。"①新科技革命是以新一代信息技术、数字化制造、智能机器人技术、能源技术、材料技术、生物技术为核心的多领域新技术的整合创新、相互融合。②随着新技术向经济产业领域的不断渗透，以往的大批量、标准化生产方式，转向依托新一代信息技术和网络平台的智能化、数字化、个性化形态。在新科技革命的冲击下，制造业的产业边界与其他产业逐渐交融，传统制造业价值链中的研究与开发、产品物流、品牌营销及售后服务等高端环节，逐渐成为制造业的主要部分以及产业增值的核心环节。

改革开放以来，制造业一度成为我国经济发展的核心产业。2007年全球性金融危机之后，主流发达国家开始重新审视制造业的战略地位，逐渐将新兴制造业作为推动经济增长、保持国际竞争力的重要产业③，将先进制造技术、新能源技术、工业互联网技术等一系列新科技作为优先发展目标④，并通过提供技术补贴、税收优惠、加大财政投入等措施促进高端制造业迅速发展。与此同时，这些国家放缓了技术出口的速度，提高了发展中国家获得新技术的门槛。这使得我国制造业获得国际产业转移所带来的技术溢出机会被迅速挤压，也提高了对外投资和产品出口的技术难度，成为我国制造业进军全球产业价值链高端环节的重大阻碍。

至2010年，我国制造业的总量与规模已位居全球第一，这为

---

① 中国电子信息产业发展研究院.2019年中国数字经济发展指数白皮书（完整版）[EB/OL].[2019-11-05].http://www.cbdio.com/BigData/2019-11/05/content_6152621.htm.
② 尹锋林,肖尤丹.以人工智能为基础的新科技革命对知识产权制度的挑战与机遇[J].科学与社会,2018,8(04):23-33.
③ 徐治立,霍宇同.新科技革命背景下国外创新政策发展趋势探析[J].北京航空航天大学学报（社会科学版）,2019,32(04):54-58.
④ 樊春良.新科技革命和产业变革趋势下中国科技强国建设之路[J].科技导报,2018,36(21):63-68.

我国经济社会的持续发展奠定了雄厚的经济基础，迅速增强了我国的国际竞争力。然而，近几年来，随着外部经济形势的日益复杂化，我国的制造业发展面临着重大考验，一系列国际贸易争端促使我国制造产业急需转型升级。新科技革命所带来的制造方式转型、生产组织的变革以及资源分配方式的转变，为我国加快形塑新兴制造业、加速转变经济发展方式、快速实现产业转型升级提供了历史性机遇。[①]长期以来，由于缺乏核心的研发技术以及自主知识产权，我国的制造业集中在制造加工和装配等产业价值链低端环节，长期处于国际产业价值链的最底端，行业的附加值偏低，在核心技术、关键设备以及产品品牌方面的国际竞争力明显不足。而随着新科技革命的冲击，核心研发、产品技术、前沿设计等要素逐渐成为国际制造业竞争场域的核心，并在制造业产品附加值中的结构比例越来越大。重点发展智能制造产业已成为国家战略的重要组成部分，是提升国际竞争力的关键战略之一，我国的制造业必须加快转型升级的步伐，才能在新一轮的国际竞争中掌握经济社会发展的主动权与制高点。[②]为此，政府有关部门相继出台一系列政策措施，扶持航空航天、专用装备、数控机床、先进轨道交通技术、海洋工程技术等高端先进制造行业，促使相关企业通过整合资源形成高端制造产业群；同时，重点培育适应新科技革命发展需要的智能制造、通信技术、互联网、大数据等先进高端制造产业；并通过企业、大学和科研机构组建研发联盟进行新科技协同创新，重点突破一批先进制造的关键技术，从而带动先进制造业的全面发展，培育出一批领先全球价值链高端

---

① 邓向荣，郭孝纯.新科技革命视角下中国产业升级与创新跨越[J].理论与现代化，2018（01）：39-45.
② 赵若玺，徐治立.新科技革命会引发什么样的产业变革[J].人民论坛，2017（23）：79-81.

的先进制造产业。

（三）数字经济时代职业教育发展的挑战与使命

数字经济时代的经济地理没有显示出传统的南北鸿沟，它一直由一个发达国家和一个发展中国家共同领导：美国和中国。这两个国家占有区块链技术相关专利的75%，全球物联网支出的50%，以及全球公共云计算市场的75%以上。或许最引人注目的是，两国占全球70个最大数字平台市值的90%。[①]

以智能化、信息化为核心，以人工智能、大数据、区块链、云计算等前沿技术为代表的新技术革命在推动社会生产方式变化的同时，也对技术技能人才的综合能力提出了更高的要求。数字经济迅猛而高质量的发展，离不开一大批适应产业需求、具有扎实数字技术技能的人才。国际电信联盟在2020年发布的《数字化技能洞察》（Digital Skills Insights 2020）报告中指出，"迫切需要培养数字化技能，确保人人均可从数字化转型中充分受益"。[②]因此，职业教育的人才培养目标和培养模式面临全新的挑战。正如联合国秘书长安东尼奥·古特雷斯所说：数字经济将需要一系列新型的技能、新一代的社会保障政策以及工作和休闲之间的新关系。我们需要对教育进行重大投资，不仅要立足于学习，还要学习如何学习，并为所有人提供终身学习机会。[③]

在我国，高等职业教育作为现代职业教育体系和国家人力资源

---

① 联合国.2019年数字经济报告［EB/OL］.［2020-06-20］.https://blog.csdn.net/r6Auo52bK/article/details/100788231.

② 国际电信联盟.2020年数字化技能洞察［EB/OL］.［2020-10-13］.https://academy.itu.int/main-activities/research-publications/digital-skills-insights/digital-skills-insights-2020.

③ 联合国.2019年数字经济报告［EB/OL］.［2019-09-10］.https://www.sohu.com/a/340021751_286727.

开发体系的有机组成部分，承担着培养高级专门人才、传承行业技术、促进创业就业的重要职能。从本质上讲，高等职业教育的发展影响着我国经济产业转型升级的速度与效率，对新时代社会经济的发展发挥着举足轻重的作用。①目前，我国经济正处在结构调整的重要节点，一方面，产业转型升级对高质量、高素质、复合型人才的需求量越来越大，高等职业教育人才培养的任务将会越来越艰巨。另一方面，传统制造业正逐渐被高效环保经济的产业形态所取代，新兴产业对于劳动者的技能要求越来越高。在产业依托智能化技术、云计算、大数据、互联网等先进科学技术的发展趋势中，原有的生产组织形式发生了重大变化，要求技术技能型人才的工作、思维方式有更大的转变。②新技术的不断应用，不仅要求新时代的劳动者具备与产业对接的高级专门知识及相关技能，还要求相关人才具备管理服务、协作沟通、创新创业等多方面的素质，成为复合型高素质技术技能人才。就目前而言，我国高等职业教育的人才培养模式已不能满足新一轮科技革命和产业转型升级的客观需要。如果不主动变革人才培养目标及教学模式，不主动与经济产业发展相互联系，不主动与区域经济发展相呼应，不主动瞄准先进科学技术的发展趋势，未来的高职教育势必难以满足经济社会发展对高素质人才的需求，造成转型产业领域技术技能人才空缺的现象，并导致更加严重的结构性失业问题。

在新时代，我国高等职业教育承担着建设高等教育强国，服务国家重大战略需求，构建中国特色世界一流的现代职业教育体系，

---

① 宋洋."一带一路"背景下我国高职人才培养的战略契机、现存问题与创新路径[J].教育与职业，2019（20）：62-66.
② 杨蕙琳.新时代背景下高职教育深化改革与创新发展[J].教育与职业，2019（13）：28-35.

为我国经济社会可持续发展贡献优质人力资源的重大使命。当前，我国高等职业教育应紧扣中国特色世界一流的职业教育标准，着眼于培养社会需要、世界领先的高质量人才，坚持走内涵式发展道路，始终坚持立德树人，将工匠精神、职业技能、前沿技术融入职业教育课程与教学体系，以实现"促进社会和谐稳定、经济高速发展、文化持续繁荣、劳动力素质持续提高"的教育目标。

二、中国特色世界一流职业院校建设的战略抉择和行动纲要

在全球产业与科技变革的新形势下，建设中国特色世界一流职业院校具有重大战略意义。首先，中国特色世界一流职业院校建设可为振兴中国实体经济提供关键支撑。实体经济的振兴主要依靠创新驱动，需要大量既精通操作又擅长改进创新的"大国工匠"，没有人才优势，就不可能有创新优势、科技优势、产业优势。我国虽然建成了世界上规模最大的职业教育体系，但总体上还不强，培养的人才大多属于按照技术规范进行操作的一般性技能人才。要改变这种现状，必须以重点突破推进整体提升，建设一批世界级高等职业院校，有效化解高层次技能人才短缺的结构性矛盾，加快技能人才培养体系由大向强转变。其次，中国特色世界一流职业院校建设是加快完善现代职业教育体系的重要举措。2014年，《国务院关于加快发展现代职业教育的决定》明确提出要建成一批世界一流的职业院校和骨干专业，第一次从国家政策层面提出了建设世界一流职业院校的目标。通过树立标杆、形成示范，打造可复制、可推广度创新的重要探索地和先行地，凝聚社会强大正能量，实现一级带

动一级、一级引领一级的目标，加快现代职业教育体系构建步伐，为我国建设人力资源强国奠定坚实基础。最后，中国特色世界一流职业院校建设是推进"一带一路"建设和中国职业教育走出去的迫切需要。困扰中国企业"走出去"的一个重大问题，是难以在当地招募到符合需求的技术技能人才，导致生产成本居高不下。将一流职业院校的优质教育资源输送到海外，既可以推动经济与文化教育、硬实力和软实力协同"走出去"，也可以为中国企业培养出大批具有熟练技能、懂中国技术和装备标准、接受中国文化的当地雇员队伍，切实提高中国企业劳动生产率。本节以深圳职业技术学院（以下简称"深职院"）为例，介绍建设中国特色世界一流职业院校的战略抉择和行动纲要。

（一）"三步走"战略目标

注重发展高水平职业教育是德国在二战后和 2008 年全球金融危机后经济迅速发展的秘密武器，也是当前全球发达国家实行"再工业化"战略的重要配套措施。深圳要率先建设社会主义现代化先行区，需要聚焦职业教育，提升经济发展含金量。这就需要高水平职业院校先行一步，打造与社会主义现代化先行区地位相称、在粤港澳大湾区建设中发挥核心引擎作用的世界级高等职业院校，为区域发展提供人才和智力支撑。

自 20 世纪 90 年代创办以来，深职院发扬深圳改革创新精神，坚持"改革不停顿、创新不止步"，致力于服务国家战略，支撑产业发展。深职院积极承担国家高职教育改革创新试点任务，不断探索中国高职教育特色发展道路，先后创造性地提出了"深圳的经济增长点在哪里，我们的专业就办到哪里"、"教授手上要有油"、"培养能工巧匠型的大学生，大学生式的能工巧匠"等重要创新理念，实施了"文化育人、复合育人、协同育人"系统改革,形成了"政校行企四方联动、产学研用立体推进"的办学模式,确立了"德业并进、学思并举、脑手并用"的人才培养目标,构建了享誉业内的"深职模式"。

进入"十三五"时期,职业教育改革发展面临新的机遇与挑战。面对数字经济为职业教育带来的新课题、国家职业教育改革发展带来的新使命、深圳经济社会快速发展带来的新格局,以及学生多样化需求带来的新挑战,深职院紧盯科技进步和产业升级,抢抓发展机遇,主动求新求变,以当好中国职业教育创新发展的"冲锋舟"为己任,实施"九大一流行动计划",确立了建成中国特色世界一流职业院校的奋斗目标。

为率先建成中国特色世界一流职业院校,深职院确立了"三个服务、六个高地、一个率先"的战略目标,即始终坚持为党和国家服务、为深圳经济社会发展服务、为学生健康成长成才服务,建设高素质技术技能人才培养高地、产教融合机制创新高地、名匠大师汇聚高地、应用研发高地、社会服务高地、全球职业教育创新高地,率先建成中国特色世界一流职业院校,提升中国职业教育的国际影响力、感召力和塑造力,为经济社会发展做出一流贡献。

深职院总体规划,分步实施,提出了"三步走建成中国特色世界一流职业院校"的发展战略,力争到本世纪中叶进入世界一流职业院校的前列。第一步,到 2023 年,深职院建校 30 周年之际,学校综合实力稳居全国高职院校首位,技术技能人才培养、创新创业教育、社会服务、师资队伍建设等部分办学指标达到世界一流职业院校水平,初步建成中国特色世界一流职业院校;第二步,到 2033 年,深职院建校 40 周年之际,综合实力达到世界一流职业院校水平,成为中国职业教育的典型样本,具备一定的国际影响力;第三步，到 2043 年，深职院建校 50 周年之际，办学声誉获得世界公认，综合实力稳居世界一流职业院校前列，成为全球职业教育的典型样本，在世界各国得到广泛推广。

（二）行动纲要：九大一流行动计划

建设中国特色世界一流职业院校，重点是教育理念领先和体制机制完善，关键是教育教学模式先进，核心是拥有市场认可的品牌专业（群），汇聚国际国内知名技术技能大师，打造位于世界前列的产业技术研发服务体系，培养质量一流的技术技能人才，形成国际社会广泛认同的职业教育品牌。为此，深职院在建设中国特色世界一流职业院校进程中，实施"九大一流行动计划"，明确了第一期建设的目标和任务。

1. 一流技术技能人才培养行动计划

一流技术技能人才培养行动计划实施以学生学习成效为导向的人才培养模式改革，实现高等职业教育内涵式发展，培养知识型、技能型、创新型技术技能人才。计划到 2023 年，校企双主体分步建成 5 个以上世界一流专业（群），专业设置与区域重点产业匹配度超过 98%，与世界 500 强企业或行业领军企业共建专业比例超过 60%；50% 以上的毕业生获得国际知名职业资格认证，在企业产品生产质量、产业技术革新中发挥重要作用；毕业生初次就业率超过 98%，校友推荐度超过 86%，雇主满意度超过 95%，各项就业指标稳居全国高职院校前列。

一是创新技术技能人才培养模式。推进产教融合，深化"引企入教"改革，联合知名行业、企业共同开发具有国际先进水平的专业标准、课程标准，引进企业一线人才讲授专业核心课程、联合开展技术研发。推进职普融合，适应技术的快速变革以及生产服务方式的智能化转变，推进职业教育与普通教育的融合发展，在培养学生就业能力的同时，培养学生的职业生涯发展能力。推进理实融合，建设理论与实践融合的课程，推进"四室合一计划"（专业实训室＋教师工作室＋学生创业工作室＋行业协会办公室），依据行动导向，大力推进项目化课程和任务化课程建设。推进教育与生活融合，践行"寓教育于生活"的理念，让学生在生活中体会学习和求知的幸福，并通过学习获得对幸福的认知和创造幸福生活的能力。推进技术与文化融合，在技术教育与培训中融入文化素质教育，提高学生文化素养，培养学生工匠精神，加强专业教育的文化渗透，厚植工匠文化。推进现代信息技术与教学融合，改进教育教学方法和手段，提升教育教学的效果，建设智慧教室，探索未来课室、未来学校的形态构建和未来教学、未来教育的模式创新。

二是形成与深圳产业紧密对接的学科专业布局。建设与深圳产业结构调整优化升级相适应的学科专业体系，重点发展新一代信息技术、互联网、新能源、新材料、文化创意、节能环保等战略性新兴产业和生命健康、航空航天、海洋、机器人、可穿戴设备、高端装备与智能制造、大数据等未来产业所需学科专业。大力发展养老、互联网金融、现代物流、商贸服务、科技服务、旅游等现代服务业和黄金珠宝、服装等优势传统产业所需学科专业。加强智慧城市、智能建筑等城市可持续发展能力相关专业建设。大力推动集成电路、网络安全、人工智能等事关国家战略、国家安全的学科专业建设。推进标准化、规范化、品牌化建设，适应新一轮科技革命和产业变革及新经济发展，促进学科专业交叉融合。

三是建设一批世界一流品牌专业（群）。瞄准世界产业发展前沿和深圳全面落实《中国制造2025》的需求，首批启动建设通信技术、人工智能、智能制造等5个以上世界一流品牌专业（群），以世界一流主干专业群带动相关专业发展。每个专业联合 1 个以上世界一流企业，建设 1 所特色产业学院，组建 1 个产教联盟，打造产教融合、校企合作的"职教高地"。每个特色产业学院引进 1—3 名行业杰出技能大师，组建 1—3 个行业杰出技能大师工作室，建设 1 个世界一流实训实验室。

四是完善专业动态调整机制。联合政府、相关行业协会以及第三方评价机构，开发深圳技术技能人才信息平台，利用大数据、云计算等信息技术，开展人才需求预测、用人单位职业能力评价，以及专业设置、课程设置和就业情况评估，根据"专业口径宽窄并存、专业规模大小并存"的原则，设置新专业，整合现有专业，形成门类齐全、特色明显的专业供给。把市场供求比例、就业质量作为学校设置调整学科专业、确定培养规模的重要依据。依托第三方人才培养质量和就业质量数据，建立健全"红黄绿"专业预警机制和动态调整机制，抓住入口（招生）和出口（就业）两个关键环节，促进专业建设与市场需求对接，提高人才培养质量。

五是创办国际职业院校大学生技能大赛。依托联合国教科文组织国际职教中心、联合国教科文组织职业教育计划亚非研究与培训中心（深圳）、中国职业教育"一带一路"联盟等平台，举办国际职业院校大学生技能大赛，加强世界各国技术技能青年人才交流。

2. 一流创新创业教育行动计划

一流创新创业教育行动计划创立并践行"重心在教育、目标在万众、路径在分层、关键在实践、核心在创新"的理念，建立健全从启蒙教育、预科教育、专门教育到指导创办企业的进阶式创业人才培养体系，以及从通识必修课、选修课、创业专门课到实践训练课的进阶式课程体系。计划到 2023 年，实现"五个一批"发展目标，建成具有鲜明职业教育特色的创新创业课程体系：开发一批以创业意识和创业能力提升为导向的主干专业课程（20门），打造一批专业型创新创业技术平台（10个），构筑一批特色创新创业空间载体（10个），培育一批具有广泛市场影响力的创客项目（50个）；形成一批产教融合的创新创业服务模式，校友毕业3年内创业率超过13%，校内孵化企业3年存活率超过65%，创新创业教育相关指标位居全国高校前列，打造"全球技术技能人才创新创业教育中心"。

一是建设国际领先的技术技能人才创新创业课程体系和课程标准。实施双创教育标准开发计划，开发一批国际通用的技术技能人才创新创业课程体系、教学标准、课程标准、创客创业项目孵化标准和人才培养模式。实施专业技术课程优化计划，首批重点支持计算机应用技术、电子信息工程技术、通信技术、物联网应用技术、汽车电子技术等20个与深圳高新技术产业紧密联系的专业，在专业技术课程教学内容中增加创新创业模块，开设"3D打印创造与实践"、"创业企业的供应链管理"等20门以创业意识和创业能力提升为导向的主干专业课程，推进专业课程与创新创业课程的融合建设。实施双百项目课程计划，重点支持依托深职院与企业联合开展的应用研发项目，开发兼具学校教育和企业培训功能的创新型项目化课程、创业型项目化课程各100门，培养在校学生和企业员工的创新思维和创新能力。

二是建立国际知名的创客项目遴选平台。与联合国教科文组织有关机构、中国职业教育"一带一路"联盟等共同创办国际创新创业大赛和国际创新创业交易会，遴选和吸引一批优秀项目在深职院培育、孵化。与中兴通讯、TCL、柴火创客空间等知名企业合作，举办产业互联、智能制造等专业型创客训练营，建立创新成本低、创新风险小、创新效率高的创客项目培育体系。

三是建立功能齐全的创客产品研发平台。建设深圳市微观装配公共技术服务平台，首期建设电子信息、智能制造、工业设计服务、产品可靠性测试等4个创客产品试制技术中心，校企联合组建技术指导团队，为创业团队提供设计、初制、检测等全方位服务。与中国电信、腾讯等合作，面向全球职业院校学生，构建设备共享、仪器租赁、知识产权、检验检测、财务法务、路演推介、投资融资、创业教育、创业咨询等方面的公共服务云平台，提供线上线下一体化全要素服务，为产业转型升级提供技术、人才、项目支撑。

四是建设深圳国际技术技能人才创业园。将深职院创意创业园扩建到5万平方米，重点建设深圳市技术技能人才创新能力训练中心、创新创业孵化中心和成果交易中心，打造"创业实践基地"、"战略性新兴产业孵化基地"、"产教融合示范基地"。重点选择工业物联网工程技术研究中心、汽车电子产品检测与鉴定公共技术服务平台（ATC）等市级以上科研平台，建设物联网众创空间、汽车电子应用技术众创空间等10个左右集实训教学、创新研发、创业孵化于一体的平台型众创空间。

3. 一流应用技术研发行动计划

一流应用技术研发行动计划旨在建立健全"产学研用立体推进"的应用技术研发模式，与政府部门、行业龙头企业、研究机构深度合作，探索建立技术创新、成果转化、应用推广的一体化机制，组建应用技术研发院、文化产品研发院、社会经济研究院、中国特色世界水准职业教育研究院等综合研发平台，紧跟产业技术发展前沿开展高水平应用技术、产品和产业政策研究开发，开展中国特色世界水准职业教育办学模式、人才培养模式、教学标准等研究，服务行业产业，引领职业教育发展。计划到2023年，新增各类应用研发平台40个左右，应用技术服务惠及深圳10%的地方高成长中小企业，年科研收入达到3亿元，年均授权专利数量300件，应用研发占科研总收入比超过60%，学校制定或参与制定国际、国内行业标准总数达100项以上。

一是组建十大技师工作站。引培一批杰出技能大师，在新一代信息技术、新材料、新能源、智能装备等领域，规划建设10个由杰出技能大师领衔的技师工作站。通过名师带徒弟等方式，开展高技能人才技术技能培训，打造高技能人才培养基地；通过校企技术合作攻关、课题研究和技术革新，解决企业生产中的关键性技术难题，打造技术攻关与革新的新基地。

二是建设十大应用技术创新中心。在新一代信息技术、生物医药、新能源、新材料、节能环保、生命健康、机器人、可穿戴设备、智能制造、先进制造等科技领域，与国内外知名企业合作，规划建设10个应用技术创新中心，及时掌握前沿技术动态，提升高端制造、精密制造、智能制造技术技能人才培养水平。

三是搭建十大公共技术服务平台。重点在文化创意、检验检测认证、技术开发与推广等领域，打造10个公共技术服务平台，成立相关联盟、举办相关论坛，提升应用技术服务能级，建立良好的应用研发生态体系。

四是建立一流的职业教育发展智库。成立新时代中国特色世界水准职业教育研究院，深入研究中国特色世界一流职业教育办学模式、人才培养培训模式、教学标准，研究中国及世界职业教育发展现状及趋势，发布《职业教育发展报告》、《"一带一路"国家职业教育合作报告》和《现代经济体系人才培养报告》，为中国特色世界水准职业教育发展提供智力支撑。建立"联合国教科文组织职业教育计划亚非研究与培训中心"，推动亚非地区职业技术教育培训的合作与发展，输出职业教育的"中国标准"。

4. 一流社会服务行动计划

一流社会服务行动计划积极开展职业技能培训及市民培训,帮助产业工人紧跟产业升级和技术进步,积极回应求学者对美好生活的新期待。建设一批高水平社区学院和行业培训学院,以培养一流的技术技能人才服务行业企业,以一流的职业与技能培训服务人的可持续发展,助力学习型社会建设,实现"企业发展在哪里,培训服务就到哪里;市民需求在哪里,培训服务就到哪里"的目标。计划到 2023 年,年均市民培训达到 3 万人次,年均技能鉴定和资格认证达到 12 万人次,年均国内外职业教育师资培训达到 3000 人次,为深圳技术技能人才的转型升级提供优质教育服务。

一是组建一批社区学院。联合市、区、街道,设立 8—10 所社区学院,建设慕课(mooc)资源、远程学习系统、学习数据中心等学习平台,探索设立"市民终身学习卡",建设"学分银行"与学分转换制度,为市民提供便捷、优质的职业教育服务。

二是组建一批行业培训学院。联合有关行业协会、龙头企业,建设深圳养老健康服务学院等一批高水平特色型行业培训学院,开展以提升职业能力为核心的多层次非学历与学历继续教育;以行业培训学院为载体,创建一批技师工作站、技能大师工作室,促进深圳产业人才转型升级。

三是打造高水平职业教育师资培训平台。成立职业教育师资培训中心,联合一流职业教育研究机构、院校、知名企业或行业,开发一批高水平高质量的师资培训精品项目,建设 5 个校外优质师资培训基地。引进发达国家和地区职业教育先进理念、先进方法和优质课程,整合国内国际知名职教专家和培训大师,为国内职业院校提供高水平的师资培训服务。

四是加强示范辐射与对口支援。以办学理念和教学模式输出为核心，教师和管理人员培训交流为依托，建立"理念－教学－师资－管理"四位一体的对口支援体系，对新疆、贵州、云南、西藏、江西、广西、四川、重庆等地及省内欠发达地区的职业教育实施深度帮扶，提高示范辐射质量。

5. 一流院校治理模式创新行动计划

一流院校治理模式创新行动计划坚持党委领导下的校长负责制，充分发挥党委总揽全局、协调各方的领导核心作用，深化"政校行企四方联动"的办学模式改革，建立校本部、国际职业教育集团两大管理架构，形成"法人化、总部型、集团式"治理体系，推进学校治理体系和治理能力现代化，成为现代大学治理改革创新的先行者。

一是加快建立现代法人治理体系。加快现代大学制度建设，理顺高校与政府、社会的关系，积极深化"政校行企四方联动"的办学模式改革，争当高等教育领域"放管服"改革和"管办评"分离改革的试验田。深化内部管理体制改革，厘清学术权与行政权，决策权与执行权、监督权的关系，充分发挥教代会、学术委员会、教授委员会的作用。厘清学校与学院的关系，放权强院，充分调动二级学院办学积极性，形成自我发展、自我约束、自我监督的良性发展机制。

二是成立深圳国际职业教育集团。探索建立独立法人性质、经费自筹自支的国际职业教育集团，统筹建设海内外分校、国际合作学院、产业学院、养老学院、社区学院等混合所有制二级机构，通过市场化方式输出学校优质教育资源。

三是推动依法办学、依法治校。在管办分离、依法治理、全面监督、高度自治的法人治理模式下，创新和规范办学监督机制。依法定程序制定修订章程并严格落实，制定和完善各类规章制度，规范和健全各种办事流程，完善权力运行制约机制，形成有权必有责、用权必担责、滥权必追责的制度安排。

6. 一流"双师型"师资队伍建设计划

一流"双师型"师资队伍建设计划设立引进高水平人才薪资经费，设置"技术教授"、"课程教授"等特聘教授岗位，吸引一批高水平行业精英和企业骨干来校任职任教，培育一支"有理想信念、有道德情操、有扎实知识、有仁爱之心"的一流职业院校师资队伍，引培一批具有国际水平的战略科技人才、科技领军人才、青年科技人才和高水平创新团队。计划到2023年，引进20—30名紧贴深圳产业布局的行业杰出技能大师，组建20—30个行业杰出技能大师工作室，打造具有全球影响力的技术技能大师聚集中心。

一是制定高层次技能型教师标准。会同有关部门、知名企业和专业机构，研究制定高层次技能型教师标准，为引进行业技能大师提供基础依据。根据一流技术技能人才培养需求和中央、省、市"放管服"要求，制定教师任职资格标准、双师型教师认定标准和职称评聘标准。

二是完善岗位聘任与管理制度。探索实行准聘、长聘和流转、退出机制。探索专任教师分类管理制度，按照教学型、教学科研型、技术研发型等三种类型制定不同的准入条件、考评指标和发展通道。对引进的一流大师设置"特聘教授"岗位，采用社会化用人模式，实行年薪制聘任。结合国家重大战略需求和国际科学与技术前沿设立"技术教授"岗位，引进一批行业影响力大、具有卓越技术实力和社会声誉的杰出技术技能人才，带领团队成员开展人才培养和技术研发。设立"课程教授"岗位，弹性引进高水平行业精英和企业骨干讲授专业核心课程。

三是建设高水平"双师型"结构教师队伍。引进和培养紧贴深圳产业布局的一流技术技能人才300名，兼任一流企业技术骨干和学校专任教师。探索通过猎头、中介公司，从境内外知名企业引进一流技能大师团队。探索与市有关部门共建海外人才引进工作站。实施"一师一企"计划，支持教师"下（下企业）、访（访问工程师）、挂（企业挂职锻炼）"。实施"一新一师"计划，为每一位新进教师安排一位经验丰富的骨干双师型教师"传帮带"。设立"中青年教师留学基金"，在境内外建设一批高水平的国际化职业教育教师培训基地。

四是构建高层次技能型人才激励机制。设立引进高水平人才薪资经费。按照社会化用人模式，对高层次技能型人才采用协议工资、年薪制、项目工资、特别补贴、一次性奖励等分配方式。构建"多劳多得、优劳优酬"的分配激励机制。探索科研人才年薪"9+3"模式。为教职工营造优良生活环境，解决后顾之忧。

7. 一流国际影响提升计划

一流国际影响提升计划的重点是加大国际平台建设，积极组织和参与国际活动，引培一批具有国际教育能力的优质教师，培养一批活跃在国际职场的高水平技术技能人才，引进、开发一批国际通用教育教学标准。计划到2023年，境内外学生比达到9∶1，国际化教师比达到1∶3，10%以上的专任教师在跨国企业兼任技术职务。每年主办或协办1—3次国际性会议或高端学术论坛。建设3—5所境外文化与职业技能培训中心，为30%左右的在校生提供1次以上境外进修访学的机会。

一是加强与职业教育国际组织的合作。加强与联合国教科文组织职教中心等国际组织的合作，充分发挥联合国教科文组织职业教育计划亚非研究与培训中心的作用，组建国际平台，举办国际论坛，开发职教标准，向国际职业教育界发出"中国声音"，展示"中国形象"，输出"中国模式"。

二是发起成立"一带一路"职业教育联盟。整合相关职业教育资源，联合"一带一路"沿线国家和地区的职业院校，发起成立"一带一路"职业教育联盟，深度开展国际合作与交流，创办"一带一路"暨世界职业教育论坛，将其打造成为职教界的"达沃斯论坛"，推动中国标准"走出去"，适时成立世界职业教育联盟。

三是推动跨境办学。与马来西亚应用技术型高校建立紧密战略合作关系，推广职业教育"中国模式"。在深圳市政府的支持下，联合巴基斯坦教育部及有关企业，深入开展中巴智能制造职业教育国际合作，通过教育援助、合作办学等形式，为巴基斯坦培养大批高水平智能制造专业人才。在保加利亚等国家和地区，加快推进汉语语言文化与职业技能培训中心建设，提升学校海外影响力。

四是建设一批境外联合培养品牌项目。与法国葡萄酒大学、英国林肯大学、英国苏格兰斯特林大学等合作，争取新增葡萄酒、旅游管理、数字印刷及出版等3个国际合作专业。深化与澳大利亚联邦大学、北悉尼TAFE学院、美国西雅图城市大学的合作，继续扩大联合培养规模，提升金融与证券、物流管理、软件技术、国际商务等4个专业的合作办学质量。

8. 一流基础设施建设计划

一流基础设施建设计划的内容是建立政府投入、学校配套、社会支持的多渠道资金筹措体制，建立与一流人才培养相适应的投入机制体制，构建与世界一流职业院校建设相匹配的基础设施体系、仪器设备体系、数字化智慧校园体系、图书文献资源体系、后勤服务保障体系，满足教学科研和人才培养的需要，为建设世界一流职业院校提供基础保障。优化校区功能布局：留仙洞校区定位为校级行政中枢，承担校级行政、文化等综合服务职能，专业布局以创意设计类、应用外语类、文化管理三大专业群为主，形成"文化创意与语言文化学院群"，重点服务文化创意战略性新兴产业、工业及创意设计高端服务外包等现代服务业和优势传统产业；西丽湖校区专业布局以生物技术、新能源新材料和环境技术类专业群为主，形成"生物与新能源新材料学院群"，重点服务生物、新能源、新材料、节能环保等四类深圳战略性新兴产业，以及生命健康、海洋等未来产业；官龙山校区专业布局以经济管理类、医疗护理类专业群为主，形成"现代服务业学院群"，重点服务互联网金融业、现代物流业、商贸会展业、专业服务业等深圳现代服务业以及生命健康（康复、护理、养老服务）等未来产业；凤凰山校区专业布局以智慧制造类、信息技术类专业群为主，形成"智慧制造与信息技术学院群"，重点服务互联网、新一代信息技术等战略性新兴产业和未来产业。

9. 一流大学文化建设计划

一流大学文化建设计划的核心是坚定中国特色社会主义文化自信，把社会主义核心价值观融入学校发展各方面，加快形成具有中国特色的一流大学文化。以办学质量为基础、办学理念为灵魂、制度文化为引领、校园景观文化为主体、校园文化活动为载体，全面推进职业教育标准、质量、品牌、信誉一体化建设。建立健全学校文化体系，打造国际社会认可的职业教育文化品牌，增强高职教育文化软实力。

一是加强思想政治工作。全面落实党中央关于加强和改进高校思想政治工作的系列部署，把思想政治工作贯穿教育教学全过程。坚定社会主义办学方向，坚持不懈地落实立德树人根本任务，培养德智体美全面发展的社会主义建设者和接班人。坚持不懈地培育和弘扬社会主义核心价值观，引导广大师生做社会主义核心价值观的坚定信仰者、积极传播者和模范践行者。坚持不懈地传播马克思主义科学理论，抓好马克思主义理论教育，为学生成长奠定科学的思想基础。

二是完善文化育人体系。强化文理渗透、理工结合，深化思政、艺术、体育和心理教育改革，完善必修课与选修课并行的文化育人课程体系，加强专业教育的文化渗透。弘扬劳模精神和工匠精神，形成职教特色鲜明的一流大学文化。引进先进企业文化，激发企业家精神，厚植深商文化，鼓励更多师生投身新时代创新创业实践。

三是培育一流的大学管理文化。完善作风建设机制，厘清行政教辅部门职能职责，加强权力运行制约和监督，建立权力清单和责任清单。运用信息化技术优化工作流程，提高办事效率。优化制度安排，推进党务、校务公开。加强学校领导与师生的日常沟通交流，丰富师生交流渠道，举办书记下午茶、校长下午茶等活动，充分听取基层一线师生员工的意见和建议，提高民主管理水平。倡导包容文化，建立容错机制，营造良好的校园人文生态。

四是举办丰富的校园文化活动。系统设计、整体推进校园文化建设，全力培植大学精神，提升校园文化内涵。实施校园文化品牌培育计划，大力扶持创新社团、创业社团等群团组织，大力培育"风采之星"、"创客大赛"、"创意集市"、"技能大比武"、"科技文化节"等品牌活动。统筹规划学校景观系统与VI标识系统建设，形成"一区一品、一区一韵"的校园环境文化新格局。

三、中国特色产教融合的"核心密码"：九个共同

党的十九大报告指出，要"完善职业教育和培训体系，深化产教融合、校企合作"，这是对新时代我国职业教育发展做出的新的

战略部署。产教融合既是高水平职业教育的实现路径，也是职业教育服务经济高质量发展的必然要求。近年来，深职院立足深圳区域优势，瞄准世界产业发展前沿，对标"最新最高最优"，与华为、腾讯等世界 500 强企业共建一批特色产业学院，提出并深化"九个共同"（共同开展党建活动、共同制定专业标准与课程标准、共同打造高水平双师团队、共同解决卡脖子技术与工艺、共同制定行业标准、共同开发职业资格证书、共同开展创新创业、服务共同富裕、共同"走出去"）产教融合机制改革和校企双元育人模式改革，合力开辟人才、技术、市场三个新高地、新空间，探索形成适合中国国情的职业教育办学模式，推动了学校的高质量发展。

（一）"九个共同"的形成过程

职业教育是工业化和生产社会化的产物。黄炎培先生把职业教育的目的概括为"使无业者有业，使有业者乐业"，既强调个人谋生，也重视服务社会；既强调职业技能训练，也重视职业道德教育；既强调一技之长，也重视全面发展。为党育人，为国育才，培养德智体美劳全面发展的社会主义建设者和接班人，是职业教育的初心。在中国特色社会主义新时代，服务产业转型升级、服务"六稳"、"六保"，服务共同富裕，服务"一带一路"，服务创新创业，服务终身学习，是职业教育的重要使命。产教融合、校企合作是职业教育践行初心、担当使命的动力源泉。

在发达国家里，德国职业教育被公认为全球最好的职业教育，其对经济发展的贡献度极高。"双元制"是德国职业教育的标识，其核心理念就是"产教融合、校企合作"。政府搭建一个由行业企业、工会及职业学校等利益相关者共同参与的职业教育事务决策和商议平台，发挥重要的协调和组织作用。行业企业深度参与人才培养全过程，成为推动职业教育产教融合的重要动力。① 英国职业教育的产教融合模式也具有一定代表性。英国建立了法律、制度及财政等保障措施，促进校企合作的良好运行。在政府的统筹下，教育行政部门、公共机构和民间组织明确分工、协同合作，提高校企合作的质量。同时，校企合作在国家职业资格标准框架下开展，课程由学校、企业共同设计和实施，多采取工读交替的"三明治"课程模式。② 日本最具特色的职业教育模式是"企业内培训"，岗位培训、脱产培训和自我开发是企业内教育的三根支柱。日本高度重视企业教育制度的构建，完善了终身雇佣制以及薪资与职业资格、教育年限挂钩的政策，建立了企业教育师资与学校职业教育师资交流制度等制度体系，以保障技术技能更新与企业需求相匹配，促进企业和院校深度融合。③ 美国职业教育是一套由高中、社区学院、四年制大学以及各类社会培训机构相互协调、统筹实施的完备体系，其中四年制大学的校企合作包括以下几个方面：企业为大学的科研提供经费，建立大学—企业合作研究中心，大学为企业提供咨询，建立科学（或工业）园，开展职业教育培训。瑞士职业教育是一种衔接高等教育、面向终身教育的体系。由于多元文化的教育发展格局以及所处的地理位置，瑞士发展出了自己的三元制职业教育模式，既具有德国双元制、学徒制的特色，又具有法国、意大利职业教育的特色。瑞士中等职业教育采用校企双元制模式，高等职业学院采用政府、企业、个人三元制模式。企业可作为主体参与各层次职业院校建设，同时可委托应用科学大学进行技术研发，并协助应用科学大学进行技术

---

① 李俊，李东书.职业教育产教融合的国际比较分析［J］.高等工程教育研究，2019（4）：159-164.

② 张瑞，徐涵.英国职业教育校企合作保障措施研究［J］.职教通讯，2017（22）：50-53.

③ 丁宁.日本职业教育发展历程、特点及启示［J］.教育与职业，2019（4）：79-85.

转化。新加坡职业教育则借鉴德国双元制模式,形成了独特的"教学工厂"模式,即将实际的企业环境与教学环境相融合,开展企业项目和研发项目,使学生将所学的知识和技能应用于多元化、多层次的工作环境中。这些国家的经验充分表明,产教融合是经济高质量发展的引擎,发展职业教育必须把产教融合摆在突出重要位置,并根据实际形成各国自己独特的产教融合、校企合作模式。

从我国现实情况看,新中国成立70年来,我国职业教育相继经历了"教育与生产劳动相结合"、"产教结合"和"产教融合"阶段,走出了一条中国特色职业教育发展道路,实现了历史性的新跨越。但是,与职业教育发达国家相比,我国职业教育产教融合还存在一些问题,如校企合作双方对产教融合的认知程度低,学校与企业合作意愿高、合作质量低,有效供给不足、政策实施不力、缺乏协调服务平台等。① 这些问题的存在使得产教融合、校企合作处于职业院校"一条腿走路"的境地,既影响职业教育自身发展,也影响了职业教育服务产业高质量发展的基本功能,出现了职业教育和产业发展脱节的被动局面。进入新时期以来,国家高度重视产教融合,从职业教育端和产业端出发出台了一系列政策文件,推进产教融合工作。2013年,党的十八届三中全会通过《中共中央关于全面深化改革若干重大问题的决定》,提出"加快现代职业教育体系建设,深化产教融合、校企合作,培养高素质劳动者和技能型人才"。2019年1月,国务院印发《国家职业教育改革实施方案》,对职业教育产教融合做出具体部署,强调要促进产教融合,总结现代学徒制和企业新型学徒制经验,坚持工学结合;推动校企全面加强深度合作,打造一批高水平实训基地。2019年3月,国家发展改革委、教育部

---

① 李忠,王雅蓓.职业院校校企合作的问题及其应对研究[J].中国职业技术教育,2017(27):10-16.

印发《建设产教融合型企业实施办法（试行）》，指出要充分发挥企业在技术技能人才培养和人力资源开发中的重要主体作用，对企业参与产教融合作了制度性安排。2019年9月，国家发展改革委、教育部等六部委印发《国家产教融合建设试点实施方案》，提出产教融合是推动教育优先发展、人才引领发展、产业创新发展、经济高质量发展相互贯通、相互协同、相互促进的战略性举措，进一步明确了产教融合是教育链、创新链、产业链和人才链有机衔接的重要纽带。这些政策的出台使得产教融合成为一种国家战略，从政府层面推进产教融合的顶层设计已逐渐完善，职业教育产教融合的困境有望破局。

从比较视角看，国内外职业教育发展环境存在差异。一是社会宏观环境的差异。前述各国都是发达国家，政府仅为产教融合提供规范与支撑服务；各国经济形态较为稳定，数字化转型较为缓慢；各国优势产业突出，对全球产业链依存度大；各国人口数相对较少（甚至出现劳动力供给不足的现象），区域发展较为均衡。中国是具有制度优势的发展中国家，拥有一个强有力的高效政府；中国新一代信息技术迅速迭代，数字经济迅速崛起；中国建立起了产业门类最为齐全的工业体系；中国地域辽阔、人口众多，区域发展不均衡。二是职业教育环境的差异。相对而言，国外职业教育体系的参与主体较少；职业教育社会认同度高；企业融入职业教育体系的主动性较高；经过校企共建，职业教育培训专业与市场需求紧密贴合。而中国可以说是一个"多元制"的职业教育体系，社会各方对职业教育的参与度较高而认同度较低，校企合作双方对产教融合的认知程度低；学校与企业合作意愿高而合作质量低，同时还存在有效供给不足、政策实施不力、缺乏协调服务平台等问题。因此，国外职业教育发展的先进经验可以借鉴吸收，但最根本的是我们必须立足中国大地办职业教育，探索适合中国国情的职业教育发展模式，走出一条中国特色职业教育的发展之路。

由上可见，在政府层面的顶层设计逐渐走向完善的情况下，探索院校层面行之有效的实施路径，已成为我国职业教育产教融合需要解决的重大课题。2016年，深职院在研制《中国特色世界一流职业院校建设方案》时，瞄准深圳的经济社会发展需求和人民群众的美好生活需要，着力通过深化产教融合、校企合作而完善职业教育和培训体系，提出了校企"双元"育人的总体思路，并于2017年全面实施。通过在运行过程中的进一步深化改革与实践，至2019年凝练形成了"六个共同"职业教育产教深度融合模式，即"以学生学习成效为导向，推进产教融合、职普融合、理实融合、教育与生活融合、技术与文化融合、现代信息技术与教学融合等'六融合'，联合企业建设一批特色产业学院，实施共同建设高水平专业、共同开发课程标准、共同打造师资团队、共同设立研发中心、共同开发高端认证证书、共同'走出去'等'六个共同'，探索形成适合中国国情的育人模式"①。2021年7月，国家发展改革委发布《关于推广借鉴深圳经济特区创新举措和经验做法的通知》，在总结深圳经济特区已复制推广经验的基础上，进一步梳理了十八大以来深圳经济特区的创新举措和经验做法，形成了5方面47条"深圳经验"，鼓励各地结合实际学习借鉴。在这张清单中，深职院探索形成的"六个共同"职业教育产教深度融合模式被列为其中第30条。在此基础上，深职院进一步完善和丰富"六个共同"的内涵体系，发展形成了以特色产业学院为载体的"九个共同"双主体育人模式，发

---

① 国家发展改革委关于推广借鉴深圳经济特区创新举措和经验做法的通知[EB/OL].[2021-07-21]. https://www.ndrc.gov.cn/xxgk/zcfb/tz/202107/t20210729_1292065.html?code=&state=123.

展理念日臻完善。

（二）"九个共同"的内涵阐释

"九个共同"基于共建共治共享的协同治理理论，以特色产业学院为载体，从深度、高度、广度、机制等方面深化和促进产教融合机制改革、校企合作双主体育人，形成新型的组织形态、完善的内容体系和机制保证框架，着力构建产教融合的完善体系，对新时代职业教育产教融合理论和实践创新进行了重要探索。

1. 共同开展党建活动：延伸思政网络

校企围绕一个基础（组织联结）、两项举措（阵地联建、资源联享）、三大目标（人才联培、服务联创、发展联动）开展党建"六联"，使得学校党建有抓手、企业党建有帮手，共同培养高素质产业工人。"组织联结"即各院系党组织与相关企业党组织签订党建共建协议，结对共建，建立联合组织，共同组织开展"三会一课"、主题党日、学习教育等活动。"阵地联建"即校企双方结合实际，联合建立学习教育、思想政治理论课实践教学、创新创业孵化、企业文化培训等党建工作阵地。"资源联享"即校企双方在思想、组织、队伍、文化建设等方面建立深度合作，进一步实现校企党建共建模式下的资源联享。"人才联培"即把积极分子、学生党员考察发展纳入校企党建共建的范畴，加强学生实习就业期的管理和培养，同时院系党组织协助企业开展常态化的企业在职人员职业素养、岗位技能培训，加强企业团结和谐，促进企业稳定和发展。"服务联创"即结合共建双方特点，通过党建共建，找准党建工作与各自其他工作的结合点，更好地发挥基层党组织的服务职能，关注民生问题，积极承担社会责任，积极发挥学校和企业服务社会的功能。"发展联动"即通过校企党建共建，不断扩展校企合作的内涵和水平，实现校企常态互动，进而促进校企在"产学研"完全意义上的深度合作，实现构建校企命运共同体的核心目标。深职院与平安集团、腾讯、比亚迪、大族激光等106家知名企业签订校企党建合作备忘录，学校各二级党组织、党支部与企业党组织共同开展党建"六联"。

2. 共同开发专业与课程标准：提升服务产业契合度

深职院按照专业设置与产业需求对接的要求，立足深圳，服务大局，面向粤港澳大湾区经济社会发展需求布局专业，联合企业编制专业发展规划和专业标准，着力形成结构合理、特色鲜明的专业供给。建立专业内涵持续更新机制，坚持人工智能背景下专业的升级改造，不断将企业前沿技术引入到专业标准中，使学生掌握最新的知识和技能。紧跟高端产业和产业高端，与企业共建全球领先的生产性实训中心、现代学徒中心，联合企业举办现代学徒制班、在职员工学历提升班、技术技能提升培训班，推行面向企业真实生产环境的任务式培养模式，定向培养高水平技术技能人才。同时，按照课程内容与职业标准对接、教学过程与生产过程对接的要求，联合行业龙头企业共同开发业内认同的课程标准，围绕岗位工作任务，设置模块化课程。核心主干课程对接技术前沿，将职业能力需求嵌入课程标准和教学过程，将新技术、新工艺、新规范纳入相应课程，积极开展项目化课程改造和"AI+"转型，实现人工智能背景下课程的全面转型。联合行业企业打造高职特色"金课"，立项开发项目化课程、实训课程、"X"证书培训包课程、技能大赛课程、虚拟仿真课程。依据"内容先进性、方法创新性、育人有效性"的原则，联合企业共同编写校本教材。目前，深职院与企业共同开发专业标准80个，将企业的技术标准转化为课程标准，对接新技术、新工艺开发培训包1000多个、编写教材200部，打造了一批"走出去"的国际课程标准。

3. 共同打造高水平双师团队：加强人才集聚

深职院联合企业共同制定师资队伍建设标准，制定人才招聘标准、新教师培养标准、专业负责人选拔标准、企业讲师遴选标准。校企双方建立人员互派机制，共建"双师型教师工作站"和"兼职教师流动站"，实行更大规模的校企师资交换，从企业引进专任教师，派教师到企业去，聘任企业工程师来校担任"产业教授"，指导和开展教师培训、人才培养和技术创新。学校教师发展中心与行业协会、企业培训部门建立紧密联系，校企共建一批教师培养培训基地，开展5年一周期的教师全员轮训、兼职教师定期培训。学校教师与企业技术人员混编结构化教学团队，在跨国企业或行业龙头企业、领军企业兼任技术职务的专任教师比例超过5%，企业一线兼职教师人数比例达专业实践课教师人数的55%。学校实施高端创新团队提升工程，培育高端应用技术创新团队、高水平人文社科研究团队。实行高层次人才协议薪酬、项目化工资制度，引进海内外高层次人才，培育20名应用研发领军人才，引进20名行业有权威、国际有影响的专业群带头人，聘请20名绝技绝艺大师，培育一支能够改进企业产品工艺、解决生产技术难题的骨干教师队伍。

4. 共同解决卡脖子技术与工艺：推进源头创新

深职院坚持"立地顶天"的应用科研导向，围绕企业卡脖子技术与工艺进行攻关，服务中小企业源头创新。学校与企业联合组建风险共担、利益共享的技术联合体，共同设立技术研发中心，企业为教师提供科研课题、研究条件，学校为企业提供科研成果、技术服务，共同开展技术攻关，促进技术成果应用转化。学校与战略性新兴产业的龙头企业合作，重点在集成电路、人工智能、物联网、智能制造、新能源、新材料、生物医药等领域建设10个应用技术创新中心，开展"卡脖子"技术、行业关键核心技术攻关和技术研发。

对接行业发展需求，联合行业协会，重点在软件质量与系统安全、印刷包装技术、产业政策等领域建设10个公共技术服务中心和高端智库，为中小微企业提供技术开发、技术服务和咨询服务。面向文化产业发展需求，携手知名文化企业，以产品创新设计、高端定制、影视动画与虚拟拍摄等领域为重点建设10个创意中心，校企共同开展高水平创意产品研发。获国家专利授权1574项，近三年获国家自然科学基金立项32项，国家重大专项3项，广东省科学技术奖（科技进步奖）一等奖1项、二等奖2项。

5. 共同制定行业标准：形成竞争优势

深职院发挥全国印刷标准化技术委员会书刊印刷和包装印刷分技术委员会秘书处等一批行业权威机构落户学校的优势，主导或参与制定国际、国家行业标准104项。例如，国际标准化组织发布的"自动化系统与集成－制造系统先进过程控制与优化能力集成－第3部分：验证与确认"（ISO 15746-3：2020）、"自动化系统与集成－工业企业信息化与工业化融合评估－第1部分：框架与参考模型"（ISO 22549-1：2020）等国际标准；国家质量监督检验检疫总局和国家标准化管理委员会发布的"数字印刷 喷墨印刷图像质量属性的测试方法"（GB/T 36598-2018）、"数字印刷纸张印刷适性及检验方法"（GB/T 34688-2017）、"书刊印刷产品分类"（GB/T 35398-2017）、"电子电气产品中的四溴双酚A的测定气相色谱－质谱法"（GB/T 32889-2016）等国家标准；国家工业和信息化部发布的"茶叶包装通用技术要求"（BB/T 0078-2018），国家林业局发布的"三色堇盆花生产技术规程"（LY/T 2855-2017）、"马拉巴栗盆栽生产技术规程"（LY/T 2856-2017）等行业标准；广东省质量技术监督局发布的"电动汽车无线电系统第6部分：管理系统"（DB44/T 2099.6-2018）等地方标准。

6. 共同开发职业资格证书：固化技术优势

将企业的产品标准、技术标准、服务标准转化为人才认证标准，校企共同开发职业资格证书，把证书的标准和内容融入人才培养方案、嵌入质量评价体系，从而打通"专业"与"职业"的鸿沟，健全全过程、全要素的人才质量管理，实现人力资源供给侧与企业需求侧精准对接。建立基于"1+X"证书制度的教育教学模式，将职业技能等级证书、职业资格证书、行业企业技能评价证书等有机融入教育过程，重构课程体系、教学内容，提高人才培养质量，提升雇主对持证学生的满意度。积极参与"1+X"试点证书研发，鼓励专业联合知名组织、知名企业开发一批行业认可度高的认证证书，融入课程内容，纳入人才培养全过程。引进国际职业资格认证证书71种，与大疆、比亚迪、华为等开发认证证书10种，参与首批6个"X"证书与培训教材开发。

7. 共同开展创新创业：从产业来，到产业去

以企业项目为依托，以产品为导向，构建进阶式创新创业教育模式。深化从启蒙教育、预科教育、专门教育到实战训练的创新创业人才培养改革，优化通识必修课、选修课、创业专业课到实践训练课的创新创业课程体系，完善从社团培育、赛会遴选、项目训练到创业实战的教育教学方法体系，构建产教融合、产品试制、项目孵化、成果展示的创新创业服务体系，形成以产品、企业的品牌为导向的创教、创孵、创赛、创展、创投一体衔接的创新创业生态体系。建成国内领先的创新创业教育体系和能学辅教的教学资源平台，建设一批创新创业在线开放课程，培育一批推向市场的创客产品，培育一批具有市场影响力的品牌企业。目前已经孵化学生初创企业360家，开发创客产品195个，平均每年带动就业岗位600个。

8. 服务共同富裕：扩大中等收入群体规模

共同富裕是社会主义的本质要求，是中国式现代化的重要特征，具有鲜明的时代特征和中国特色。实现共同富裕，缩小地区差距、城乡差距、收入差距是主攻方向。职业教育通过培养高素质技术技能型人才助推共同富裕，通过服务产业兴旺、赋能乡村振兴助推共同富裕，通过稳就业、促创业助推共同富裕。深职院面向云南昭通建档立卡贫困家庭子女招生1616人，面向退役军人、下岗职工、农民工和高素质农民等群体扩招7968人。建成"新松机器人行业培训学院"、"一电无人机行业培训学院"等10个行业培训学院，助力产业转型过程中产业工人素质提升，实现"一技在手、遍行天下"。年均开展非学历培训18万人次、技能鉴定和资格认证10万人次，推动技能致富、劳有厚得。

9. 共同"走出去"：助力民族企业拓展海外市场

深职院通过校企合作"走出去"开展职业培训和技术研发，对接优质企业"走出去"战略，联合知名企业在"一带一路"沿线国家设立一批职业教育培训中心，将企业技术标准、产品标准改造成课程标准、培训标准，开展职业技能培训，为海外中资企业培养人才、开拓海外市场，实现"民族企业'走'到哪儿，就把培训'送'到哪儿"的目标。联合一批跨国企业和境外教育机构建立若干中外合作研究中心，合作开展技术研究、制定技术标准。建设联合国教科文组织职业教育计划亚非研究与培训中心、发展中国家职业教育创新中心、世界职业教育与技术大学联盟（WFCP）教师专业发展委员会，打造国际职教界的"深职"品牌，推动深圳成为全球职业教育创新中心城市，形成"东有中国深圳，西有德国波恩"的格局。

(三)"九个共同"的核心载体:特色产业学院

在我国,国家层面的产教融合制度已有较完善的顶层设计。2017年,国务院办公厅印发《关于深化产教融合的若干意见》,将产教融合视为国家的制度安排,"产业学院"首次进入国家政策文件,鼓励企业依托或联合职业学校、高等学校设立产业学院。新工科建设的纲领性文本《新工科研究与实践项目指南》(即"北京指南")将产业学院列为新工科能用、管用、好用的九个一批示范成果之一,提出推动大学组织创新,建设一批校内外多方参与的产业化学院,构建与行业企业优势互补、项目共建、成果共享、利益共赢的人才培养共同体。2019年,《国家职业教育改革实施方案》提出,"由政府举办为主向政府统筹管理、社会多元办学的格局转变",促进产教融合校企"双元"育人。2020年7月,教育部办公厅、工业和信息化部办公厅印发《现代产业学院建设指南(试行)》,提出突破传统路径依赖,充分发挥产业优势,发挥企业重要教育主体作用,深化产教融合,推动高校探索现代产业学院建设模式,"经过四年左右时间,以区域产业发展急需为牵引,面向行业特色鲜明、与产业联系紧密的高校,重点是应用型高校,建设一批现代产业学院"。

在国外,产业学院的出现最早可追溯到20世纪60年代日本建立的一系列产业大学,比如1965年成立的京都产业大学,同年大阪交通大学改称大阪产业大学。1996年,英国公共政策研究所发布《产业大学:创建全国学习网》,首次提出"产业大学"概念。[①] 但这一概念并非指真正意义上的大学,而是指通过现代化的网络和通信技术,向社会提供高质量的学习产品及服务的开放式远程学习组

---

① 周红利,吴升刚.高职院校产业学院的演化综述[J].中国职业技术教育,2021,(18):66.

织,是学习者和学习产品之间的中介机构,类似于我国的"开放大学"概念。有学者认为,我国产业学院从产学研联盟演化而来,于2006年产生于杭州:浙江省物产集团与浙江经济职业技术学院联合成立了物流产业学院。此后一段时间,一批应用型本科院校在"新工科建设"的指引下建立了一批产业学院。[①]深职院提出的"特色产业学院"也与国外产业大学的内涵不同,是指学校二级学院与知名企业、科研机构或其他组织强强联合,通过双主体合作方式开展产教融合学历教育、技术技能人才培训、关键共性技术攻关和技术应用推广的教学科研单位,是深职院实施"九个共同"的主要载体,旨在通过"产学研用"建设一批世界一流专业(群),培育优质专业发展增长极,为深圳加快建立现代化经济体系提供有力支撑。

基于上述考量,在建设中国特色世界一流职业院校进程中,深职院立足粤港澳大湾区的区域优势,瞄准高端产业、产业高端,将打造校企命运共同体作为目标,把特色产业学院作为核心平台,把提升服务水平作为核心价值,全面深化产教融合、校企合作,探索具有深圳特色的办学和育人模式。[②]

一是把打造校企命运共同体作为核心目标。在建设目标中,深职院瞄准"智能+"时代,聚焦高端产业和产业高端,通过建立校企命运共同体新机制,搭建资源共享、机制灵活、产出高效的技术技能创新服务平台,构建多层次、广覆盖、立体式的职业技能培训体系,将学校建设成适应智能时代要求的技术技能人才的摇篮、企业家的摇篮、深圳中小微企业技术研发中心、深圳市民终身教育学

[①] 周红利,吴升刚.高职院校产业学院的演化综述[J].中国职业技术教育,2021,(18):66-69.

[②] 杨欣斌.基于特色产业学院的校企双元育人模式探索[J].中国职业技术教育,2019,(31):11-12.

校与中国职业教育师资培训重要基地。在发展思路上，深职院通过打造校企命运共同体，与企业共同迎接以人工智能为核心的新一轮科技革命和产业革命给职业教育带来的挑战，提出"坚持一个引领、做出三大贡献、提供四个保障、产生一流影响"，系统促进学校各项事业全面发展。具体而言，坚持一个引领，即以高质量党建引领高质量发展，把牢社会主义办学方向；做出三大贡献，即联合行业龙头企业、领军企业共建一批跻身国际先进水平的专业群，通过高质量的技术技能人才培养、高质量的技术研发服务、高质量的社会培训服务，为社会经济发展做出公认的贡献；提供四个保障，即在双师队伍、校企合作、学校治理、信息化等四个方面全面盘活各类发展资源，为产教融合提供保障；产生一流影响，即学校人才培养模式及相关课程标准在境外若干国家和地区得到普遍认可和采纳，赢得良好的国际声誉。

二是把特色产业学院作为核心平台。为保障企业深度参与办学，深职院支持每个专业群围绕产业链、创新链的核心需求和关键技术，联合1家世界500强企业或行业龙头企业、领军企业，共建1所特色产业学院，形成共建共享、稳定持续的合作模式，推动校企双主体育人、产教融合真正落地。目前，深职院首批重点支持建设了12所特色产业学院：信息通信技术专业群与华为合作共建"华为ICT学院"，新能源汽车技术专业群与比亚迪合作共建"比亚迪应用技术学院"，电子信息专业群与百科荣创合作共建"ARM智能硬件学院"，酒店旅游专业群与美团合作共建"美团数字生活学院"，金融科技专业群与平安集团合作共建"平安金融科技学院"，数字图文信息技术专业群与裕同科技合作共建"裕同数字图文学院"，城市生态环境专业群与天健集团合作共建"天健建工学院"，物流管理专业群与招商局集团合作共建"招商局海丝学院"，智能制造专业群与大族激光合作共建"大族激光学院",产品艺术设计专业群与水贝珠宝集团合作共建"水贝珠宝首饰设计学院",数字文化创意专业群与完美世界合作共建"完美世界数字创意学院",食品药品专业群与海普瑞合作共建"海普瑞生物医药学院"。

三是把提升服务水平作为核心价值。第一,打造技术技能人才培养高地。推进人工智能背景下专业和课程全面转型,全面实施教师分工协作的模块化教学模式,推动专业课程与技能等级证书全面融通,全面推进校企双主体育人机制。在中国特色世界一流职业院校建设期间,学生获得国际公认或行业公认高质量证书的比例要进一步提高,学生就业能力、职业生涯拓展能力、幸福生活创造能力要进一步提升,毕业生在世界 500 强企业、行业龙头企业、领军企业就业的比例要进一步提高。第二,打造技术技能创新服务平台。在科学的技术化和技术的产业化链条上找准位置,瞄准产业关键核心技术,建设一批应用技术创新中心,开展应用基础研究和技术研发;对接区域中小微企业发展需求,建设一批公共技术服务中心,提供技术技能服务;紧跟时代发展前沿,依托学校特色人文社科优势,打造一批高端智库,提供政策咨询服务。第三,打造高水平专业群。紧紧围绕国家战略需求和粤港澳大湾区经济社会发展需求布局专业,与企业共同建设高水平专业群,带动提升专业整体实力。第四,打造高水平双师队伍。加强教师队伍和团队建设,健全结构化、团队化协作型教师队伍,通过与企业人才共融、校企师资互派,进一步提高双师型教师比例,培育具有国际影响力的职业教育大师、具有国际竞争力的大师名匠、业界权威的应用研发领军人才和绝技绝艺大师。第五,提升服务发展水平。联合龙头企业,面向产业和公众提供一流的技术研发与技能培训服务;针对全国职业教育发展的新形势,提供高质量的师资培训服务,着力打造高技术高技能人才培训高地、市民终身教育高地和全国职业教育师资培训高地。第六，提升国际化水平。联合行业企业，加大海外职业技术培训中心与合作院校的布局力度，将企业技术标准、产品标准开发成课程标准面向海外推广，为"走出去"的中资企业培养本土技术技能人才，让中国职教品牌走向国际职教舞台中央。

自特色产业学院建设工作启动以来，深职院12所特色产业学院主动探索合作机制，积极落实合作内容，在"九个共同"方面取得了一系列成效。二级学院开放办学格局基本形成，校企双主体育人、产教融合发展的能力和水平稳步提升，人才培养供给侧和产业需求侧结构要素全方位融合，学校综合办学实力明显增强，在为一流企业提供一流服务的过程中成就一流。

四、中国特色世界一流职业院校建设的评价基准

纵观全球职业教育，在职业院校的评价标准方面尚未形成类似于普通综合性大学的QS世界排名、泰晤士高等教育世界大学排名、软科世界大学学术排名、U.S.News世界大学排名的国际通行的评价指标体系，职业教育也不一定适合构建这样的指标体系。我们认为，世界一流职业院校之所以称为"世界一流"，其核心是为国家和区域经济社会发展做出一流贡献，关键是形成特色鲜明、适应发展的教育教学模式，重点是具有国际社会广泛认同的影响力，办学及育人模式得到普遍复制和推广。基于这样的认识，深职院进一步明确了建设世界一流职业院校的主要方向、教育教学改革重点，并提出了中国特色世界一流职业院校建设的指标基准。

（一）中国特色世界一流职业院校建设的主要方向

根据我国及区域经济社会发展，深职院建设中国特色世界一流职业院校主要聚焦四个方向。第一，瞄准世界产业发展前沿，联合一批世界一流企业和行业领军企业，共建一批世界一流专业（群），批量培育大国工匠，建立全球知名技术技能积累与创新中心，对区域经济社会发展做出一流贡献。第二，深入推进职业教育供给侧结构性改革，探索形成世界一流的教育教学模式，担当引领全球的职业教育改革创新先锋，为世界职业教育发展提供"中国方案"。第三，建立一批职业教育国际平台，推动"深圳做法"、"深职模式"成为国际标准，服务人类命运共同体建设，为中国走近世界舞台中央做出贡献。第四，办出一流院校的特色。深职院着力扎根中国大地，聚焦深圳需求，培养社会主义事业建设者和接班人，为深圳率先建设社会主义现代化先行区服务；深化产教融合改革，组建一批世界知名特色产业学院和若干世界级应用技术研发与服务中心，对可弥补产业链关键缺失环节、具有重大引领作用的"卡脖子"应用技术进行重点攻关，为深圳率先建设国际科技、产业创新中心服务；建立职业院校国际合作新模式，联合一批行业企业组建海外办学机构和技术服务中心，为"一带一路"建设和中国企业"走出去"服务；探索形成"进阶式"（启蒙教育—预科教育—专门教育—创办企业）创新创业教育新模式，打造全球技术技能人才创新创业教育中心，吸引海内外优秀技术技能人才在深圳创新创业，为深圳发展新经济、孕育新动能服务；打造"面向人人"的社会培训新模式，组建一批全球知名的行业培训学院和社区学院，提升就业质量、收入水平和人生幸福感，为人民群众的美好生活服务。

（二）中国特色世界一流职业院校建设的教育教学改革

在数字经济时代，深职院建设中国特色世界一流职业院校的教育教学改革主要聚焦在六个方面。

1. 人才培养：是否树立应用创新型人才培养目标

改革开放以来，我国职业教育事业快速发展，职业教育体系建设稳步推进，培养了大批人才，为提高劳动者素质、推动经济社会发展和促进就业做出了重要贡献。但是，我国职业教育目前仍然存在着社会吸引力不强、发展理念相对落后、人才培养模式相对陈旧、基础能力相对薄弱、层次结构不合理、基本制度不健全、国际化程度不高等诸多问题，并集中体现为培养的人才不适应加快转变经济发展方式的要求。① 人才培养理念与定位是否具备国际一流教育特征并符合创新应用型人才的目标，是影响一流职业教育质量最关键的因素。

以德国工业 4.0 为标志的智能化信息技术革命被认为是第四次工业革命来临的开始，在这次革命中，高度智能化机器生产将直接替代人类，突破了以往工业革命以"人—机器"为主要改革模式的界限。在由机器替代人的生产工厂里，不仅操作准确度、强度以及生产效率大大提高，而且从观念深处改变了人们的惯性思维。为了应对新的工业变革，中国政府及时地推出"中国制造 2025"发展目标，其宗旨在于振兴民族工业，提高国际竞争力。在这一历史潮流中，现代职业教育有了崭新的使命。职业教育不仅要为民族经济发展培养大量高素质劳动力，更要及时转变人才培养理念，使学生能够适应智能化的未来工厂。

---

① 教育部，国家发展改革委，财政部，人力资源社会保障部，农业部，国务院扶贫办. 现代职业教育体系建设规划（2014-2020 年）[EB/OL].［2014-06-16］. http://www.moe.gov.cn/srcsite/A03/moe_1892/moe_630/201406/t20140623_170737.html.

2. 专业布局：是否对接地方产业经济结构

在经济全球化与区域贸易自由化不断深入的国际局势下，地区的外向型经济面临更大的挑战。加上世界性经济危机阴霾未散，国内经济增长压力持续增长，严峻的现实促使地方淘汰大量粗放落后的产业，转而发展更先进的现代化高科技产业，并且及时调整地区产业结构，促进经济增长方式从原始的粗放型向现代化集约型方向改变，最终提高地方的国际竞争力。这要求职业教育对学科专业布局及时做出调整，能够对接地方产业经济结构，满足社会需求。通过优化学科专业布局，引进高端国际平台，整合各类优质资源，积极引导项目、资金、人才倾斜于重点发展人工智能、物联网、区块链等新兴产业的技能培训，大力推进人才培养机制改革，完善质量保障体系，是当前国际一流院校的普遍做法。与此同时，积极推动师资队伍和实训基地建设，促进教师专业发展；建设智慧职业教育云平台，基于云计算和大数据打造集在线学习、移动互联服务、在线管理考核、对接行业产业于一体的信息化平台[①]，为产业升级和经济转型提供强大动能。

3. 课程建设：是否符合数字化社会发展需求

普及数字化理念及推动数字化课程变革是一流职业院校适应未来社会的关键。数字化经济飞速发展，对人才培养方式和人才标准提出了更高要求，对人才培养过程改革提出了新的挑战。如何积极适应国家与地区经济社会发展的战略要求，建立科学的应用型人才培养目标架构，及时推进学校课程变革，使之符合数字化社会发展需求，是影响教育质量的又一大关键因素。加快推动现代职业教育课程改革，是适应数字经济时代经济转型发展的内在要求，也是由

---

① 陈正江.论加快发展现代职业教育的制度供给[J].职业技术教育，2018，39(30)：32-36.

追求教育规模扩张向教育质量提高转变的重要举措。要深入推进人工智能背景下职业院校转型，积极普及数字化理念、推动数字化课程变革，为建设中国特色世界一流职业院校提供强大支撑。

4. 教学变革：是否利用新技术构建开放的个性化教育模式

人工智能技术发展迅猛，推动了产业转型升级，催生了新兴职业，给职业教育带来了挑战和机遇。为此必须深化人工智能与教育教学的融合发展，大幅提升信息技术服务教育教学与管理的能力。将人工智能技术应用到教学、管理中，促进人工智能与教育教学深度融合，使教师信息化教学能力、学生信息素养显著提升，形成一批有针对性的信息化教学、管理创新模式。自我学习、终身学习是人工智能技术带来的最大好处，它在技术层面解决了教育资源不足和时空不协调的困难。现代教育里"教"的地位越来越弱化，"学"的地位越来越重要，因此不仅要重视"教法"的改革，"学法"也要同时跟着变革，相应地也呼唤"评价方式"的革新。充分利用人工智能、大数据、区块链技术革新教学方法和教学内容，探索人工智能技术与教育环境、教学模式创新，让人工智能技术在教法、学法、评价方式三大方面同时发挥作用，开发适合所有学生的灵活、开放、终身的个性化教育，构建具有个性化、适应性、智能化特色的新型教育服务。

5. 学生学习：是否创新学习方式和评价方式

通过"网络学习空间人人通"建设与应用模式，从服务课堂学习拓展为支撑网络化的泛在学习。[①] 鼓励教师利用网络学习空间开展备课授课、家校互动、网络研修、指导学生学习等活动；鼓励学生利用网络学习空间进行预习、作业、自测、拓展阅读、网络选修课

---

① 尹睿，郭华平，何斯婧，何靖瑜. 个人学习空间支持教师设计思维发展策略探索[J]. 中国电化教育，2018（006）：31-37，51.

等学习活动，养成自主管理、自主学习、自主服务的良好习惯。[①]以此推动学校教育教学环境变革，在数字校园的基础上向智能校园演进，构建技术赋能的教学环境，探索基于人工智能的新的教与学模式，并运用人工智能开展教学过程监测、学情分析和学业水平诊断，建立基于大数据的多维度综合性智能评价，精准评估教与学的绩效，实现因材施教。[②]此外，还应积极促进终身学习，为建立学习型社会贡献力量。

6. 应用研发：是否确立一流应用技术研究计划

建立健全"产学研用立体推进"的应用技术研发模式，与政府部门、行业龙头企业、研究机构深度合作，探索建立技术创新、成果转化、应用推广的一体化机制，组建应用技术研发院、文化产品研发院、社会经济研究院、职业教育研究院等综合研发平台，紧跟产业技术发展前沿开展高水平应用技术、产品和产业政策研究开发，开展中国特色世界水准职业教育办学模式、人才培养模式、教学标准等研究，服务行业产业，引领职业教育发展。在此基础上，引培一批杰出技能大师，在新一代信息技术、新材料、新能源、智能装备等领域，规划建设技能大师领衔的技师工作站。通过名师带徒弟等方式，开展高技能人才技术技能培训。通过校企技术合作攻关、课题研究和技术革新，解决企业生产中的关键性技术难题，打造技术攻关与革新的新基地。通过一流的技术研发，强化科研育人，推进科研反哺教学，依托教师科研成果建立技术技能积累系统，将科研项目作为教学案例纳入系统，通过选修课、项目化课程等形式将

---

① 彭沛.VR背景下高职职业技能型课程体验式教学模式研究［J］.软件导刊，2018（006）：2-4.

② 王稼伟，王晓忠.五年制高职智能制造人才培养体系研究［J］.河南教育（职成教），2018（10）：47-49.

前沿技术带入课堂，开发学生创新性思维和解决实际问题的能力。

（三）中国特色世界一流职业院校建设的指标基准

一般认为，由于职业教育的特殊性，不适宜也不大可能制定出世界通用的衡量"一流"职业院校的评价指标。德国、瑞士、新加坡等国一般从职业教育对社会经济的贡献度、教育教学模式的知名度等方面，来衡量职业院校的办学水平。我们认为，中国特色世界一流的职业院校，应具备一流的人才培养能力、一流的专业（群）、一流的技术研发服务能力、一流的师资、一流的国际化水平等基本特征，并形成中国特色的评价指标。这一评价体系应始终着眼于凸显中国特色、世界一流水准，实现两者的有机统一，具体应包括教学模式、教学资源、管理制度、质量保障体系、师资力量、校友成就、学校声誉等诸多因素，着眼于构建现代职业教育的专业体系、课程体系、教材体系、教学体系与质量保障体系。深职院为加强对世界一流职业院校建设项目实施情况的监测、督导和绩效考核，在深入研究并广泛征求相关专家意见建议的基础上，提炼形成了包含7项一级指标、24个二级指标的指标体系（表1-1）[①]，作为深职院建设中国特色世界一流职业院校的指标基准。

表1-1 深职院中国特色世界一流职业院校建设指标体系

一级指标	二级指标	现状（2017年）	建设目标（2023年）	指标属性
技术技能人才培养	初次就业率（%）	97.7	>98	国际通用
	校友推荐度（%）	85	>86	
	雇主满意度（%）	95	>95	

---

① 引自《深圳职业技术学院中国特色世界一流职业院校建设方案》。

续表

一级指标	二级指标	现状（2017年）	建设目标（2023年）	指标属性
技术技能人才培养	专业设置与区域重点产业匹配度（%）	80	>98	中国特色
	与世界500强企业或行业领军企业共建专业比例（%）	40	>60	
创新创业教育成果	学生毕业三年内创业率（%）	12.7	>13	
	校内孵化企业三年存活率（%）	62	>65	
应用技术研发	年科研收入（亿元）	0.82	>3	国际通用
	年均授权专利数量（件）	229	300	
	应用研发占科研总收入比（%）	36.73	>60	
	服务地方高成长中小企业比例（%）	—	10	
社会培训	年均市民培训人次（万）	0.5	3	中国特色
	年均技能鉴定和资格认证人次（万）	9	12	
	年均职业教育师资培训人次	632	3000	
师资队伍建设	"双师型"教师与学生比	1:24	1:16	国际通用
	企业一线兼职教师比例（%）	50	55	
	"双师型"教师占专任教师比（%）	80	90	中国特色
	在跨国企业兼任技术职务专任教师比（%）	—	>10	
国际化	境内外学生比	14:1	9:1	国际通用
	国际化教师比	5:1	3:1	
	国际声誉（国际同行评价优秀）（%）	—	>85	
	办学理念、人才培养模式、专业教学标准得到认可推广	—	10个国家或地区	中国特色
条件保障	生均教学实训设备值（万元）	3.4	保持现有基础	国际通用
	生均信息化投入值（万元）	0.39		

第二章

世界高等职业教育的历史演进

世界高等职业教育的发展历程，呈现出地方办学、规模拓展、层次高移、类型突出等阶段化特征。同时受国情和历史因素等影响，在不同的国家形成了各具特点的发展模式。综合而言，世界高等职业教育承载的办学职能与内涵日趋丰富，办学形式愈益灵活多样，体系建设走向融通完善，产教融合、校企合作的办学特征明显。各国在各自的历史轨道中进行了诸多有益探索，为推动世界高等职业技术的发展变革和各国互鉴积累了宝贵经验。[①]

一、世界高等职业教育发展的主要阶段

世界高等职业教育发展史大致可以划分为三个阶段：一是从工业革命至二战前的职业化、地方化发展阶段，可称为兴起期；二是二战后至20世纪90年代的规模化、多样化发展阶段，可称为兴盛期；三是20世纪90年代后的高层次、高质量发展阶段，可称为转

---

① 魏明.世界高等职业教育发展的历史阶段、模式与经验［J］.职教论坛，2021（05）：166.

型期。

（一）兴起期：职业化、地方化发展阶段（工业革命至二战前）

远古时代，职业教育的普遍形式为学徒制，尚未建立规模化的职业学校教育。中世纪时期，在欧洲一些教会开设的专门学院中，课程教学开始具备高等职业教育的部分特征。17世纪，英、法等国家开始出现行业协会开办的培养高级技术人才的学校，被认为是高等职业教育的萌芽。工业革命以后，国家间的科技竞争加剧，社会对技术人才的需求明显增加，当时的工业发达国家创办了不少面向行业培养技术人才的技术类学校，可视为现代高等职业教育的前身。

19世纪初期，法国资产阶级大革命后，政府直接创办了专门学院（ecole speciale）和多科技术学院（Ecole Polytechnique）等，其办学类型是涉及理工、卫生、工艺和师范教育等各门学科的高等专科学校，在当时学科教育盛行的背景下，此类学校以近代科学技术知识的教学为核心。也有部分学校按照社会上的具体职业设置课程，以满足社会特定职业对高级专门人才的需要。19世纪中期，随着第二次工业革命的深入发展，德、英等国相继出现了为地方经济和工业发展服务的职业技术学院、地方性短期院校及其他形式的教育机构。例如，当时英国的城市学院（civic college）的建设目的是"传授有助于职业的知识"。① 这些机构起初大多只提供相当于中等教育层次的课程。1862年美国的赠地学院（Land-Grant College）建立，通过开设与本地工业、农业、商业或军事等领域直接相关的课程，强调对学生进行实用知识和技能的培养，后来成为美国高等教

---

① Michael Sanderson. *The universities and british industry 1850-1970*[M]. Routledge & Kegan Paul, 1972: 81.

育的重要组成部分。19世纪后期,这些学校大多升格为高等教育机构。例如,德国柏林工业学校、萨克森工业学校、达姆施塔特工业学校等,后来都升格为工科类大学;英国的城市学院、美国的工艺学院升格发展为现代著名的理工学院。20世纪初期,美国的城市化、工业化和经济高速发展对人才的需求,极大地促进了社区学院(Community College)的建设,1901年第一所公立社区学院——乔利埃特初级学院(Joliet Junior College)建成,至今全美已有1200多所社区学院,其开放、灵活的办学特点促进了高等教育层次的职业教育的发展。

(二)兴盛期:规模化、多样化发展阶段(二战后至20世纪90年代)

20世纪60年代至70年代,二战之后经济恢复对各类人才的需求增加,高等教育适龄学生人数迅速攀升,加之受到人力资本理论普遍传播等因素的影响,西方国家开始出现建设"非大学"(non-university institutions)高等专业教育的现象。非大学高等教育与大学高等教育并行的双元体系最早于20世纪60年代中期建立于英国,英国在传统大学之外将专业院校合并为多科技术学院,以发展高等职业教育。与传统大学不同,此类机构虽然主要也是招收高中毕业生,但修业年限一般为2—3年,因此学术界将其称为"短期院校"(Short-Cycle Institutions,SCIs)或"短期高等教育"(Short-Cycle Higher Education,SCHE)。短期高等教育是在传统大学无法全面和充分满足社会对高等教育多样化需求的背景下产生并迅速发展起来的,逐步形成开放招生、学费低廉、学制灵活、课程实用、对接地方、职业导向等办学特色。历史发展经验表明,传统大学即使加倍扩大招生数量,如1950年起澳大利亚、英国、加拿大、日本和瑞典等国所做的那样，也难以满足技术革命、产业结构调整所带来的社会各行业领域对中高级技术人才日益旺盛的需求。由此可见，短期高等教育的产生和发展，恰恰弥补了传统大学在职业人才培养方面的短板。短期高等教育和传统大学形成了互补型结构关系。在这一时期，通过新建、升格、扩招、改制等方式，世界高等职业教育出现了规模化扩张。新兴的高等职业教育在各国有着不同的称谓，主要有大学学院或技术学院（比利时、挪威、爱尔兰）、多科技术学院（英国）、应用科学大学（瑞士、德国）、理工学院（芬兰、新加坡）、社区学院（美国、加拿大）、短期大学（日本）等。[①]

（三）转型期：高层次、高质量发展阶段（20世纪90年代后）

20世纪90年代，英国率先在高等教育白皮书（1991年）中提出，废除大学和非大学（多科技术学院和大学教育）分割的状况，建立统一的高等教育体系。1992年，英国《继续教育和高等教育法》赋予了多科技术学院授予学位的权力，允许满足一定条件的学院更名为大学。[②]之后，欧洲开始推动博罗尼亚进程（欧洲高等教育改革计划），其目标是整合欧盟的高教资源，打通教育体制，实现欧洲高教和科技一体化。博罗尼亚进程要求统一欧洲高等教育体制，建立共同的"学士—硕士"学位制度体系。受此影响，一些高职院校开始新增学士、硕士学位课程。该计划的实施，使得两种高等教育体系的边界趋向融合并增加了流动性。同时，在教育管理体制变革的推动下，高等职业教育机构的自主发展空间得以进一步提升，从

---

① Jamey S. Talor etc. *Non-University Higher Education in Europe*[C]. New York: Springer, 2008: 101, 233, 126.

② 贺国庆，等.外国高等教育史［M］.北京：人民教育出版社，2003：556.

而使得欧洲高等职业院校学术飘移、升格之风盛行。[①]但高等职业教育并没有因此消亡,仍坚持以职业教育办学方向为特色。例如瑞士的部分职业院校升格为应用科学大学后,虽然其研究功能有所强化,但仍坚持将高质量的职业人才培养作为主要办学目标,并加强相关措施保障,如实施小班化教学、优先人才培养经费预算等。[②]奥地利则推行有关认证制度,以保证高等职业教育的发展质量;在办学形式上不断扩大内部的多样性,面向社会推出各式短期职业培训课程,以提高竞争力和吸引力;在功能拓展上加强了应用研究和社会服务的职能,注重与地方中小企业建立联系,扩大高等职业教育的社会影响力。

二、发达国家和地区高等职业教育发展模式

世界各国的高等职业教育形成了各具特色的发展模式,尤以一些发达国家和地区的发展模式具有较大影响。本节主要介绍美国的社区学院、日本的短期大学、新加坡的理工学院、德国和我国台湾地区的应用科学(科技)大学等几种有代表性的发展模式。

(一)社区学院发展模式

1. 历史发展

社区学院最早产生于 20 世纪初的美国。追溯社区学院的发展史

---

① Maria de Lourdes Machado etc. *Reframing the Non-University Sector in Europe: Convergence or Diversity*[A]. Jamey S. Talor etc. *Non-University Higher Education in Europe*[C]. New York: Springer, 2008: 245-260.

② Benedetto Lepori. *Research in Non-University Higher Education Institutions: the Case of the Swiss Universities of Applied Sciences*[J]. High Education, 2008(56): 45-58.

可见，很多社区学院都是由初级学院之类的教育机构演变而来，其办学功能也经历了从单一的转学功能到复合的社区服务功能的调整。1856年，时任美国芝加哥大学校长的哈珀（William Rainey Harper）提出了"初级学院"的概念。哈珀倡导将大学教育分为"初级学院"和"高级学院"两部分，认为由初级学院承载高等教育的部分职能，不仅能够缓解民众对高等教育的需求给四年制大学造成的压力，而且通过在初级学院中学习基础性课程，也有利于更好地实现与高级学院之间的衔接。可见，建设初级学院的初衷是为了将大学前两年的教育分离出来。初期，初级学院的办学形式多样，部分初级学院是四年制大学设置的分校区，仍以实施普通教育为主，学生以升学为主要目标，但也有一些州的初级学院开设了部分职业教育类课程。随着1917年《史密斯-休斯法案》的颁布，更多的公立初级学院增加了商业课程的设置。1920年，全美初级学院协会成立，表明初级学院的社会地位和影响力逐渐得到认可，办学规模逐步扩大。至1941年，全美初级学院已达610所。[①]这一时期，在经济、战争等因素带来的刺激性需求下，初级学院的职业教育培训功能凸显，这也从一个侧面解释了初级学院数量出现快速增长的原因。

二战后，美国新一届高等教育委员会在《为了美国民主的高等教育》中首次提出"建设社区学院"的建议。社区学院面向社区提供多样化的教育服务，增加社区青年接受大学教育的机会，同时开展成人教育和培训服务。[②]与初级学院相比，社区学院的办学功能更加丰富，体制愈加灵活，成为替代初级学院的两年制大学、满足社

---

① EELLS W C. *Present status of junior college terminal education*[M]. Menasha, WI: George Banta Publishing Copany, 1941: 3.

② Presidents Commission on Higher Education. *Higher education for American democracy*[M]. New York, NY: Harper& Brothers Publishers, 1948: 7-68.

区大众化教育需求的较好选择。此后，随着战后人口的大量增加以及民权运动、女权运动的开展和教育平等思潮的影响，普通民众受教育的需求大幅提升，社区学院开始成为中学后教育的主阵地，课程开设数量显著增加，不仅提供基础性的教育培训服务，还拥有副学士学位的教育授予权。同时，社区学院在对失业工人、退伍军人和少数族裔等群体实施就业技能培训的工作中发挥出越来越重要的作用。在20世纪50年代至70年代，初级学院主要是指私立大学的低一级分支机构、教会以及其他独立组织支持的两年制学院，社区学院则主要指公立的高等教育机构。美国各州纷纷建立各自的社区学院规划体系，社区学院的数量在这一时期快速增加。

20世纪80年代，社区学院办学规模逐步扩大。为保障办学质量，美国政府相继颁布了一系列与职业教育相关的法律。1984年，美国国会通过《帕金斯职业教育法案》，并分别于1998年和2006年进行修订。该法案影响深远，其重要内容之一就是在扩充各州职业教育覆盖面的同时，改善和提升职业教育质量。20世纪90年代后，美国有部分州开始授权社区学院开设学士学位课程，这使得社区学院的内涵发生变化。1994年，《学校到工作机会法案》丰富了美国职业教育的办学形式，各种与工作相关的学习、培训等实践活动被纳入学校教育，职业教育与现实世界和经济发展的联系更加紧密。2009年，美国政府出台《重振美国制造业框架》，随后先后发布《先进制造业伙伴计划》（2011年）、《先进制造业国家战略计划》（2012年）、《制造业创新中心网络发展规划》（2013年）等，以促进产业界与职业教育的密切合作，增强美国的竞争优势。社区学院在强化原有职业教育和培训职能的同时，开始强调基础理论课程的学习，功能上愈加丰富，办学更加多样化，成为美国中学后教育的重要阵地。

2. 体系衔接

美国高等职业教育的实施机构包括社区学院和技术学院，以两年制的社区学院为主。社区学院的课程学习以普适性教育为主，目的在于提高受教育者此后的选择能力与机会。课程设置包括了多种类型，分别指向不同的发展路径，其中包括以继续升学为导向的学术类课程，在社区学院完成学术类课程学习即可获得副学士学位证书。学术类课程可以被认为是将来学习学士学位课程的基础，学生完成这一阶段学习后，再通过社区学院的转学渠道申请进入四年制大学学习，因此社区学院往往是四年制大学学生的重要来源，社区学院也成为衔接高中和四年制大学的中间桥梁。社区学院的副学士学位教育让许多无缘四年制大学教育但又不愿意放弃当前学习机会的高中学生接受高等教育成为可能。

3. 办学特色

多年来，社区学院由于地利性的特点，办学职能不断延展，已逐步发展成为集学历学位教育、企业培训和个人兴趣拓展的教育综合体，并成为终身教育的重要平台。一是中学后再教育的重要场所。很多社区学院针对未获得高中文凭的学习者开设了 GED（General Educational Development）教育培训课程，以及与高中教育课程相似的课程，帮助学生学习中学后教育所必需的知识和技能。二是成长型企业的人力资源开发供给源。针对部分成长中的小规模企业，社区学院提供紧缺的人力资源开发和职业技能提升的教育培训服务，满足此类型企业增加生产和拓展市场的人才需求。三是社区居民的个性化学习阵地。一些社区学院还创造性地开发了单一或多门兴趣类课程项目，如社区娱乐性课程和语言培训课程等，学习此类课程不是为了获得学位和证书，而是为了满足部分社区居民的个人兴趣爱好或充实自我的个性化教育培训需求，因而成为构建终身教育的重要平台。

（二）短期大学发展模式

1. 历史发展

短期大学发展模式以日本最为典型。

明治维新后，日本建立了普通教育与职业教育并存的双轨制教育体系。至二战前，日本的职业教育以实业学校、各类专门学校和实业补习学校为主，其中高等职业教育机构主要是各类专门学校，但数量不多。1948年，日本开始进行高等教育改革，部分传统大学改制为四年制新制大学，另外一些不具备改制条件要求的高校则称为短期大学。短期大学是在高中教育的基础上，以对学生进行高深的专门知识教育、培养职业和实际生活所必需的能力为目的的高等教育机构，学制为2年或3年，实施侧重于实际的"半专业职业（semiprofessional）"的大学教育。所谓"半专业职业"是指居于大学专业教育和高中程度的职业教育之间的专门职业。[1] 此后，有关短期大学建设的一系列法令，如《短期大学设置基准》（1949年）、《短期大学函授教育基准》（1950年）、《关于短期大学的教育内容》（1951年）、《短期大学教育课程标准》（1954年）、《短期大学校舍设备标准》（1956年）等，对短期大学的目的、性质、组织机构、师资队伍、课程设置等作了具体要求。

20世纪50年代初，日本出台《产业振兴法》（1951年），要求扩充职业教育办学经费资助，开始探索发展各层次的职业教育。1951年，日本政令改正咨询委员会发表《关于教育制度改革的答申》报告，提出建设中学后的专修学校教育。1954年，《关于改革当前

---

[1] 海后宗臣. 大学设置委员会短期大学设置基准解说（战后日本的教育改革第九卷）[M]. 东京：东京大学出版会，1969：200.

的教育制度》报告提出建设职业高中与短期大学一体化的五年制职业专修大学。20世纪70年代，日本开始探索建设技术科学大学。继筑波大学后，于1976年10月在长冈和丰桥创立了两所新型的"技术科学大学"，学制4年，1978年4月开始同时招收一年级及三年级新生，采取本硕贯通的人才培养模式。与一般大学不同的是，技术科学大学尤其注重实践性技术的教学和研究，强调提早实施专门教育，为各类接受职业教育的毕业生提供升学途径。随着第三产业的迅速发展和劳动力多样化需求的增加，由各类专门学校改建而来的高等专门学校得到快速发展，为不能升入正规大学的青年提供就业前的准备教育。由此，日本逐步形成了由短期大学、高等专门学校和专修学校组成的职业教育体系。

20世纪90年代以来，为了进一步保障和规范短期高等教育的发展，日本政府通过修订《短期大学设置基准》（1991年）、《学校教育法》（1991年，2002年）、《专修学校设置基准》（2002年）和颁布《独立行政法人国立高等专门学校机构法》（2003年）等立法活动，赋予短期大学更大的教育自主权，并相应实施了针对短期大学的第三方评价制度，要求所有短期大学接受政府指定的认证评价机构——"短期大学基准协会"的评价，进一步明确和强化了短期大学在日本高等教育体系中的地位。同时，日本的高等专门学校和专修学校也开始按法律规定接受第三方评价。

2. 体系衔接

日本短期大学教育始于二战后的20世纪40年代末期，作为一种新兴的有别于传统高等教育的教育机构，独立于普通教育体系之外。1963年，日本中教审在《有关改善大学教育的答审》中提出建立正式长久的短期大学制度的意见。1964年，《学校教育法》修订案确立了正式长久的短期大学制度。可见，随着时间的推移，日本短期大学教育的办学职能才被逐渐认可，办学地位逐步稳固。自20世纪90年代开始，日本逐步对短期高等教育机构实行弹性化管理，并加强和完善教育体系建设。首先，《短期大学设置基准》（1991年修订）取消了对短期大学在办学规模、师资队伍建设、招生条件和教育教学等方面的很多硬性规定和限制，增加了短期大学的办学自主权。其次，1991年在专门学校创设"专攻科"制度，作为专科高职之上的提高层次。1995年又增设东京都立科学技术大学、帝京技术科学大学，以扩大应用型高等教育的规模。1999年，日本教育法开始允许获得高等专门学校"专门士"（senmonshi）文凭的学生转入短期大学或大学学习，这标志着日本职业教育体系各层次衔接关系得以建立。

3. 办学特色

日本短期大学的办学特色可归纳为三个方面。一是小规模建校。在日本，短期大学多为私立性质，而且与大学相比，以小规模学校居多。大学平均每校约4000名学生，短期大学平均每校约800名学生，大多不超过1000人。二是地方化办学。大学和专修学校多集中于大都市，短期大学则较多分布于各都、道、府、县，具有很强的地方性布局特点。三是专精式发展。从教育内容看，短期大学或偏重教养教育或偏重职业教育，两者兼备的学校很少。偏重教养教育的短期大学集中于人文、艺术等领域，偏重职业教育的短期大学集中于教育、家政、农业、营养保健等领域，其他领域的职业教育则由高等专门学校、职业训练机构承担。高等专门学校的专业设置多为工业技术类，专修学校的专业设置集中于职业训练与工作实务。短期高等教育体系内的各种类型学校的教育也存在着明显的不同，各具特色。

(三)理工学院发展模式

1. 历史发展

理工学院发展模式以新加坡为成功的代表。

1948 年以前的新加坡处于殖民统治时期,当时还没有正式的职业技术教育机构,但出现了一些政府委任专门机构所做的关于发展职业技术教育的研究报告。例如,1902 年,殖民地区英语教育体系调查委员会经调研后发布《肯内尔斯雷报告书》(Kynnerseley Report),认为新加坡还没有足够的社会需求支持单独兴办职业类型的学校。1919 年,莱蒙(A.H.Lemon)领导的一个专门委员会提交报告书,建议成立语言类和农业技术等相关的职业学校,但未得到当时政府的许可。1925 年,温世德领衔的技术教育委员会递交《温世德报告书》,提出在建立专门职业技术类学校时机尚未成熟之前,在所有中学开设手工工艺课程。1937 年,马来亚教育服务部门的奇斯曼(H.R.Cheeseman)系统研究了英国和荷兰在雅加达和万隆举办学校的情况,提交了《奇斯曼报告书》,倡导在中学开设科学课程,并增加职业学校的数量,注重对学生的实践技能训练,以及为工人提供职业培训夜校课程等。综合来看,这一时期可以认为是新加坡职业技术教育的萌芽阶段。

二战结束后,随着贸易和经济的复苏增长,在周边国家工业化进程的影响下,新加坡的"快速工业化"战略和多样化经济发展产生了对熟练技术工人的需要。1954 年 10 月,新加坡理工学院(Singapore Polytechnic)成立,成立初期的办学定位是重点培训技术人员、提高学生的就业能力,同时取消了为普通教育证书和高等中学毕业证书等学术型学历考试的课程。1961 年,《曾树吉报告书》(Chan Chieu Kiat Report)进一步明确了新加坡理工学院及其他学校在未来工业化进程中的角色地位,并设计了未来职业技术教育与培训的基本框架。该报告被认为是新加坡职业技术教育与培训事业发展的开创之作。1963年,新加坡职业学院(SVI)成立,专门从事工艺技能教学,如管道工、木工、建筑工、汽车维修工等。与此同时,新加坡理工学院将所有两年制工艺技能课程全部转入新加坡职业学院,自己则全面扩大技术层次课程的规模。此后,职业学院的建设逐步在各地展开,巴哈鲁丁(Baharuddin)、麦福森(Macpherson)、武吉美拉(Bukit Merah)、榜鹅(Punggol)、宏茂桥(Ang Mo Kio)等职业学院相继建成开学。1969年,新加坡技术学院(Singapore Technical Institute)成立。20世纪60年代至80年代,职业教育在校生数量迅速增加。20世纪80年代,随着经济的快速增长、产业结构向高附加值的制造业和服务业转型,新加坡在外国政府的资助下建立了一批科技学院,如日新培训中心(JSTC)、德新学院(GSI)、法新学院(FSI)等,以加速知识与技术的转移。这些学院后来统一并入了南洋理工学院。科技学院普遍采用基于"教学工厂"理念的教学方法,这也成为南洋理工学院被国际社会熟知的职业教育品牌,创造了新加坡职业教育发展的鲜明特色。

20世纪90年代后,为进一步扩大中学后技术教育的规模,增加中学生的教育选择机会,新加坡相继新建3所理工学院,即淡马锡理工学院(TP)、南洋理工学院(NYP)和共和理工学院(RP)。理工学院在校园内模拟营造形同企业的真实学习环境,采用"问题启发式教学法"(PBL),培养学生基于问题进行自主学习、自主探究学习知识与技能的能力。同时,另一类中学后教育机构——"工艺教育学院(Institution of Technical Education,ITE)"也应运而生,2005年重组整合更名为"工艺教育高等学院(ITE Colleges)",近年来经过几轮转型发展和战略更新,取得了巨大发展,被世界银行称为"一流的专科教育学府"。目前，新加坡共有5所理工学院，每年中学生入学率约占45%，加之每年有约25%的学生进入工艺教育学院，意味着每年约有七成中学生选择就读技术与职业教育类院校。这不仅印证了新加坡技术与职业教育多年来贴近市场办学的成功探索，也表明其办学模式和办学实力及水平等方面已经得到民众的广泛认可。

2. 体系衔接

在职业教育与综合大学的衔接沟通方面，学生在取得工艺教育学院的证书后，可以修读理工学院文凭课程；获得理工学院文凭的学生，还可以修读高级文凭（两年制）和专业文凭（一年制），并通过文凭课程与海外或本地大学（如新加坡管理学院、新跃大学和部分海外大学建设的分校等）相衔接获得大学学位，从而形成了"立交桥"式的高等职业教育贯通体系。针对部分难以形成衔接的专业领域，新加坡发布《教育部—海外专业学院合作计划（FSI）》，指出各理工学院可以直接与知名的海外大学合作建立专业学位，这种分散式的合作方式后统一归为新加坡科技学院（SIT）管理，由新加坡科技学院在5所理工学院建立分校，设置专业学位。新加坡科技学院于2014年升格为新加坡理工大学。此外，新加坡国立大学为理工学院的毕业生开发了预科课程和非全日制的技术学士学位（B.Tech）课程，学员利用非工作时间一般在4—5年之内便可获得技术学士学位，最长学习期限可达8年。

3. 办学特色

新加坡的理工学院非常注重品牌专业建设。成立较早的新加坡理工学院（1954年）开设了土木工程、建筑工程、机械工程、航海技术、商业管理等与战后重建密切相关的专业。经过多年的建设发展，已有近20个专业获得美国工程与技术鉴定委员会（ABET）

认证，形成了以工程技术教育为特色的品牌专业群。南洋理工学院（1992年）凭借已有的优势，着重围绕电子、制造和软件等技术领域，发展电子科技、软件科技、自动化生产等专业，同时拓展新时期经济社会发展所需的护理、旅游管理等新专业。共和理工学院（2002年）则主要面向具有较高竞争力的高科技产业和高附加值产业领域，开设信息科技、生命科学等专业，大力发展航空电子、生物医药、供应链管理等新兴专业。此外，理工学院普遍重视教育教学创新。淡马锡理工学院采用"问题启发式教学法"，南洋理工学院着力开发"企业项目"，义安理工学院以"艺术管理"声名远播。各理工学院都在自己的领域内，充分利用政府赋予的自主权利，开发出各具特色的发展方向。

（四）应用科学大学发展模式

1. 历史发展

（1）德国

应用科学大学发展模式较多出现于欧洲，这里主要以德国为例探寻其历史发展轨迹。德国的职业教育历史悠久，可以追溯到古希腊、罗马时期，当时主要是作坊式的师徒制，到19世纪逐渐演变成了著名的双元制模式。德国的高等职业教育（学历教育）主要由两部分组成，即应用科学大学（FH）和双元制模式的职业学院（BA）。应用科学大学的前身为高等专业学院。20世纪60年代，德国经济迅速崛起，社会和企业界迫切需要更多的高层次人才，这种人才能立足于实践，将科学理论转变成现实，而以往中等教育层次的职业教育难以满足这一需要。与此同时，已接受职业教育训练的人也有提升自身发展空间的需求，要求进入大学的人数明显增加。如何满足这部分人的需求，就成为摆在人们面前不得不思考的问题。然而，传统大学侧重于基础研究，职业学校只注重职业培训，两者之间区隔明显。在这样的历史背景下，德国认为必须改变原有单一的高等教育结构，建立起不同类型的高等教育体系，以满足社会对不同类型人才的需求。因此，联邦政府在原有职业教育机构的基础上进行高等教育结构改革，大力发展市场急需的非学术性的高等职业教育。1967年，巴符州文化部出台《达伦多夫计划》，第一次提出将工程师学校（Ingenieurschulen）等同类型学校纳入高等教育。在此之前，德国存在大量的工程师学校，这些经政府部门认可的具有独立教育机构地位的技术教育单位，由于其培养标准不符合其他欧共体成员国的认证条件而难以得到认可。1968年10月，德国通过了《联邦各州专科学校统一协定》，决定对原有的工程师学校、高级技术学校等各类学校进行联合改制、扩建、调整专业方向、充实办学条件后，改建为新型高等职业教育，从而开创了与传统大学并行的新型学校——专科大学。该协定规范了高等专业学院的入学条件、学制、学习内容、毕业条件、学位授予及与其他类型学校的关系等内容，并明确其为传统高等教育框架内的新型高校。

20世纪70年代，德国持续实施高等教育区域发展计划，对一些工程师学校、经济专科学校、师范学校、社会公共事业专科学校、工业设计学校等进行了升格改造，转型发展高等专业学院。高等专业学院创立之初，即确定了不同于传统大学的培养道路，明确不以从事科学研究活动为主要任务，并保持和强化了原来工程师学校的传统，定位为"为职业实践而进行科学教育"，强调实践型和应用型人才培养。最初由于缺乏全国性的立法支持，高等专业学院的办学地位始终得不到明确保障。1976年颁发的《高等教育总法》以及1985年、1987年的修订中，明确了高等专业学院在高等教育中的合法地位，规定高等专业学院在法律上享有大学的各项权利，赋予其与传统大学相同的法律地位。在《高等教育总法》及联邦系列职业教育立法的支持下，高等专业学院开始步入稳健发展的轨道，并逐步更名为应用科学大学（Fachhochschule，简称 FH）。此后，学校吸引力不断增强，入学学生数成倍增长。与此同时，在一些经济较发达的州，部分企业除了对技术应用型人才的需求之外，还产生了对技术管理和技术服务类型人才的需要，而这类人才是传统的工程师学校和高等专业学院难以培养的，由此催生校企联合创办的职业学院，并成为享誉世界的职业教育经典办学模式。

20 世纪 90 年代，东西德合并后，联邦德国统一了教育体制，决定推行西德的高职教育体系，对东德学校进行改组改建，双元制式的职业学院在各州得到普遍推广。此前相互独立的职业学院得到各州和德国政府的共同认可，并认定其与高等专业学院具有同等地位，从而构成了德国双轨并行的高等职业教育体系。其实，高等专业学院在办学和发展过程中，也曾存在追求与传统大学同等化的问题，解决方法是修改立法，为高等专业学院毕业生消除攻读高级学位的法律障碍。该工作自 1992 年启动，到 1995 年底德国所有州都修改了各自的《高等学校法》，从法律上确认高等专业学院毕业生可直升大学攻读博士学位，高等专业学院也可与大学联合培养博士生并由大学授予学位，为优秀毕业生拓宽攻读博士学位的途径。1998 年，德国政府再次修订《高等教育总法》，要求应用科学大学采用全球互认的"学分制"，允许其授予硕士学位。2000 年以后，应用科学大学的专业设置进一步呈现综合性、聚集性的特征，不仅设置研究型大学所常设的传统专业，还设置跟随时代发展的工程科学专业，强调专业的应用、实用特点。因此，近年来，多所应用科学大学更名为技术大学（Technische Hochschule），还有一些与普通大学合并为综合类大学。应用科学大学发展成为兼具综合性、专业性、应用性的高等教育机构。2010年以来，部分应用科学大学开始争取博士学位授予权。2014年，巴符州宣布州内应用科学大学可以招收博士生并有权授予博士学位。2016年，德国黑森州通过修改州高等教育法，赋予富尔达应用科学大学独立的博士学位授予权。[①]

（2）中国台湾地区

中日甲午战争后，日本侵占了台湾。日据时期，日本在台湾推行所谓"农业台湾、工业日本"的殖民政策，实施双轨制的中等职业教育，即对在台的日本人主要实施商业教育，对台湾人则以施行农业教育为主。在高等教育的发展政策上，以普通教育为主。[②]1943年，《开罗宣言》宣告日本在台湾的殖民统治结束。光复初期，国民政府对高等教育进行了恢复整顿，相继发布《专科学校法》和《大学法》，明确专业学校以传授应用科学、培养各类技术人才为宗旨。20世纪50年代，通过改制、新建等方式先后创建了农业、工业、海事、家政和护理等各类专科学校。20世纪60年代，台湾地区经济开始出现较快增长。为适应工业发展对人才的需求，台湾地区推出新增五年制专科学校计划，并允许部分专科学校试办二年制的实用技艺部。1968年5月，台湾地区教育部门发布《公私立专科学校试办二年制实用技艺部办法》，提出培养实用技术人才，适应经济建设需要。后因受五年制专科学校大量增加的影响，二年制实用技艺部在1973年停办，但又另外设置了二年制工业技艺专科学校，招生对象为高级职业学校的毕业生。后来，"技艺"二字被取消，工业技艺专科学校一律更名为工业专科学校。

[①] 郝天聪，贺艳芳.德国应用科学大学获独立博士学位授予权争议与反思［J］.比较教育研究，2018（1）：105-112.

[②] 黄新宪.台湾教育：从日据到光复［M］.上海：上海人民出版社，2012.

20世纪60年代前半期,台湾地区专科教育的总体规模远小于大学和学院,随着这一时期台湾地区的经济由劳动密集型向资本和技术密集型过渡,对职业教育的人才培养也有了新的要求。大力发展专科水平的职业教育,以满足社会对中级技术人员和管理人员的需要,使得这一时期的专科学校数量迅速增长,至1972年达76所,而普通大学与学院仅23所[①]。专科教育规模实现反超,占台湾地区高等教育总体规模的一半以上。

20世纪70年代初,受前一阶段高等教育快速扩张、质量下降的负面影响,台湾地区开始限制高等教育规模扩张,强调教育质量。同时,由于这一时期台湾地区努力实施"工业升级",对提升职业教育层级提出了要求。为提升职业技术教育水平,各界倡议设立技术学院。1974年,台湾地区第一所技术学院——台湾工业学院成立,招收高级职业学校毕业生(四年制)和专科毕业生(二年制),毕业时授予学士学位,随后于1979年开设硕士班,1983年招收博士研究生。但在这段时期内,技术学院并未得到迅速发展。

进入20世纪90年代,原先的部分三年制专科学校由于不能满足社会需要而逐步废止,另有一部分专科学校获准改制为学院,同时新建技术学院。技术学院的创办为建立独立完整的高等职业教育体系做出了突出的贡献。1995年,台湾地区教育管理部门推行"技术职业教育的转型与革新计划",提出将技术学院升格为科技大学。由此,科技大学在此后十余年间数量迅速增加。

2. 体系衔接

1999年《博洛尼亚宣言》签署后,欧洲各国开始建立高等教育共同体,统一学位体系。德国的应用科学大学积极响应宣言的要求,

---

① 陈玫晔. 战后台湾技职教育发展与变革[D]. 华东师范大学,2013:49.

通过专业认证、加强国际交流合作等方法提升学校办学水平，对普通大学和应用科学大学不再作区分，毕业证书相同，但应用科学大学没有博士学位授予权。2003年，芬兰《应用技术大学法》（修订版）赋予应用技术大学技术学士学位授予权；随后于2005年再次修订《应用技术大学法》，增加应用技术大学技术硕士学位授予权，同时取消了专科层次的教育，最终形成"学士—硕士"两层级的高等职业教育学位体系。

台湾地区高等职业教育体系包括专科学校（两年、三年和五年）、技术学院（两年和四年）和科技大学。职业教育与普通教育并行发展，不仅上下衔接，而且相互沟通。专科学校毕业生可获得副学士学位，技术学校和科技大学则拥有学士及以上学位授予权，其中四年制技术学院和科技大学均可培养硕士和博士，并面向普通大学招生。在技术学院和科技大学获得学士学位的毕业生也可进入普通大学继续攻读硕士、博士学位，从而形成了联系紧密的立交桥式的教育体系。

3. 办学特色

不同国家和地区的应用科学大学各有千秋，但办学特色具有相对一致性。一是坚持服务中小企业的办学方向。欧洲各国的应用科学大学普遍认为，应用科学大学科研活动的一项重要使命就是服务于中小企业的技术转换，并据此开展学校教育教学与学生职业实践能力培养的改革。比如，从20世纪70年代开始，瑞士政府支持中小企业发展的思路并不是直接资助产业研发，而是通过建立合作研发机构、成立专门的职业教育与技术管理办公室等，帮助企业与大学和研究机构建立联系，开展有针对性的应用研发。在应用科学大学的总经费支出中，约三分之二用于基本教学，进行专业和技能人才的培养。[①]二是坚持职业导向的人才培养。德国的应用科学大学在20世纪60年代成立之初,即确立了以科学为基础、实践及职业为导向的教育宗旨,以及面向专门职业培养高级应用型人才的教学目标,并要求毕业生能从事独立的职业活动。这一点可视为德国双元制模式形成的重要前提条件之一,也决定了其在专业、课程、教学等方面的特点,包括专业设置往往针对性较强且多与所在地区的行业联系紧密,课程结构、数量与学时随专业发展、技术变化等适时调整,实践教学所占比重较大以及重视企业实习实践等。

三、世界高等职业教育院校案例剖析

(一)全球声誉与地区服务可以并存吗?——芬兰哈格-赫利尔应用科学大学的办学定位

芬兰哈格-赫利尔应用科学大学起源于酒店管理培训机构。1969年,一所名为Hotelli-ja ravintolaopisto的酒店和餐厅管理学校开始运营,以满足20世纪60年代快速增长的酒店和餐饮业对酒店管理专业人员的需求。20世纪80年代至90年代,在经历了经济发展下行、失业率显著上升的社会困境期之后,政府开始推行高等教育改革,发展更加注重联系实际的职业教育。1991年,该校改名为哈格理工学院,成为当时芬兰第一家获得理工学院地位的教育机构。2007年,在芬兰高等教育机构合并调整中,赫尔辛基商业理工学院和哈格理工学院联合成立哈格-赫利尔应用科学大学。

[①] Swiss Federal Statistical Office. *Education finance. Financial years 2017/18*. [2020-08-19]. https://www.bfs.admin.ch/bfs/en/home/statistics/education-science.assetdetail.12947704.html.

1. 服务地方需求的专业设置

哈格－赫利尔应用科学大学设有本科与硕士专业。本科专业有信息技术、国际商务、体育训练与管理、旅游管理、酒店管理、市场营销、新闻等，旨在通过实践教学培养学生在各种专业任务和国际环境中独立工作的能力，学制 3.5—4.5 年。硕士专业有航空与旅游事务、商业技术、商业转型导引等，已获得本科及其以上学位、至少具有两年相关专业领域工作经验者，可申请攻读硕士专业学位。除学位教育项目外，学校还开设了非学位性质的学分课程。目前，哈格－赫利尔应用科学大学共有 5 个校区，包括哈格校区（Haaga）、马尔米校区（Malmi）、帕西拉校区（Pasila）、波尔沃校区（Porvoo）和维鲁梅基校区（Vierumäki），前 3 个校区均位于芬兰首都赫尔辛基市，波尔沃校区靠近波尔沃市中心，维鲁梅基校区位于拉赫蒂附近。在专业布局上，各校区结合地理位置和地方特点，形成了各自特色化的专业和课程设置。

2. 技术应用研发的科研导向

加强和发挥高等教育的科研服务职能早已获得芬兰各政党和私营部门的认可，因此充足的经费支持和高水平的科研队伍成为关键。首先，支持技术应用和创新研发。芬兰高等教育的研究经费从 1991 年 GDP 的 2% 上升至 90 年代末的 2.7%。[①] 巨额科研经费的投入，加快了科研机构向私营企业部门的技术应用和创新的流动速度。其次，建立合作研究网络平台。充分利用现代网络技术的优势，加强与相关专业领域的专家合作，组建哈格－赫利尔研究员网络。通过为研究员网络的专家成员提供访问、交流和讲座等机会，支持学校在研究、开发和创新（RDI）项目等方面进行合作，由此提高学校

---

① OECD (2003).*Reviews of National Policies for Education: Polytechnic Education in Finland*[EB/OL]. [2020-08-23]. https://files.eric.ed.gov/fulltext/ED479840.pdf.

在专业领域的核心能力。最后，2014年修订《应用科学大学法案》，要求应用科学大学充分考察区域发展的产业结构，开展专业技能教育和应用研发活动，服务于区域内专业技能人才培养和产业应用研究的成果转化。[1]

3. 地方专业化的职教师资培养

哈格-赫利尔应用科学大学设有专门的职业教师教育学院，面向有志于在应用科学大学或职业院校从事教师工作的人申请学习。二战以前，芬兰并没有建立专门的教师培养系统，各类教师从具备相关资质要求的人员中挑选。二战后，由技术技能人才短缺带来的职业教育大发展，造成职业教育系统教师数量严重不足，建立职业教育教师培训制度获得了广泛支持。从20世纪50年代开始，赫尔辛基商学院首先被赋予教师培训资格，开展专业教师培养培训工作。直到1997年，赫尔辛基商学院的教师培训业务转到作为赫利尔应用科学大学一部分而设立的职业教师教育学院。由此，赫利尔职业教师教育学院开始承担职业教育教师的培养培训工作，并逐步扩大规模。如今，赫利尔职业教师教育学院根据多年的师培经验，已经建立起了系统的职教教师培养计划方案，包括职教教师的资格条件、能力分类、培养模型、继续教育和学习支持等，并在具体的培养过程中设计了详尽的教学环节及教学方法，确保教师培养质量。

4. 持续的创新能力和创业精神培育

在哈格-赫利尔应用科学大学发展战略（2021-2025）中，学校以"打开面向未来职业生涯的大门（Haaga-Helia opens doors to future careers）"为办学使命，以"勇做国际商业的改革者（courageous and international reformer of business）"为发展愿景，重点发展商务服务、

---

[1] Ministry of Education and Culture. *Universities of Applied Sciences Act*. Helsinki: Finlex Data bank, 2014.

销售、创业教育和高等教育学等专业领域，以承担"提高应用研究的创新能力（applied research creating new competences）"、"持续学习和指导的创新解决方案（innovative solutions for continuous learning and guidance）"、"建立与相关国家国际网络（relevant national and international networks）"等重要任务。总体而言，哈格-赫利尔应用科学大学意在通过开放的视野和精神融入未来变化的世界，促进学校与商业企业界的动态合作，创造并增加学生接触新世界的机会和能力，进而实现较高的就业率。同时，打破工作生活和高等教育机构之间的隔阂，使未来高等职业教育的发展更加贴近现实生活。2020年，哈格-赫利尔应用科学大学将"创业精神"作为年度主题词，并进一步阐释为承诺、韧性、勇气、创新和生产力等，旨在通过创新创业教育，不仅使每一个学生能够找到一条合适的创业之路，进入发展自己的关键一步，更将它视为让世界变得更美好的工具，增加社会上人人获得收益的机会。

（二）与企业共同成长——新加坡理工学院的产教融合

新加坡理工学院（SP）创建于1954年10月27日，是新加坡第一所理工学院。成立之初，时任新加坡副总理兼新加坡理工学院理事会主席的杜进才博士提出"以技术服务立校"（To serve with skill）的宗旨，学院着重培养与训练未来的工程技术型人才，以支援未来新加坡社会的科技、经济与社会文化的发展。

1. 明晰服务行业发展的目标定位

在产业升级换代、新技术加速行业转型的背景下，新加坡理工学院将自己定位为与行业相关的理工学院，密切关注行业发展的新变化和新动态，并积极主动地响应行业发展和转型的需求。新加坡理工学院致力于与行业协会、商会、战略公司和政府机构等合作伙伴共同构筑良性发展的生态运行系统，在人才需求储备、聘用、培养培训等方面做好准备，以提高生产力和创新能力，并拓展海内外市场。在这一定位的指引下，新加坡理工学院的最终目标是帮助发展中的中小企业建立强大的应对新技术的变化能力，使其更加敏捷、高效地参与市场竞争。

2. 创建技术与创新中心服务教学

新加坡理工学院围绕产业行业的新兴领域，建立了技术与创新中心（TIC），包括先进材料技术中心（AMTC）、消费者化学制品技术中心（CCTC）、食品创新与资源中心（FIRC）、海事安全卓越中心、沉浸式体验技术中心（IXTC）等。技术与创新中心以促进人的发展和提高生活质量为目标，聚焦于技术的创新和创造，制定新加坡理工学院有关技术发展的战略规划和路线，并以此统筹行业联系和学院内部的教学管理工作。一方面，技术与创新中心通过提供真实的教学和学习环境，培养学生问题解决式的系统思维和能力；另一方面，技术与创新中心将学校定位为商业和行业合作伙伴技术创新创造的信息来源，鼓励并支持学校与合作伙伴之间共同开展技术研发、培训、转化、知识产权管理和商业咨询等跨学科、跨职能、多领域的合作项目，实现关键技术的许可和拆分，创造技术转化和商业化的机会，促使合作伙伴能够向价值链高端上移。

3. 同步行业变化动态的生态系统

工业4.0是制造技术中自动化和数据交换的新趋势。面对来自全球和区域市场的需求，许多公司将面临的问题有：受技术进步或变化的影响，员工在未来工作中应具备什么样的能力？在这一进程中，如何快速提高员工技能以优化他们的工作绩效？面对日益频繁的员工流动和跳槽现象，如何通过结构化的发展计划留住人才？面对这些问题，由新加坡理工学院倡导建立、行业参与的互联生态系统可以进行实时监测、控制和优化，为企业提供所需的帮助，以增强其竞争力和生产力。互联生态系统一是进行培训需求分析（TNA）。通过收集和分析有关公司人力资源开发的基础数据，识别组织内的培训需求和技能差距，研究制订改善员工工作绩效的改进方案。二是制订技能培训路线图。完成培训需求分析后，互联生态系统就可以制订公司的整体培训计划，路线图参考国家技能框架的要求制订，以模块叠加的方式逐步提升员工的能力。新加坡技能框架由雇主、行业协会、教育机构、工会和政府共同创建，为劳动力提供各行业现有和新兴技能的关键信息。① 三是采用工作场所培训等方式，辅以现代技术的教育教学方法，配备专业的认证培训师和有效的评估手段等，增强学习培训的效果和体验感。

（三）日本丰桥技术科学大学的国际化发展战略

日本丰桥技术科学大学的前身是 1976 年成立的丰桥工业大学，2004 年更名为现校名。建校初期开设了能源工程、生产系统工程、电气/电子工程、信息工程、材料工程和建筑工程等 6 大类本科专业，20 世纪 80 年代开始逐步招收硕士和博士研究生。学校致力于技术科学的研究与教学。1998 年，成立未来技术流研究中心（2010 年停办）。2001 年，成立工程教育国际合作研究中心。2004 年，成立未来车辆研究中心。2006 年，先后成立农业和生物研究中心、光子信息记忆研究中心和媒体科学研究中心等。2011 年，未来车辆研究中心改组为未来车辆城市研究中心。2018 年，原工程教育国际合作研究中心经几次重组成立了全球工程教育促进中心。学校提出，通过螺旋式的技术教育课程安排、多元化的官产学合作、多中心的

---

① SKILLS FRAMEWORK[EB/OL].[2020-09-03]. https://www.skillsfuture.sg/skills-framework.

研究与教育训练，外加专业之外的通识教育，培养具有广阔视野、灵活思维、丰富学识和突出研发能力的专业领域的高级工程师和领导型人才。根据《丰桥技术科学大学国际战略2019》[1]，学校将重点围绕教育、研究和国际贡献三个领域着力突破，提升学校的办学水平和国际影响力。

1. 一流的人才培养目标

在人才培养方面，丰桥技术科学大学将高级工程师作为学校人才培养的定位标准，致力于培养全球相关领域内工程师的典范。通过将科学知识学习和技术能力养成有效融合，着重培养学生在分析解决问题、创造设计和人际沟通等方面的能力。学校在面向未来的发展规划中，将致力于研究生教育的发展，进一步提升人才培养层次，并主要接受来自技术科学大学的毕业生，延续技术科学大学人才培养模式，形成完整的有利于技术技能人才成长的培养体系。

2. 一流的技术科学研究

一是确立技术科学研究的使命。丰桥技术科学大学将"技术科学"作为教育和研究的使命，在对技术科学各领域的研究和探索中实现新技术的开发应用，并以此促进人才培养和校企合作。二是设定重点研究领域。丰桥技术科学大学设定的重点研究领域包括基于电气、电子工程和信息学的"高级融合研究创造领域"，支持机械工程和材料工程等核心产业的"实用技术领域"，化学、生物技术、建筑/城市系统科学和环境工程等"领先研究领域"三大核心领域。三是强化研究辅助支持，包括通过跟踪顶级研究机构的最新成果和动态、密切围绕研究主题开展学习研讨和交流活动、选派研究骨干人员赴顶级研究机构接受学习培训、通过联合研究项目促进研究成

---

[1] *Toyohashi University of Technology, Global Strategy 2019*[EB/OL].[2019-05-28].[2020-09-24]. https://www.tut.ac.jp/about/docs/global_strategy2019.pdf.

果产出等方式，提升研究质量和水平。

3. 一流的国际贡献能力

丰桥技术科学大学宣称为解决世界各地共同存在和关心的问题贡献力量，如地区贫困、资源短缺、环境恶化和城市问题等。为此，学校一方面通过加强人力资源的创新开发，培养具有国际意识和视野、具备多元文化理解力和行动力的国际化人才，将技术探索、创新创造与实践问题的解决有意识地结合，推动社会进步和共同发展。另一方面，通过产业和国际合作进行实践研究，共享研究成果，为解决具有共性特征的社区和工业难题做出贡献，践行通过技术科学改造世界的研究宗旨。其三，从源头上参与各种国际事务和活动的组建和举办，并通过与相关国际机构、行业和高校建立联系，反向促进学校教育教学和研究工作的开展。

四、高等职业教育发展的国际经验与借鉴

纵观世界高等职业教育的发展历程，高等职业教育产生发展于现实经济社会的需求，以灵活性、开放性、多样化、异质化等特点顺应了不同时期历史变化的需要，并在不断的外部适应和自身变革中逐步探索出具有职业教育特点的新型教育之路。我国应充分吸收和借鉴各国高等职业教育发展的先进经验，坚持中国特色高等职业教育之路的探索，在新一轮信息技术革命和数字经济时代浪潮中抢抓机遇、延续辉煌。

（一）承载的办学职能日趋丰富

各国高等职业教育发展进程中，虽然由于国情不同而采用了各

异的推动策略，但总的来说，高等职业教育比普通高等教育的发展更加多样化，办学职能日益丰富。从历史发展来看，职业教育的发展显现出与经济社会密切联系的特征，世界高等职业教育大多起源于经济社会形势剧烈变革时期。

20世纪六七十年代，受二战影响以及世界性经济危机的冲击，发达国家大都陷入经济发展明显下行并伴随着人口失业率上升的困境。为了推迟就业，人们不得不选择在中等教育后继续接受高等教育。高等职业教育正是在这样的历史时期蓬勃发展起来的。可见，高等职业教育的兴起主要源于恢复生产、振兴经济、增进就业等方面的社会性需要，而经济的迅速发展又产生了对大量技术技能人才的需求，反过来促进了高等职业教育的规模化扩张。高等职业教育兴起时的初始职能主要在于维护社会稳定，发挥其服务国家和社会的社会职能。

在经历20世纪80年代的大发展之后，伴随着社会技术的进步，人们自然对于高等职业教育的办学质量提出了更高的要求。为满足更多的人接受优质教育的愿望，高等职业教育的发展开始从关注外部性需求转向重视教育体系的内部建设，兼顾了满足社会需求与提升教育质量的双重职能。

20世纪90年代以后，发达国家逐步通过升级、转型、合并等方式，提升高等职业教育的办学层次，同时坚持突出职业教育的办学特色，充分发挥职业教育面向市场办学、密切联系地方的特点和优势，在教育教学之外，不断拓展社会服务职能，开发应用研究职能，开始提供高水平的项目并增强自身的科研能力，注重开展服务地区中小企业的技术研发，推动技术成果转换，提供科学技术咨询，或与职业实践有关的科学知识传播和分享等。"芬兰理工学院法案"指明，应用科技大学的任务是提供以科研或艺术创新为基础的教育，一方面支持教学、工作生活的应用研发和学生的个人职业发展，另一方面提供与区域发展及工作紧密结合的高等职业教育，推动服务于地方行业企业发展的研发和高水平专门技术的产生。

（二）教育体系走向融通衔接

1. 内部衔接：打通教育体系内部的沟通渠道

日本的高等专门学校属于短期职业技术教育机构，办学体制灵活，不仅招收初等教育和高中教育的毕业生，而且往上可以与应用科学大学、普通本科院校及其以上的教育机构衔接。近年来，已经有越来越多的专科高职毕业生进入专攻科和应用科学大学继续学习，获得学士和硕士学位。德国的应用科学大学从建立开始就重视招收职业高中或专科高职的学生，对于文理中学学生则要求补充与申请专业一致的预实习（Vorpraktikums）经历，在交叉衔接的同时不忘保持职业教育的实践性特色。

2. 外部拓展：建设高等教育大区的发展计划

20世纪90年代末，与欧洲政治、经济一体化相伴而生的高等教育一体化进程——博洛尼亚进程，使得各国应用科学大学相互之间的交流与合作，以及与综合性大学之间的交流日益密切。博洛尼亚进程的改革措施包括建立欧洲学分转换体系（ECTS）、合作建设专业、联合创建学位课程、统一学位体系，并增加使用英语授课的专业等。在后续的发展中，越来越多的国家相继加入。博洛尼亚进程的实施进一步增进了欧洲高等教育彼此间的交流融合，打破了地理界限和制度障碍，增强了欧洲高校的国际竞争力，最终建成了欧洲高等教育区，为欧洲一体化进程做出了贡献。

3. 不可或缺：终身教育体系的重要组成部分

许多国家——特别在欧洲，职业技术教育已从过去主要由中等教育阶段的职业教育机构或短期高等教育机构实施，发展为由高等教育本科甚至研究生阶段的教育机构承担。在这一过程中，职业技术教育院校逐渐构成高等教育制度特别是终身教育制度的一个组成部分。高等职业教育不仅是为职业或工作做准备，而且开始追求为将来拥有丰富生活而做准备。

（三）开放性和多样化办学

在各国高等职业教育的发展进程中，从短期高等职业教育到应用科学大学建设，从面向特定和具体行业的专业型学院到多科学院，从招收适龄学生为主到广泛接纳各渠道的有需要之人，世界高等职业教育的机构名称、形态、层次、学制学位、相关资格认证等各不相同，呈现出开放性和多样化的显著特征。

1. 开放性的办学特征

与普通型高等学校相比，高等职业院校的生源更加广泛，尤其是为一些处于相对不利地位的弱势群体提供了更多的就学选择机会，比如在普通教育体系中学科成绩不够优异的学困生群体，社会各行业有职业培训需求或再就业需要的人群，以及经济发展水平相对落后、高等教育欠发达地区的人们等。实践证明，这种开放性的招生制度加上灵活的学制设置和学习形式，不仅在一定程度上缓解了教育资源不平等、不均衡和资源匮乏等问题，满足了普通大众对高等教育的需求，而且也确实为受教育个体增加了可供选择的学习渠道，为社会各行各业培养了诸多有益人才。

2. 多样化的办学样态

就办学性质而言，日本高职院校中的短期大学和专门学校大都是私立，形成了国（公）立与私立结合、私立占据多数的办学局面。在办学主体方面，学校、行业企业、社会或独立办学或联合办学的现象在许多国家同时存在。在专业设置上，高等职业教育院校的专业建设总体上更加突出应用性和区域性的特点，发展面向本地产业及与市场结合紧密的专业，形成各具特点的地方性专业。另一方面，从各国应用科学大学的专业建设情况来看，本科层次的职业教育专业在专业领域和方向上较注重宽适性，专业领域更加宽广，涉及行业的覆盖面有所增加。芬兰应用科学大学普遍开设自然资源、通信技术、旅游餐饮与酒店管理、商业管理、文化、人文与教育、医疗保健与社会服务等学科专业[①]，各学校再根据自身特点和区域发展需要开设专业和设置课程，还可自行设计与地方产业需求密切联系的特色专业。

3. 各具特色的课程设置

德国应用科学大学的课程由科学基础课程、专业基础课程和专业课程三个部分组成。日本的技术大学除了开设一定的专业理论课程外，还通过设置跨学科的综合课程来开阔学生的视野、提高综合适应能力。瑞士苏黎世联邦理工学院（ETH）的人才培养目标除了让学生掌握必要的专业知识和跨学科能力之外，还包括对实用技能的培养。因此，在课程建设与劳动力市场的联系方面，紧跟产业关键技术发展的最新要求和变化趋势，并充分考虑学生的兴趣特点、职业需要和实践经验等，建立有助于学生个人未来职业实践能力培养的课程体系。此外，在专业教育与通识教育二者关系的处理上，设计融通式的专业课程教育，以专业类课程设置和学习为主，辅以必要的选修课程，并通过专业联合设置、丰富专业课程教学的内容，配合以多种途径吸引学生开展课外自主研习等方式，达到通识教育的目的。

---

① Ministry of Education and Culture. *Background Report Polytechnics Education in Finland* [R]. Helsinki: Ministry of Education and Culture, 2005.

（四）坚持产教融合、校企合作

首先，坚实的法律和政策基础保障。德国《联邦职业教育法》和《企业基本法》、英国《就业与训练法》、日本《科学技术基本法》和《大学技术转让促进法》、美国《职业训练合作法》和《美国经济竞争力强化教育训练法》等法律的制定和推行，不仅形成了完备的法律体系，制订了详细的有操作性的内容，其中一些法律还经过了多次的补充修订或调整，为产教融合、校企合作营造了良好的法制环境。其次，完善的配套机制和机构建设。中国台湾地区为推动产教融合真正落实，自上而下地建立了一套推动机制和协同机构，教育主管部门联合经济、工业、农委、国科和业界等部门群体成立指导委员会、产学合作中心、技术研发中心、技术转移中心、创新育成中心等，共同协调和整合官产学研的相关资源，凝聚各方，形成合力。澳大利亚成立了"国家行业技能委员会"，以便及时沟通行业与学校的需求和联系。最后，校企合作深入课程教学实践。在德国的双元制办学实践中，校企合作不同于一般浅层次、体验式的合作，也不再停留于集中化的实习实训方式，而是深入到开展合作式项目研发、结合专业需要针对实施企业生产经营训练、项目作业式的实践课程，以及解决真实工作问题的毕业设计等人才培养全过程。芬兰应用科学大学通过教科研活动与企业合作是最常见的方式，学生在企业的实习实训中，将有关企业生产和发展的现实问题作为毕业设计选题，既完成了学业上的要求，又可以促进企业技术技能积累，提高企业竞争力。[①]

[①] Anu Lyytinen. *Finnish Polytechnics in the Regional Innovation System-Towards New Ways of Action*[D]. Tampere, University of Tampere, 2011.

（五）差异化的建设路径和策略

世界高等职业教育的发展大多兴始于20世纪60年代，在之后几十年的发展中存在不同的发展路径和建设策略。首先，在体系构建上，美国的高等职业教育从早期的初级学院发展为社区学院，办学功能逐步综合化，并逐渐发展为集基础教育、职业教育与培训、成人教育、社区教育于一身的综合机构。日本则形成了由高等专门学校、专修学校专门课程、职业能力开发大学校和短期大学等形态并存的高职教育体系，政府一般支持国家发展需要的紧缺型和基础型人才的培养学校，其余则通过市场化办学进行调节。其次，在政策支持方面，德、英等国通过立法赋予高等职业教育与普通高等教育同等的法律地位。美国则凭借阶段性立法，针对性地解决一定时期内出现的焦点性议题，促进了职业教育的既定和高效发展。澳大利亚政府主要通过多元投资机制、制定国家能力标准、使用统一培训教材等政策措施，对高职院校进行宏观调控。日本《学校教育法》规定所有的国立、私立大学，包括短期大学和高等专门学校都要接受定期的第三方评估，以保证日本高等教育的办学质量。最后，在职业能力培养方面，对于以重视实践教学、培养应用人才见长的职业教育来说，如何处理理论教学与实践训练的关系，是一个非常重要的问题。是先进行理论知识的系统学习再进入实践应用，还是由实践中发现问题再学习相关理论知识，或者两者交替进行，抑或其他种种，一直难有定论，各国的做法也各有不同。从相关案例来看，英国BTEC采用"渗透式"课程教学和重视评价的方法，在学习运用专业知识技能的同时培养核心能力。美国和日本注重知识和技能的结合，在基础知识积累的基础上结合训练提升学生的能力，日本技术科学大学提出培养具有创造力和研究开发能力的"指导性技人员"。德国则强调个人能力的培养是进阶式的上升过程，并需要结合真实的情境进行，通过学习领域课程开发、行动导向的教学、团队式组织教学等培养学生的关键能力，造就职业技术领域的领军人才。

第三章

新科技浪潮中的"大国工匠"培育与传承

2021年4月,习近平总书记在对职业教育工作的重要指示中指出,要"增强职业教育适应性,加快构建现代职业教育体系,培养更多高素质技术技能人才、能工巧匠、大国工匠"。[①] 职业教育具有面向地区、面向市场、面向产业、面向就业和面向人人的显著特征。在以人工智能为代表的新技术开启的数字经济时代,职业教育肩负着不可替代的培养数字化技术技能人才的使命。

一、新科技浪潮与产业革命中的"工匠精神"

(一)数字技术技能与职业教育的人才培养

《G20数字经济发展与合作倡议》对"数字经济"的定义是"以使用数字化的知识和信息作为关键生产要素、以现代信息网络作为重要载体、以信息通信技术的有效使用作为效率提升和经济结构优

---

① 习近平对职业教育工作作出重要指示[EB/OL].中国政府网.http://www.gov.cn/xinwen/2021-04/13/content_5599267.htm.

化的重要推动力的一系列经济活动"①。中国信息通信研究院发布的《2021中国数字经济发展白皮书》提出，数字经济具体表征为数据价值化、数字产业化、产业数字化及数字化治理。层出不穷的数字信息技术及其所产生的数据成为重要生产要素，催生出巨大的生产力，为经济发展提供了新动能。2020年我国数字经济规模达到39.2万亿元，占我国GDP的38.6%。②当前我国数字经济规模加速发展，正在建设"数字中国"。整体而言，数字经济已经成为当前人类社会发展的标志性形态，成为国家竞争力的关键要素，在国民经济发展中的地位日益重要，深刻影响着各行各业的产业格局，也改变了人们的工作及生活方式。

2021年9月，中国信息通信研究院发布的《数字经济就业影响研究报告》认为，我国教育体制以注重培养专业化人才为主，导致现阶段既了解传统行业技术、业务流程与发展需求，又能够掌握和应用数字技术的复合型人才严重匮乏，有融合实践经验的高素质人才更是紧缺。2020年，我国数字化人才缺口接近1100万。而且，伴随全行业的数字化推进，需要更为广泛的数字化人才引入，人才需求缺口在持续放大。③麦肯锡全球研究院发布的《中国的技能转型：推动全球规模最大的劳动者队伍成为终身学习者》指出，到2030年，多达2.2亿中国劳动者可能因自动化技术的影响而变革职业。④由此可见，职业教育对数字经济发展的支撑力需要持续加强，必须

---

① 二十国集团数字经济发展与合作倡议［EB/OL］. G20官网. http://www.g20chn.org/hywj/dncgwj/201609/t20160920_3474.html.
② 中国信通院.2021年中国数字经济发展白皮书［EB/OL］. http://www.caict.ac.cn/kxyj/qwfb/bps/202104/P020210424737615413306.pdf.
③ 中国信通院：数字经济新就业模式促进就业结构转变［EB/OL］. 央广网. http://tech.cnr.cn/techph/20210930/t20210930_525620428.shtml.
④ 麦肯锡.中国的技能转型：推动全球规模最大的劳动者队伍成为终身学习者［EB/OL］. https://www.mckinsey.com.cn.

扩大高素质数字技术技能人才的培养规模。

（二）人工智能技术应用与"工匠精神"

人工智能的首次提出是在1956年达特茅斯学院的人工智能研讨会上。经过60余年的演绎升级，人类社会正借由"智能革命"步入一个以数字经济、智能科技、信息社会为表征的崭新时代，云计算、大数据、物联网、人机协作等新一代信息技术与现代制造业、服务业融合创新，打造了新的产业增长点。人机互动呈现出深度学习、自主操控、人机协同、群智开放等全新特征。人工智能正在深刻地改变人类社会的生活方式、生产方式、工作方式和学习方式。人工智能有力地促进了经济社会的发展，给人们的生产生活带来极大便利。但是也有很多人质疑，人工智能时代到底还需不需要被认为是传统文明代名词的"工匠精神"？

毋庸置疑，答案是肯定的。事实上，工匠精神已被时代潮流推到了更加重要的位置。美国著名社会学家桑内特对西方匠人地位、劳动生活状况以及错综复杂的社会关系进行了历史性考察。他在《匠人》一书中得出结论说："在高新技术主导工业生产的今天，工匠精神显得尤为宝贵，而且科技越是发达，工匠精神越发重要。工匠和简单的体力劳动者不同，他们具有创造性和开拓性，往往面向特定的消费对象，提供个性化、定制化的服务。"[①] 日本管理学大家大前研一在《专业主义》一书中指出："在21世纪激烈的竞争中，我们无处退缩。个人之间、企业之间、国家之间的竞争已经跨越国界，胜利者与失败者的区分变得更为清晰，唯有专业技能和职业素质兼

---

① ［美］理查德·桑内特.匠人［M］.李继宏，译.上海：上海译文出版社，2015：257.

备的劳动者才能在全球化经济社会站稳脚跟。"[①]可以说，在人工智能背景下，工匠精神非但不过时，反而更凸显其重要地位，因为它与人工智能时代追求的创新、创造的精神是相匹配的，二者具有高度的融合性。

工匠精神是一个兼具历史性和时代性特征的概念，它的内涵随着时空的迭代不断地发展变化。那么，相比于传统工匠精神，人工智能时代的"大国工匠"体现出哪些新的精神特质呢？

首先，要拥有创新者思维。随着技术快速发展，人工智能时代的"工匠"需要具有认知、适应和协作能力，对当下和未来有较清晰的认识并做出创新性的思考。如巴菲特的合伙人查理·芒格所说，"成年人学习的目的，应该是追求更好的思维模式，而不仅是获得知识"。人工智能时代是思想加技术的时代，现代人不仅要积累一定的知识量，更重要的是要有不断获取知识的能力。这也是在为我们的未来铺路，按照智能社会的分工，创新劳动将占主导地位。在落后的思维模式里，即使增加再多的信息量，也只是低水平的重复。因此，人工智能时代的从业者需要重新定位自己，努力成为一名创造者，只有创造者才有未来。创造者思维就是新工匠最鲜活的思维。

其次，建基于职业信念。同许多新事物一样，人工智能在不断发展，并带给我们机遇与挑战。在科技飞速发展、智能化浪潮席卷人类社会的今天，各个领域站立得住的专家将是对职业有信念、能够摒弃浮躁与嘈杂的"安静"的人。心无旁骛做好一件事，能令无数人为之动容。花上一生的时间去做一件事，那在这件事上便无人能及了。如果用心去做每一件事，把每一件事都做到最好，便能使世界变得更美丽。卸下生命中那些不能承受之重，记住从业之初那

---

① ［日］大前研一. 专业主义［M］. 裴立杰，译. 上海：中信出版社，2015：35.

颗美好的初心，做一个有信仰、执着、脚踏实地的进取者。

最后，人生幸福与职业生涯。新工匠精神新在"幸福"上。著名心理学家唐纳德·克里夫顿博士的研究表明，"人的最佳效能的发挥会促进幸福的生活与职业的贡献，带来个体和社会的成功。在这一过程中，性情和习惯是决定性因素，远比能力、机遇、环境等因素重要"。①在人工智能时代，由于技术技能的大幅提高，"人"的价值被最大程度地凸显，比以往任何时代更重视人的劳动的获得感和成就感。这会彰显出个体对工作和生活的热爱，从而激励自我不断地创新和突破，在工作中获得更多的认同和机会。可以说，工匠精神帮助从业者在工作岗位上承担更大重任，决定其在通往成功的道路上能走多远。也可以说，工匠精神是技术技能人才的安身之本，是企业的"金色名片"，更是社会品格、国家形象的荣耀写照。

（三）中国特色世界一流职业院校与"大国工匠"培养

纵观各国职业教育的发展历程，职业教育的产生、发展和职能都是由工业化的进程所决定的。在工业化时代，人们公认世界一流的职业教育在德国。德国职业教育为二战后国家经济快速崛起及稳步增长做出了重要贡献。理性的德国人总结了双元制教育模式，并推广到世界各地，形成了非常好的国际声誉，各个国家和地区都或多或少地吸纳了这一教育模式。

建设世界一流职业院校，要认真学习、借鉴国外的有益经验，同时要坚持中国特色。建设中国特色世界一流职业院校，产业变革仍然是逻辑起点。在应对以人工智能为核心的新一轮科技革命和产业革命给职业教育带来的挑战中，我们要尽快形成中国自己的职业

---

① ［美］丹尼斯·韦特利.成功心理学［M］.顾肃，刘森林，译.北京：北京联合出版公司，2016：26.

教育模式和标准，提高职业教育的社会信任度、经济信赖度、国际信服度，扎根中国大地，以一流的办学模式培养大国工匠，为国家和区域经济社会发展做出一流贡献。

首先，一流职业院校要培育一流人才。面对万物互联、世界格局呈现开创性变革的大势，人工智能推动着世界产业和科技革命的发展，成为世界经济发展的新动力源，自然而然地成为各国科技和人才竞争的焦点领域。对此，中国职业技术教育学会鲁昕会长提出："我们的现代职业教育要服务于数字化转型、智能化制造、智慧型社会、智能化生活，培养具有数字化思维能力和数字化动手能力的高层次应用型人才，包括高端制造业生产一线技术技能人才、智能服务业一线技术技能人才、智慧农业生产一线技术技能人才、社会管理服务一线技术技能人才。"可以说，只有致力于服务产业升级技术迭代，培育符合时代需求的大国工匠、杰出人才，职业教育才能顺应世界潮流，独占鳌头。

其次，一流职业院校要做出一流的贡献，以一流的人才培养为经济社会发展服务，为社会进步和经济腾飞提供强大的人力资本和智力支持。职业教育一直服务于经济社会发展的主战场。在人工智能席卷各行各业的浪潮中，职业教育要紧跟技术前沿，与领军企业协同育人，紧盯行业趋势和技术动向，培养适应智能时代需要的高素质技术技能人才，为我国发展实体经济特别是高端制造业提供人力支持。在学校阶段要大力倡导企业家精神，进行双创教育，培养的学生不仅能就业，而且能创业，为经济社会发展汇聚起强大的新动能。同时，要增强职业教育应用性科研能力，提高服务企业特别是中小微企业的技术和产品研发的能力，在科学的技术化以及技术的产业化链条上找准自己的位置，为中小微企业发展提供技术支撑。

（四）面向人人，推动终身教育体系建设

职业院校是培养准职业人的主要载体，比其他类型的教育更加紧密结合产业。通过校企合作课程开发及其教学、技术培训，职业教育将创新、和谐等观念融入人才培养过程中，培养出认同并践行现代技术文化的职业人。现代职业教育要树立既服务产业又引领产业的理念，在服务产业中创新技术文化。职业院校毕业的绝大多数学生都将成为生产、服务和管理第一线的人才，他们在母校形成的素质和观念将直接带到工作岗位上，体现于职业行为中。在工作过程中，从业者也需要不断地学习，提升自己服务产业的能力。因此，构建终身教育体系对于职业成长、可持续发展和社会技术文化的传播具有重要意义。

职业教育要为个人谋生计、谋幸福，为每个人的职业生涯发展提供基础、搭建平台，使人的聪明才智绽放在各个岗位，在自我实现中彰显人生价值。构建终身教育体系，需要高职院校在传播技术文化过程中着眼于"人"的教育，摒弃"一次性"和"唯学历"的观点，着眼于整个工业体系的大视野看待人的职业教育。从这个意义上讲，职业教育也是生涯教育，每一位从业者的职业生涯都具有独特使命与产业文化的担当。随着新技术、新产业、新业态、新模式的不断涌现，人们必须增强终身学习意识，一直学习与掌握新的知识与技能。终身教育肯定了人一生接受教育的必要性，主张每一个人在人生各阶段都要积极学习必要的知识与技能。在构建终身教育体系、孕育与传播先进技术文化的使命下，职业院校应当致力于更新教育教学理念、动态调整专业结构并开发特色专业、打破企业与学校的合作边界、抓好职业培训并建立健全资格证书制度，同时积极学习其他职业教育发达地区的经验。

（五）促进创新创业，发展由谋生技能到获取美好生活能力的教育

习近平总书记在党的十九大报告中指出："我们现在需要激发和保护企业家精神，鼓励更多社会主体投身创新创业，建设知识型、技能型、创新型劳动者大军，弘扬劳模精神和工匠精神。"李克强总理也在政府工作报告中强调，"双创"是以创业创新带动就业的有效方式，是推动新旧动能转换和经济结构升级的重要力量，是促进机会公平和社会纵向流动的现实渠道，要不断引向深入。当前，国际经济发展处在智能化推进全球融合的快速变化阶段，我国的经济正在由高速发展向高质量发展转型，并在国际竞争中发挥出越来越重要的影响力。企业间竞争非常激烈，并且国际竞争主要依靠创新创业能力来激发经济活力。在此背景下，如何培养具有创新创业精神的人才，值得我们深思。

我国在改革开放后先后掀起了4次创业浪潮：1978年以后的"草根"创业浪潮，1992年以后的体制内"精英下海"创业浪潮，上世纪末以互联网新经济为特征的创业浪潮，当前随智能化、创新驱动而到来的第四次创业创新浪潮，即"大众创业，万众创新"浪潮。有专家指出，新一轮创业创新浪潮呈现出主体多元化、业态高度互联网化、创业体系生态化等新特点。在此浪潮中，大学毕业生不再仅仅是求职者，也理所当然地成了岗位的创造者。教育部在《关于大力推进高等学校创新创业教育和大学生自主创业工作的意见》中指出："在高等学校开展创新创业教育，积极鼓励高校学生自主创业，是教育系统深入学习实践科学发展观，服务于创新型国家建设的重大战略举措；是深化高等教育教学改革，培养学生创新精神和实践能力的重要途径；是落实以创业带动就业，促进高校毕业

生充分就业的重要措施。"联合国教科文组织对创业教育做出如下定义:"创业教育,从广义上来说是指培养具有开创性的个人,它对于拿薪水的人同样重要,因为用人机构或个人除了要求受雇者在事业上有所成就外,正在越来越重视受雇者的首创、冒险精神,创业和独立工作能力以及技术、社交、管理技能。"换言之,创业教育是一种帮助学习者在社会政治、经济、文化领域内开辟或拓展新的发展空间,并为他人和社会提供机遇的探索性的教育活动。培养创业型应用人才必然成为中国高等职业教育的根本职责之一,这对我国顺利度过创新型国家建设关键时期、社会和经济结构调整时期具有重要的现实意义。如果说,创业精神以及风险承受能力(或者说冒险精神)可以通过后天的观察、学习和训练,并在行为、认知和环境三者的相互作用下形成,那么,可以对即将迈出校园进入工作单位、思想尚未成熟的学生群体进行思想教育,增强他们的风险承受能力,激发其创新创业精神。据普林斯顿评论对创业机构的排名数据,2015年大学校园的创业中心数量激增,并更加关注教学法在塑造创新、创造力和企业家精神方面的作用。这一研究也更加肯定了在大学开设创新创业课程、组织创新创业活动对于培养和激发创新创业精神的积极作用。目前,我国正处于发挥国际影响力的重要时期,可以积极吸收创业教育的国际经验,通过教师对创新创业精神及风险承受能力的宣讲、在校园里营造创新创业氛围等方式,提高学生对于创新创业的兴趣;还可以开展风险承受能力的培训,比如举办创新创业大赛、开设创新创业课程、建立创新创业活动中心、为学生们设置创新创业奖学金等。高职院校应加强"实战"教学,与有创新活力的企业携起手来共同育人,培养众多具有创新创业精神的准职业人和高端人才,使其在踏入社会的时候能够成为新时代国家建设的新生力量。

二、人才培养模式的改革与创新

人才培养是高职院校的中心工作，人才培养质量是学校发展的生命线。多年来，深职院与时俱进，在四年制高职人才培养、人才培养模式创新、校企协同育人、创新创业教育等方面不断探索创新，为建设中国特色世界一流职业院校积累了有益经验。

（一）坚持职教特色，四年制高职人才培养的"变"与"不变"

20世纪80年代初期，我国开始建设职业院校，在人才培养目标上的定位是为地方产业服务的技术型人才，即培养地方需要的技术员以及经营管理方面的专业技术人才。20世纪90年代，我国正式开启了现代指称的高职院校办学实践探索。1996年6月召开的第三次全国职业教育工作会议提出，高等职业教育应以培养"实用型"人才为主要目标。1999年底，教育部召开的第一次全国高职高专教学工作会议指出，"高职高专教育是我国高等教育的重要组成部分，要培养拥护党的基本路线，适应生产、建设、管理、服务第一线需要的德、智、体、美等方面全面发展的高等技术应用性专门人才"。教育部《2003—2007年教育振兴行动计划》提出，"大力发展职业教育，大量培养高素质的技能型人才特别是高技能人才"。2011年《教育部关于推进高等职业教育改革创新引领职业教育科学发展的若干意见》提出，"鼓励高等职业学校与行业背景突出的本科学校合作探索高端技能型人才、应用型人才专业硕士培养制度"。《高等职业教育创新发展行动计划（2015—2018）》提出要"探索区别于学科型人才培养的本科层次职业教育实现形式和培养模式"。2019年《国家职业教育改革实施方案》中提出，"探索长学制培养高端技术技能人才"。

人才质量不仅体现了高职教育办学的质量和水平，甚至决定着高职教育的改革和发展方向。改革开放以来，我国高职教育经历了从规模扩张向内涵发展的转型，技术技能型人才是一定时期内国家对高职教育人才培养目标的总的定位，并在培养层级、规格、质量要求方面逐步走高，鼓励创新培养模式。具体到地方和院校，人才培养既要考虑地方经济发展水平、产业特点、企业生产组织方式对人才的要求，也要结合学校的办学现状和专业发展水平。而且，既要符合当前社会对不同职业岗位人才的要求，还要从未来社会发展和高职教育持续发展的角度综合考虑确定。因此，高职教育的人才培养应在贯彻国家对人才培养的总体要求下，结合地方特点和学校办学实际进行。

经教育部批准，深职院从2001年开始在3个专业（电子信息工程、计算机辅助设计与制造、楼宇设备与智能化技术）试点招收四年制高职专业学生。经过多年的积极探索创新，通过开展四年制高职专业试点、与普通本科院校联合培养研究生等形式，在人才培养上坚持"两个不变"和"两个突出"，成功实践了国家对高职教育特色办学和人才培养的要求。"两个不变"即服务国家、面向地方的办学思路和人才培养方向不变，培养地方经济发展实际需要的技术技能人才；校企合作、工学结合的人才培养模式不变，坚持校企深度融合，以市场需求为导向制定人才培养标准。"两个突出"一是凸显高等性，二是突出职业性。凸显高等性，表明高职教育办学向更高层次迈进和高职教育培养的人才的高级性，具体体现为基础理论知识与四年制高职教育层次相适应，技能水平与四年制高职教育层次相适应；突出职业性，指四年制高职专业人才培养方案的设计，既要避免成为三年制专科的简单延伸，也要避免学科体系成为普通本科教育的翻版。同时，仍然实行"双证书"制，大规模引进德国西门子 NX CAD、德国 FESTO、日本 FAUNC 工程师等多种授权认证证书，开发理论题库、实操题库及考核标准，把国际标准培训内容纳入专业教学计划之中。同时，不断拓展引进开发新的国际认证证书，例如 FESTO 工业 4.0 课程认证证书、ABB 证书等，积极扩大学生国际证书考证规模，鼓励四年制高职毕业生取得行业、企业、社会认可的高水平证书或国际证书。

（二）创新培养方案，融合式教育与分层培养的有机统一

深职院按照建设世界一流职业院校的要求，明确以学生学习成效为导向的"六个融合"（产教融合、职普融合、理实融合、教育与生活融合、技术与文化融合、现代信息技术与教学融合）人才培养改革的指导思想、基本原则、目标任务、实施路径、关键环节和保障措施。按照"六个融合"人才培养改革要求，根据专业的服务面向和人才培养目标，借鉴、引入企业岗位规范，制订人才培养方案。

一是推行融合式教育计划。一方面，实施"职业专才计划"。优化专业人才培养方案，强化主干专业学习，加强学生专业核心能力和就业能力的培养。专业人才培养方案总学分为 140 学分左右，专业课学分不低于 58%，实践学时比例不低于 52%。强化实践教学管理，积极推行认识实习、跟岗实习、顶岗实习等多种实习形式。顶岗实习累计时间不低于半年，根据实际需要可集中或分阶段安排实习时间。切实规范并加强实习教学、管理和服务，强化以育人为目标的实习实训考核评价，保证学生实习岗位与其所学专业面向的岗位群基本一致。另一方面，实施"普才培养计划"。加强文化基础教育，适当加大基础课、专业基础课在人才培养方案中的比重。加强公共基础课与专业课之间的相互融通和配合，建设一批STEAM类课程，促进学生的科学（Science）、技术（Technology）、工程（Egineering）、艺术（Arts）、数学（Maths）五门学科的融合学习，培养学生的文化素质、科学素养、综合职业能力和可持续发展能力。进一步完善和创新跨界复合学习改革，建立20个左右优质的校级公共拓展专业，供学生自主、自愿选修，提升学生职业生涯拓展能力。联合一批职业院校和本科院校，建立学分互认联盟，推进学生发展通道的融合。

二是坚持标准引领。与相关行业企业合作研制一批具有深圳特色的职业教育教学标准体系，包括专业教学标准、课程标准、实习实训标准、教学工作规范等。其中，专业教学标准要在培养目标与规格、就业面向、职业证书、课程体系、核心课程、办学条件、教学建议、继续专业学习深造建议等方面做出具体规定。课程标准要在课程性质、课程目标、教学设计、课程内容、教材编写、教学建议、教学条件、课程资源、教学评价等方面做出具体规定。通过标准建设促进教学改革，显著提升人才培养质量。

三是实施分层培养的个性化教育选择。根据学生的知识水平、能力水平、兴趣爱好、潜力倾向的不同，对学生实行分层培养。对于招生规模达到3个班及以上的专业，设置普通班和精英班，制订两种人才培养方案，满足学生个性化发展的需要。普通班重在培养学生的职业素养、综合素质，精英班重在培养学生的"精专技能"和向高端发展。鼓励各专业实施多样化的精英班模式。从2018级学生起，可以在学生入学时遴选组建精英班，在二年级或三年级时分流组建精英班，也可以跨专业、跨学院组建精英班。

（三）依托产业学院办学，双主体合作模式的实践探索

近年来，改革办学主体和改革教育方式是发达国家推进职业教育产教融合、校企合作改革的两种主要模式，以使企业深度参与职业院校的办学实践。在办学主体改革方面，根据企业在校企合作中的地位和作用，可以把发达国家的职业教育办学分为以企业为主体的职业教育以及以学校为主体的职业教育两种模式。前者借鉴德国的双元制和英国的现代学徒制度，实质上是探索变"职业教育完全由学校承担"为"以企业为主、学校为辅"的改革模式；后者借鉴新加坡的教学工厂和澳大利亚的"TAFE"，实质上是探索"以学校办学为主、企业参与为辅"的改革模式。无论是哪一种改革模式，企业深度参与职业院校的办学实践都是其共同特征，目的在于实现职业教育以学生为主体、以实践为主线、以提高实际能力为目的的办学宗旨。

长期以来，由于资源要素不对称以及企业合作意愿不强等原因，我国职业教育在校企合作的过程中，常常出现"合而不融"的现象，未能达到校企合作的本源目的，使校企合作流于形式，出现了学校教育和企业需求"两层皮"的现象。为了破解这一难题，近年来，深职院立足深圳区位优势，瞄准世界产业发展前沿，主动应对"工业4.0"的时代挑战，紧密契合"互联网+"、"中国制造2025"等国家重大战略和"一带一路"倡议，精准对接深圳科技、产业创新发展需求，建设了一批与深圳产业结构高度匹配的特色产业学院。特色产业学院由相关二级学院与龙头企业、知名企业、科研机构或其他组织强强联合，双主体合作开展产教融合学历教育、高水平技术技能人才培训、关键性技术攻关和技术应用推广。特色产业学院的建设重点是做好校企两个方面的资源重组，给特色产业学院

更多的管理自主权，以个性化的运作模式促成多维目标的实现，并以特色产业学院为依托，探索形成适合中国国情的职业教育双元协同育人模式，实现学校的高质量发展。目前，通过12个特色产业学院的建设，深职院校企协同育人的格局已初步形成。特色产业学院联合企业共同制订人才培养方案，共同开发课程，共同研制课程标准。

（四）课证共生共长，校企协同育人的实践典范

深化产教融合、校企合作是职业教育改革步入深水区必须解决的问题。《中国制造2025》、《国家珠江三角洲发展规划纲要（2008-2020）》及《粤港澳大湾区城市群发展规划》明确将深圳作为信息化产业发展示范城市。华为作为信息与通信行业全球领军企业，其打造的认证体系覆盖信息通信技术（ICT）全技术领域，受到行业高度认同，成为企业用人标准。产业高速发展带来了巨大的人才缺口，华为迫切希望为其产业链培养认证人才，学生亦希望通过考取华为认证进入华为产业链。问题是，怎样实现华为认证体系和职业教育专业课程体系的有机融合？

将高职人才培养与国际一流认证标准融合，引入行业先进技术和企业优秀文化，创建以"七维"能力培养为目标的"课证共生共长"培养模式，是深职院深化产教融合的具体实践。2006年，深职院依托重点项目"以职业为导向的通信专业教学、认证体系的研究与实践"与华为开始合作，2008年建成国内首家高校华为合作授权培训中心，2011年建成首个高职院校华为网络技术学院，研制并形成了深职院——华为"课证共生共长"培养模式。经过多年来的反复实践、不断完善，这一模式取得显著成效，有机结合了ICT专业教育和华为认证工程师标准化培训，实现了高职教育和毕业后教育的有效衔接。

华为认证是包括先进技术、工程案例、课程资源和企业文化的一种职业标准，它不仅表明持证者的技术应用能力，而且意味着良好的职业素养和职业精神。根据华为认证标准重构课程体系，建立符合行业规范的"专业技能＋职业素养"培养体系，实现人才精准培养和精准就业。深职院教师与华为工程师共商共议，共建专业、共建课程、共育人才，成功地将企业原本面向在岗工程师的认证机制融入高职人才培养方案中，构建了适合零基础在校生学习的方案，将课程开发与证书标准"互嵌共生"；同时，随着产业技术的进步和华为认证标准的不断升级，课程体系亦同步更新并反哺认证体系，同时将成功经验辐射至其他高职院校，达到课程升级和证书升级的"互动共长"。对学校，该模式实现了专业教育和企业工程师培训的结合，形成了统一规范的教育教学标准；对高职在校生，该模式帮助其实现学生和企业认证工程师的"双重身份"，毕业后即可进入企业工程技术人员体系；对企业，该模式培养了"来了就能上岗"的员工，节省了大量的培训时间和成本。"课证共生共长"模式通过产教结合优势互补，实现学校、企业及学生的"三赢"，为双证融通贡献了解决方案。

三、职业院校的招生就业制度改革

2014年，国务院颁布《关于深化考试招生制度改革的实施意见》，对高职院校考试招生提出改革指导意见，指出"要加快推进高职院校分类考试，高职院校考试招生与普通高校相对分开，2017年分类考试招生成为高职院校招生主渠道"。《意见》的颁布对高等职业教育考试招生改革发展具有里程碑意义。

与本科院校综合评价等招生制度改革相比，高职院校的改革起步较晚，存在着社会重视程度不够、部分院校缺乏改革前瞻性认知、观望意识强等问题，这势必导致高职院校在未来发展中面临严峻的生源压力和就业压力。深化考试招生制度改革、创新就业指导工作、培养适应社会发展需求的高技能人才，是建设中国特色世界一流职业院校招生就业改革的重要方向。

（一）细分生源市场，探索分类考试的招录机制

高职院校考生来源较广，既有普高生和中职生，也有部分退役军人、现代学徒制企业员工等。分类考试是当前高职院校选拔人才的主要路径，除普通高考外，职业院校在实践中形成了依据学业水平考试成绩招生（简称"学考招生"）、中高职衔接三二分段招生、五年一贯制招生、自主招生、免试入学等多种招生类型，且学考招生正逐渐成为高职院校招生主渠道。针对不同生源，需要探索制定分类考试招生改革策略，按照分类考试、综合评价、多元录取的思路，进一步细化生源市场，完善高职院校分类考试招生录取模式，推动"文化素质＋职业技能"评价录取成为高职院校招生录取的主渠道，努力拓宽职业教育升学通道，探索建立一体化现代职业教育人才选拔体系，建立健全适应产业转型升级需要的现代高等职业教育招生录取机制。一流职业院校分类考试招生改革的策略应着力推行优化选择考试招生方式，改进招生计划分配方式，加大职业技能考察比率，合理采用考试录取标准，推进自主招生、学考招生、三二分段等分类考试招生制度改革，以"分类考试，综合评价，多元录取"为抓手，科学合理地选拔生源，推进高职院校考试招生制度不断走向科学化。

（二）自主和多元化录取，制定"选人"标准和流程

高职院校生源市场逐渐呈多元化态势，传统的统一高考的招生录取模式不能适应职业院校生源结构的变化。选拔方式从单一选拔向综合评价转变，分层次、分类别举行招生考试是高考制度改革的一项重要举措，它不仅涉及中学教育的改革和学生综合素质的全面发展，也是减轻学生不必要负担、提高考试信度与效度、实现考试科学化的重要制度创新。

针对不同生源市场和生源特点，探索自主和多元化录取模式，制定多元化"选人"标准，是职业教育高质量发展的必由之路。面向高中毕业生，继续推进学考招生录取试点改革，增加学考招生专业科类，并进一步扩大招生规模；面向中职毕业生，继续推进"3+专业技能课程证书"招生录取试点改革，逐步规范"3+专业技能课程证书"招生专业和专业技能课程证书的对应关系，更好地促进中等和高等职业教育的有效衔接；继续探索和完善面向中职毕业生自主招生的"职业技能"考核方式，探索技能优秀毕业生免试入学的具体方式；继续深化面向初中毕业生的中高职贯通"五年一贯制"和"三二分段制"人才培养招生改革，实行"以初中学业水平考试成绩为依据、结合综合素质评价择优录取"的考试招生办法。

深职院作为广东省首批招生改革试点院校，分别于 2007 年和 2017 年启动自主招生和学考招生改革试点探索。目前自主招生类型主要有面向普高考生的"学考（网测）+面试"，面向艺术特长生的"学考+技能测试"，面向中职考生的"文化素质+专业技能"，面向技能大赛获奖考生的"面试"等考核方式。经过多年改革探索，逐渐形成了具有深职特色的自主招生、学考招生模式。在保证公平、公正、公开的原则下，通过多样化的"选人"标准，选拔适

合高职教育培养需要的人才。在广东省教育厅领导下,深职院近几年自主招生和学考招生亮点频出,受到社会广泛关注。学考招生每年各科类投档线均位居全省第一,自主招生每年报考人数与录取人数比例均超过 8∶1,全省 90% 以上技能大赛获奖中职考生报考深职院。

(三)完善综合评价体系,突出"职业化"特色培养

综合素质评价是高中新课改的重要内容。在高考招生中实行综合素质评价,有两个方面的含义:一是在统招统考中逐步发挥中学综合素质评价结果(包括学业水平考试成绩)的应用,二是在统考统招外,在多元评价和选拔模式中实行综合评价。作为首批新一轮高考改革先行试点省份的浙江省,在《浙江省新课改高考方案》中提出要"逐步建立学业水平测试、综合素质评价和统一选拔考试(高考)'三位一体'的多元化的招生考试评价体系",首次提出了"三位一体"的评价体系。

"三位一体"综合评价招生试点为职业院校招生改革试点给出了指导性方案,突出了职业院校"职业化"培养的特色,对建设中国特色世界一流职业院校有参考意义。高职院校在招生试点过程中要针对不同招生生源,确定综合素质测试的标准。标准主要有两类:一类是强调共性目标(主要考察考生的基本素养,如学习潜质、逻辑思辨能力、心理素质等),主要面向普高考生;一类是强调个性目标(主要考察考生的专业素养和职业倾向),主要面向中职考生和有技能特长的考生。在考核模式上可采用"文化素质+面试"、"文化素质+职业技能"等形式,突出职业化特色,有利于学生的个性与差异化发展,让学生的潜能得到更好发挥。

为进一步提升学生职业生涯发展能力,深职院积极开展学生职

业生涯规划和就业指导教育，不断提升学生的职业意识和职业生涯规划能力。通过建设一批质量优良的校级拓展专业，为学生提供多元学习选择，提升学生的复合型水平，增强学生应对就业市场的本领。通过开设一批通识课、选修课，不断提升学生的自主发展的选择权，促进学生个性、多元发展，拓宽学生就业渠道。通过开发一批专业对口的职业技能证书，将中级职业技能证书与学生毕业资格挂钩，鼓励学生报考高级职业资格证书，提升学生的实践动手能力和就业能力。

（四）强化就业指导工作，保障招生就业贯通发展

党的十九大报告指出，"大规模开展职业技能培训，注重解决结构性就业矛盾，鼓励创业带动就业"，"建设知识型、技能型、创新型劳动者大军，弘扬劳模精神和工匠精神，营造劳动光荣的社会风尚和精益求精的敬业风气"，为职业教育发展指明了方向，规划了前景，同时也对职业院校高质量人才培养提出了更高的要求。创新就业指导工作，就是要不断细化就业指导内容，由单纯的就业指导变为对学生整个职业生涯规划发展负责，提供全程、终身性的咨询指导。创新就业指导工作，就是要为学生提供个性化指导和服务，努力实现学生就业需求与社会用人需求相匹配。创新就业指导工作，就是要建立招生、人才培养、就业联动机制，保障招生就业贯通发展。职业院校要通过完善专业评估制度，对重复设置、培养规模过剩、社会需求不旺、就业质量差的专业实行关、停、并、转，打造满足经济社会需求、与区域经济相匹配的特色鲜明的专业体系。切实提升专业的市场竞争力和吸引力，促进专业内涵建设。

为提升学校就业服务工作的精准度，帮助学生消除对未来职业生涯规划的迷茫，发掘学生特质与潜力，深职院多措并举，开展求职培训，针对不同学生实施全程化指导及个性化指导，引导及帮助学生充分进行自我认知，对职业做出主动的选择，从而在就业过程中有的放矢，提高就业能力。深职院从新生入学教育开始，帮助学生建立职业生涯规划理念，并通过多种形式的专业认知培训，让学生对所学专业及对应行业的职业岗位需求等有较为清晰的认知。在深职院举办的"首届大学生生涯体验周"活动中，约8200余名学生参与体验。该活动与《大学生职业规划》课程紧密联系，将书本理论知识与体验实践相结合。通过活动，学生萌发生涯意识，主动开始生涯规划。通过体验周活动，班主任和辅导员对学生性格兴趣、求职意向、职业倾向等有更深入的认识，为提升就业服务精准度、提供个性化求职培训奠定坚实基础。

（五）新形势下的招生制度改革

人工智能背景下，高职教育培养的人才所对应的岗位可能会大量消失，给高职教育带来新的挑战。在时代的挑战面前，建设中国特色世界一流职业院校要紧贴人工智能时代的脚步，开展学校专业布局调整，通过专业动态调整实现传统专业的内涵升级，建设与地方产业相适契的专业体系，实现学校专业设置与产业同步发展、同频共振。职业院校要直面人工智能时代对高职院校人才培养的新要求，加快职业教育改革发展步伐，努力推动招生制度改革，根据人工智能发展对人才的需求，围绕战略新兴产业、未来产业布局招生专业，对传统专业进行升级调整，专业设置要紧贴智能制造、机器人、云计算、大数据等新兴产业和未来产业，让高职教育成为适应智能时代的技术技能人才培养的摇篮，培养学生成为知识型、创新型技术技能人才，适应人工智能时代对人才的需求。

四、创新创业教育的"生态体系"

（一）创新创业教育的运行机制

一流职业院校的创新创业教育，要建设国际领先的创新创业课程体系和课程标准。深职院实施了双创教育标准开发、专创融合课程建设、"双百"创新型项目化课程开发、在线课程开发等4项计划。在项目遴选上，搭建国际知名的创客项目遴选平台。与知名企业合作，举办产业互联、智能制造等专业型创客训练营。建立功能齐全的创客产品研发平台。在项目培育和孵化上，建立创客团队跨界培育体系。联合一批世界知名企业、科研院所，立项建设集实训教学、创新研发、创业孵化于一体的跨界平台，探索跨学院、跨专业交叉培养创客团队的新机制。推动建设国际技术技能人才创业园，建立以存活率、营收、吸纳就业人数和市场估值为核心的绩效考核体系。重点建设数个集实训教学、创新研发、创业孵化于一体的平台型众创空间。在供应链和市场推广取得突破，补齐高校短板，帮助学生企业既能够活下去，更能火起来。

（二）创新创业教育的"五环联动"模式

深职院探索建立社团孕育、赛会遴选、跨界培育、园区孵化、产教协同的"五环联动"模式，形成品类丰富、竞争充分、共生进化、新奇涌现的创业创新生态体系。在实践中，设立4类学习班级，一是支持各专业至少组建1个创新社团，让一年级新生接受双创苗圃培育；二是面向二年级学生招收跨学院的混合型创业班；三是重点面向三年级学生，在创业园每年开初创企业孵化班，一企一班，小班化定制式培育学生企业；四是开创客项目班，每年遴选创客项目，举办交叉融合的创客训练营。

由深职院艺术学院、创业学院及经济学院社区管理与服务专业历时3年、反复打磨、合力打造的"再生艺术社区"双创项目，晋级第六届中国公益慈善项目大赛百强，并参与腾讯"99公益日"众筹活动。"再生艺术社区"项目致力于解决社区、学校、企业等公共建筑空间原创艺术品缺乏的现实问题，通过有效对接高校师生资源，将冗余、浪费的艺术资源激活再生，变废为宝。该项目通过征集、收购艺术类学生的原创艺术作品，使其价值再生、重估，激发大学生的学习热情，提供勤工俭学的机会，为参与项目的大学生提供收入报酬。同时融入公益理念和元素，将高校艺术专业与社区公共建筑环境提升相结合，并从区域试点到向全国推广，逐渐形成艺术家、艺术品和社区之间再生、共生的线上线下平台。该项目获评深圳市南山区民生微实事项目大赛百强，顺利入选该区民生微实事项目库，具备了为社区提供项目服务的资格。

（三）搭建真实平台，进阶式创业教育的系统设计

针对高校创业教育人才培养中路径不明、层次不清、学生受益面过窄、创业质量不高，以及创业教育与专业教育脱节、创业教育与实践脱节、创业教育与创新教育脱节等问题，深职院实施了与专业教育深度融合的进阶式创新创业教育改革。具体包括：

面向全体学生实施启蒙教育，培养创业意识和创业精神。学校开设2个学分的"创新思维"全校必修课，由创业学院统筹开发课程大纲和基础模块，各专业选派骨干教师结合专业特点进行二次开发并授课。举办科技文化节、深圳大学生创交会、Maker Faire 创

客交流会、创客街等创业大赛与展会活动,营造浓厚创业文化氛围。每个专业至少成立 1 个创新型社团,配备 1 名专业导师,开设社团课程,培育学生创业兴趣。近年来,每年资助社团超过 200 个,50% 以上的在校学生成为社团会员。

面向具有创业兴趣的学生实施预科教育,传授通识性创业知识和技能。开发"机器人创新设计与制作"等与专业教育紧密结合的创业选修课程,近 5 年累计提供这类课程 248 门次,平均每年修读学生 2000 人。鼓励教师将科研项目和产业技术成果改造成创新型和创客型项目化课程,近 5 年累计开发 521 门,平均每年修读学生 1000 人。联合阿里等知名企业,共建虚拟现实、大数据等 6 个集实训教学、创新研发、创业孵化于一体的跨界学习中心,引导学生打破产业边界开展创新创业。从创新社团中选拔优秀项目,安排专业教师辅导参加创交会、高交会等各类创业竞赛与创业展会,以赛促教。

面向具有创业意愿的学生实施专门教育,进行专门化创业知识传授和技能培训。由创业学院开设创业班,采用"原招生专业 + 创业班"的复合式教育模式,跨院系、跨专业交叉培养创业人才。学生修满原专业 105 学分和创业学院 15 学分即可毕业。目前已培养 8 届共计 854 名学生。牵头建设国家创新创业教学资源库,已建立 9 个特色子库,并在全国 11 个省市 70 多所高职院校推广应用。建设 Fab Lab 微观装配实验室,安排竞赛获奖或展会市场反馈好的项目进入与柴火、腾讯等联合举办的训练营、工作坊,提供"创意、设计、制造"全程指导。

面向完成企业工商注册的学生进行实战训练,"真刀真枪"培养创业实战能力。训练营评估优秀且与专业结合或基于创新的创业项目进入校内创业园免费孵化 2 年,并给予政策扶持。每半年组织 1

次成长评估，经营不善必须退园。牵头研制深圳初创企业培训课程标准和培训大纲，建立600余人的"专业导师+企业导师"队伍，开发了30多门讲座型实战课程。加强政、校、行、企合作，提供工商注册、金融、法律、税务等孵化服务。

（四）构建创新创业教育的"生态体系"

创新创业教育是面向全体学生的素质教育，目的是培养具有开创性个性的人，主要包括对首创精神、冒险精神、创业能力、独立工作能力以及技术、社交和管理技能的培养。创新创业教育不仅是对学生创新创业知识、能力和素质的培养，更是对学生综合能力及可持续发展能力的培养。学校要进一步引导和推动创业投资、创业孵化与高校、科研院所等技术成果转移相结合。建立健全知识产权运营、技术交流、通用技术合作研发等平台，拓展创教、创孵、创赛、创展、创投平台，构建良性、协同发展的创新创业生态系统。创新创业教育"生态体系"由师资体系、课程体系、平台体系和一系列保障体系共同组成。组建一支由校内外专家学者、知名企业家、创业成功人士、优秀校友、专业教师和辅导员共同组成、专兼结合的创业教育导师队伍，为学校创新创业教育提供咨询帮助，并亲自参与教学工作和学生创业项目指导。深职院创客空间为全校大学生提供实训教学、创新研发、创客项目孵化服务，提高学生从创意到产品的极致造物技术水平、探索跨学科跨专业人才培养机制。深职院目前已建成以现代文化创意为主的留仙洞校区创客中心、以智能硬件产品试制为主的西丽湖校区创客空间。

留仙洞校区创客中心于2014年10月开始筹建华南地区首家微观装配实验室，通过提供免费的开源设计工具、3D打印等先进制造设备、共享的协作平台及充分的技术支持，让学生以近乎无任何前期成本的方式实现自己的创想。创客中心主要分为6大区域：（1）成果展示区。这个区域主要展示学生的立项项目、科技成果展示（如专利、软著等）、优秀创客作品等。（2）手工制作区。主要包括各种手工制作工具、开源硬件模块及测试仪器仪表，助力学生创客实现智能硬件的快速原型开发及创客产品的手工加工制作、组装与调试。（3）高端制造区。主要包括激光加工设备（激光切割机、激光打标机等）和小型加工中心（小型加工机床、电路板雕刻机等），学生创客可对各种金属或非金属创客项目样品进行激光切割、激光打标、激光雕刻和加工。这里的PCB电路板刻制机是由德国生产的，其制作的电路板精度可以达到0.1mm；CNC小型加工中心，非常适合制作立体结构复杂的创客项目的样品。（4）3D打印区。打印设备从单色到彩色，从低成本的桌面级到高精度的工业级，从固体的丝状材料、粉末材料再到液体树脂材料，一应俱全。创客用计算机做出创意模型，不需要工厂的帮助，不需要支付开模费用，就能以任意比例打印出产品原型。创客可以白天设计，晚上打印，次日进行讨论修改，如此不断调整，可以大大降低产品的开发成本并缩短产品的开发周期。（5）创意设计区。主要提供专业三维设计软件及多种3D扫描设备，帮助学生创客把头脑中抽象的创意数字化、可视化，或者助力创客快速完成产品原型的构建。（6）讨论交流区。主要是创客们的思想碰撞空间，用以产生创新创意想法，同时也是创客教学空间和项目路演空间。

以智能制造、电子信息、大数据、产品试制为定位的西丽湖校区创客空间，于2019年获得全球Fab Lab联盟官方认证。创客空间与腾讯、硬蛋、小米、讯方等知名公司合作，与全校二级学院分中心形成良性互动，通过设备共享、师资共享、项目共享，帮助创客项目培育孵化。为创客团队提供设计、研发、质量、生产制造等全方位、全链条技术服务，打造了一个集实训教学、创新研发、创业孵化于一体的复合型创客产品试制技术平台。该创客空间主要分为4个试制中心：（1）电子信息产品试制中心，支持创客团队进行软件开发，射频、音频、影像、传感器研发，PCB设计及电子元器件的选型，物联网、人工智能等前沿技术研发。（2）智能制造技术服务中心，支持创客团队进行结构设计、结构手板打造及模具制作。（3）工业设计服务中心，支持创客团队进行ID、CMF、UI、包材设计及产品外观手板的制作。（4）产品可靠性测试中心，支持创客团队在产品的研发、试产及生产阶段对产品进行测试、研究和改善，以保证产品的可靠性。

深职院创客空间每年度完成2批约50多个创客项目的立项工作。创新性、市场性、技术可行性较强的项目获批立项后，即可入驻创客中心进行为期一年的培育孵化。在孵的创客团队可享受创客空间设备、耗材、技术、供应链、市场推广等资源的免费支持，并以创客项目为导向，以创客型项目课程为依托，以产品为输出，在一年时间内完成创意到产品的落地。市场前景较好的优秀创客产品可免费入驻创意创业园，成立独立法人企业，进行商业化运作。其中，"跨界项目集训营"以跨界产品制作为导向，以技术技能培养为核心，打造从创意到产品落地的创新项目，培养学生的跨学科思维与技能。跨界项目集训营活动每年举办一期，每期10名学生，涵盖电子信息工程技术、物联网应用技术、软件技术、模具设计与制造、工业设计、包装技术与设计等多个专业，使不同专业学生在不同维度进行思想碰撞，各司其职，将产品研发制作的系统性和全面性提升到一个新的高度，与"创客—创业"生态无缝衔接。

（五）人工智能背景下的创新创业教育

在人工智能背景下，高职院校不仅要培养能就业的人才，还要培养能创造就业岗位的人才；不仅要让一部分学生能够创业，还要让一部分学生能以创业的精神就业。深职院实施深化与专业教育深度融合的进阶式双创教育模式改革，践行"重心在教育、目标在万众、路径在分层、关键在实践、核心在创新"的理念，建立健全从启蒙教育、预科教育、专门教育到指导创办企业的进阶式创业人才培养体系。

这里介绍一个教育领域创新创业者林俊文"香港创客打造沉浸式课堂"案例。《粤港澳大湾区发展规划纲要》提出，要推动教育合作发展，支持粤港澳高校合作办学。这让林俊文这样的教育领域创新创业者看到了更多机遇。"5G时代的到来，将进一步推动虚拟现实行业的发展，这也将加快我的教育创业项目产品落地。"在香港青年创客林俊文看来，将虚拟现实、人工智能与教育科技创新相结合的产品，在粤港澳大湾区的市场将十分广阔，他希望将产品进一步推广，争取在更多城市的学校里开设"VR课堂"。"以往的互联网教育产品形式以录播或直播为主，学生在这个过程中是被动的，注意力容易被分散。结合虚拟现实技术，通过佩戴VR设备，就可以为孩子营造一个全新的、沉浸式的课堂环境，从而达到更好的授课效果。"林俊文介绍说，当孩子在课堂上走神的时候，甚至可以通过声音、震动等给出真实的反馈提醒。打造这样的产品，需要突破的瓶颈之一是网络传输问题，而5G时代的到来令更高速的图像、语音传送成为可能。林俊文说："粤港澳大湾区有可能率先接入5G网络，这片区域也集聚了大批科技创新企业，可以在图像处理器等部件上提供产业链条支撑。"在林俊文的创业蓝图中，他不仅想打造硬件产品,更希望将粤港澳三地的教育特色及其长处进行融合推介。"香港从中小学时期开始便注重专业教育,学生在中学开始就可以接触到会计、管理等职业课程,这对学生未来的职业化发展会有很大裨益";内地教学体系的优势则在于知识点覆盖面更齐全,学生的学习成果通过考试可以被更好地量化体现,"两种教育体系的优势是可以结合起来的"。事实上,这并非林俊文的第一次创业尝试。打拼多年,林俊文亲身感受到,在大湾区创业的成本降低了,中小企业的营商环境也得到优化。"近年来国家针对中小企业的扶持政策多了很多,服务中小企业创业的机构也成批涌现,供应商体系越来越健全了"。未来,林俊文希望将产品进一步推广至大湾区更多城市。他说:"《规划纲要》中提到,广州要培育提升科技教育文化中心的功能。这更加坚定了我的创业方向;我也坚信,今后粤港澳大湾区不同城市间的联系也将愈加密切,我们落地分校区、分公司进行业务拓展的方向也更加明晰了。"①

---

① 案例来源:南方网. http://tech.southcn.com/t/2019-03/08/content_185731133.htm.

第四章

产业协同视域下的专业和课程建设

高职教育专业因产业而生、因产业而兴，我国产业结构的演进和高职教育专业结构的调整过程充分说明了这一点。2021年，教育部以修订优化《职业教育专业目录》为抓手，推动数字经济背景下职业教育的专业转型。新版专业目录适应数字化转型、产业基础高级化趋势，面向不同行业的数据驱动、人机协同、跨界融合、共创分享的智能形态等，从专业名称到内涵全面进行数字化改造优化和加强了人工智能、5G、大数据、云计算、物联网等领域相关专业设置。[①]职业教育专业目录的修订，从一个侧面体现了我国对职业教育数字化转型进行的系统性及前瞻性布局，为职业教育数字化转型过程中的专业建设、教学标准、课程建设提供了整体性指导。

一、学科专业建设的国际比较：经验与借鉴

纵观世界一流院校（综合性大学），其学科专业建设主要有两

---

① 教育部.关于印发《职业教育专业目录（2021年）》的通知[EB/OL]. http://www.moe.gov.cn/srcsite/A07/moe_953/202103/t20210319_521135.html.

种形成路径，一种是靠长期自发演化而生成，强调大学的组织自我进化、自我调适能力；一种是靠短期人为设计，强调大学主动有为的建设和科学的制度供给。总体来看，国外一流大学的学科专业建设呈现出四个特点：

一是模式多元。国外一流大学的学科专业建设并未呈现同质化倾向，而是基于自身的实然现状，彰显个性化的布局模式。剑桥大学、牛津大学、哈佛大学、斯坦福大学等综合型大学，因其悠久的校史和雄厚的实力而衍生出自己相对较全的学科专业布局；普林斯顿大学和加州理工学院等院校则追求"有限发展"和"小而精"，有所侧重地发展优势学科专业。

二是市场导向。一流大学的一流学科专业的形成与发展，凸显了教育的社会制约性，并通过自身的发展而不断契合社会的政治、经济需求。上个世纪美国政府的"原子弹研发"及"阿波罗登月计划"，吸纳了芝加哥大学和麻省理工学院等众多知名大学的智力支撑，进而反过来促进了大学的学科专业发展。再如，因市场经济发展对新型产品和工艺的需求提升，推动了诸如分子生物科技以及一系列交叉学科的产生和发展。

三是有所选择。在学科专业布局上采取"有选择的卓越"（selective excellence）策略，通过供给侧结构性改革，扶强裁劣，把更多的资源集中到优势学科。例如，美国哥伦比亚大学逐步裁撤图书馆学院、语言学系和地理学系，将教学资源集中于商学院和医学院的建设，成就了经济学和医学领域的多位诺贝尔奖获得者，维持和提升了该校在世界一流大学中的地位。

四是重视交叉。在交叉学科中寻求学术的创新和突破，通过学科之间的交融互鉴，抢占新兴知识的发源地。宾夕法尼亚大学强调"跨越传统的界限去追求知识"；哈佛大学建立拉德克里夫高等研究院，致力于艺术、人文、科学和社会科学领域的交叉研究；杜克大学实行"Bass连接"项目，以更好地实现其以知识服务社会的使命，践行跨学科的重要理念。

在专业与产业的对接方面，国外一流院校有诸多方面值得借鉴。例如，针对澳大利亚森林资源丰富的现实，墨尔本大学经济与商业学院开设了森林学与商学专业；根据澳大利亚旅游业较为发达的特点，南威尔士大学的商学专业细分出商学、市场营销、旅游与接待管理等3个专业。这种与社会的契合不仅体现为对产业的"适应"，有时还体现为对产业的积极引领。通过提前数年对国家经济发展趋势、产业结构变革以及人才需求趋势信息进行收集和研判，许多一流大学加强与业界的联系，了解行业企业的技术和人才需求，探索开设一些适应和引领未来产业发展的新兴专业。例如，美国林肯大学、中佛罗里达大学、堪萨斯大学和加拿大麦吉尔大学，结合信息技术的迅猛发展而及时开设IT相关专业（群）。另一方面，许多一流大学注重适应产业转型升级需要而进行专业的转型升级，更好地打造自身的专业特色品牌。例如，新加坡理工学院的工程类专业早期主要开设机械工程、通用工程和工程管理专业，结合新加坡产业和技术转型的需求，发展出包括航空工程、生物工程、机电一体化与机器人等在内的11个专业，形成了享誉国际的工程类专业群。

世界一流院校的学科专业建设，既凸显了教育的社会制约性，也彰显了教育的超越性，更体现了教育自身嬗变的规律性。建设中国特色世界一流职业院校，应在借鉴国外经验的基础上科学谋划，形成与区域产业紧密对接的学科专业布局，建设一批中国特色世界一流品牌专业（群）。

二、产业协同视域下的专业建设审视：整合与共建

改革开放前，我国以牺牲轻工业发展为代价，靠指令性计划重点发展重工业，产业结构呈现出"重工业太重、轻工业太轻、农业太落后、服务业太少"的特点。与之相对应，我国高等教育主要借鉴苏联模式，高校专业结构的设置与计划经济体制的要求相适应，为国家工业化培养专业人才。

改革开放后至20世纪末，随着市场机制的引入，我国产业结构开始发生巨大变化，第一产业的比重不断下降，第二、三产业的比重不断上升，产业结构由"二一三"型转变为"二三一"型，从而带来劳动力就业结构的变化，第一产业从业人员的比重呈下降趋势，第二、三产业从业人员的比重呈上升趋势。与之相适应，职业教育开始兴起，高职院校从套用本科专业到根据职业岗位需求（而不是学科）进行专业设置，开始努力探索高职教育自身的特色。

进入21世纪以来，我国产业结构逐渐从"二三一"型转变为"三二一"型，2012年第三产业比重首次超过第二产业，到"十二五"末期第三产业比重首次超过50%，中国经济进入新常态，供给侧结构性改革倒逼产业结构不断优化升级，产业发展向中高端迈进。相应地，我国高职教育进入快速发展和转型发展关键期，高职专业适应产业、服务产业乃至引领产业发展，成为高职院校内涵建设和特色发展的突破口。

高职教育专业的设置与调控是涉及政府、学校、行业、企业等多主体共同参与的复杂系统工程。从21世纪以来高职教育专业设置与调控的实践来看，政府的作用更为理性，市场（行业、企业）的

作用更加突出，高职院校的自主权进一步扩大。2004年，教育部颁布我国首个高职教育指导性《专业目录》，将高职专业分为19个大类、78个专业类、532个专业，结束了我国高职教育没有全国性的体系完整的专业目录的历史。2011年，教育部、财政部实施"高职院校提升专业服务产业发展能力"项目，推动高职院校专业建设主动面向区域支柱产业、重点产业和特色产业，培养高端技能型专门人才。全国共立项建设391个专业，涵盖19个专业大类。到2015年，全国高职专业总数增加到1170个。结合产业实际和发展趋势，教育部颁布了《职业教育专业目录》并实行动态管理，将专业总数调减为747个，其后每年增补10个左右新专业。2021年，教育部颁布《职业教育专业目录（2021年）》，按照"十四五"国家经济社会发展目标和2035年远景目标对职业教育的要求，在科学分析产业、职业、岗位、专业关系的基础上，对接现代产业体系，服务产业基础高级化、产业链现代化，统一采用专业大类、专业类、专业三级分类，一体化设计中等职业教育、高等职业教育专科、高等职业教育本科的不同层次专业，共设置19个专业大类、97个专业类、1349个专业，其中中职专业358个、高职专科专业744个、高职本科专业247个。

由此可见，随着产业转型升级，我国高职专业设置更加适应现代化产业发展的战略需要，逐步朝着面向产业链中高端，更加适应产业结构调整、产业链延伸交叉、新职业岗位需求、技术进步需要的方向发展。如增设调整了云计算技术与应用、移动应用开发、物联网工程技术等相关专业。同时也更加符合高职教育人才培养目标，更加突出了既服务于经济社会发展和产业结构升级需要，又服务于青年学生成长成才需要的办学宗旨。

高职教育办学的生命力在于面向市场，专业建设是教育教学工作主动适应社会需求的关键环节。高职院校要在认真分析社会经济发展和产业结构调整对人才结构新需求的基础上，对接区域产业链和产业集群做好专业建设。以深圳为例，深圳有四大支柱产业（高新技术、现代物流、金融、文化创意），七大战略新兴产业（新一代信息技术、新能源、互联网、文化创意、新材料、生物、节能环保），六大未来产业（生命健康、海洋、航空航天、机器人、可穿戴设备、智能装备），十大重大科技产业集群（机器人与智能装备、5G 移动通信、金融科技、VR/AR、生物技术与精准医疗、智能无人系统、新能源汽车、增材制造与激光制造、石墨烯、微纳米材料与器件），形成了以战略性新兴产业为先导、先进制造业和现代服务业为主体的产业结构，以及具有全球影响力和竞争力的电子信息等世界级产业集群。深职院在建设中国特色世界一流职业院校的进程中，结合深圳产业发展动态，重点发展新一代信息技术、人工智能、智能制造、生物医药、新能源、新材料、海洋经济等战略性新兴产业所需专业，服务行业企业抢占新一轮经济和科技发展制高点；大力推动集成电路、网络安全等事关国家战略、国家安全的专业建设，增强服务国家创新驱动发展战略能力；大力发展数字贸易、金融科技、健康养老、现代物流、商贸服务、文化创意、旅游等现代服务业和黄金珠宝、服装等优势传统产业所需专业，筑牢地方产业发展根基；加强智慧城市、智能建筑、生态环境等城市可持续发展能力相关专业建设，服务社会主义生态文明建设，构建了"2+8+N"世界一流建设专业群，并与世界 500 强企业、行业龙头和领军企业合作共建。（表 4-1）

表 4-1 深职院 "2+8+N" 世界一流建设专业群

类型	专业群	专业构成	对应产业链	建设目标
2	通信技术	通信技术、云计算技术与应用、计算机网络技术、物联网应用技术、信息安全与管理	新一代信息通信技术	国际领先
	电子信息工程技术	电子信息工程技术、汽车电子技术、移动互联应用技术	智能硬件	国际领先
8	物流管理	物流管理、港口与航运管理、市场营销	物流业、交通运输、商贸流通	国际先进
	数字贸易	国际贸易、商务外语	跨境电商、服务贸易、电子商务	国际先进
	人工智能	大数据技术与应用、智能产品设计与制作、嵌入式技术、计算机应用技术	视觉语音识别、智能机器人、智能家居、智慧城市、智慧医疗、智能安防、智能穿戴	国际先进
	智能制造	机械设计与制造、智能控制、机电一体化技术、工业机器人技术、工业互联网、工业设计	自动化生产线集成、自动化装备、工业信息化、工业互联/物联网、智能生产	国际先进
	数字图文信息技术	数字图文信息技术、包装策划与设计	数字印刷、智能包装	国际先进
	新能源汽车技术	新能源汽车技术、汽车运用与维修技术、智能交通技术运用	新能源汽车、智能驾驶、车联网、智能交通	国际先进
	城市生态环境	环境工程技术、建筑安全管理、给排水工程技术	建筑、市政、环保、园林、生态修复	国际先进
	新材料技术	材料工程技术、精细化工技术、工业分析技术	新型高分子材料、新能源材料、电子信息材料	国际先进
N	智慧健康管理	护理、康复治疗技术、助产	智能化诊疗照护、母婴护理、医养结合照护、互联网+医疗	区域特色

续表

类型	专业群	专业构成	对应产业链	建设目标
N	金融科技	金融管理、会计信息化	银行、证券、保险、金融中介	区域特色
	产品艺术设计	产品艺术设计、首饰设计与工艺、工艺美术品设计	智能硬件开发、文创产品设计、珠宝首饰	区域特色
	数字文化创意	动漫设计、数字媒体艺术设计、游戏设计、广播影视节目制作	动漫、游戏、娱乐、数字学习、文创衍生	区域特色

三、职业教育课程模式的演变与发展：理实一体化

职业教育课程开发需要解决的一个关键问题是职业教育中理论与实践的关系问题。20世纪80年代中后期，我国高职教育处于初始发展阶段，课程改革的重点是强化实践教学，改变普遍存在的课程教学重理论轻实践、重知识轻能力的现象。但是，这一阶段的课程改革没有摆脱原有的学科课程模式，仍然沿袭"理论应用于实践"的思路，只是简单的"增删式"改革，缩减理论课学时，增加实践课学时，从而产生了特有的"压缩饼干"现象。

20世纪90年代，我国高职教育迅猛发展，在借鉴国际职业教育课程模式的基础上，课程改革开始有了根本性突破，其中主要是引入了能力本位教育（CBE）思想及其课程模式，在全国范围内形成了能力本位教育课程的研究与实践热潮。能力本位教育课程模式的核心要点是以职业能力为依据开发课程，通过职业任务分析将能力标准转化为课程，以学习者为中心实施课程教学。应当说，能力

本位课程突出了高职教育实践课程的意义，但是从课程体系层面看，理论课程和实践课程还是并存的两个体系，理论教学与实践教学的关系还没有从根本上得到解决。

21世纪，我国职业教育进入内涵式发展和提高质量的新阶段。在2000年、2006年、2008年、2015年，教育部4次颁布关于深化职业教育教学改革、全面提高人才培养质量的政策文件。2019年，国务院发布《国家职业教育改革实施方案》，我国职业教育课程改革进入深度转型时期。同时，通过实施国家精品课程建设计划、示范（骨干）校建设计划、专业教学资源库建设项目、"双高计划"建设项目等，推动高职院校积极与行业企业合作开发课程，根据技术领域和职业岗位（群）任职要求，参照相关的职业资格标准，改革课程体系和教学内容，建立突出职业能力培养的课程标准。经过一段较长时期的努力探索，我国职业教育课程模式逐渐成熟和稳定，形成了三种有代表性的课程模式：项目化课程、工作过程系统化课程、工学结合课程。①

项目化课程是"以工作任务为课程设置与内容选择的参照点，以项目为单位组织内容，并以项目活动为主要学习方式的课程模式"。项目化课程建设不只是开发几门单独的课程，还要注重建立以项目化课程为主体的课程体系。工作过程系统化课程的基本要点是以工作过程作为课程设计的参照系，并以典型工作任务为载体，基于典型工作过程设计学习情境，从而使教学过程与工作过程实现更好地对接。工学结合课程的核心要义与工作过程系统化课程一致，但更加强调典型工作任务的完整性和复杂程度，以及与职业工作内容的相关性。

---

① 石伟平，匡瑛，等.中国教育改革40年：职业教育［M］.北京：科学出版社，2018：133-134.

实际上，从职业教育中理论与实践关系的层面来看，项目化课程、工作过程系统化课程、工学结合课程这三种课程模式的价值取向是一致的，即实现理论与实践的高度融合。从这个意义上，我们可称之为"理实一体化"课程。理实一体化是一个具有中国本土特色的概念，是杜威"做中学"教育思想的本土化表达，它明晰了职业教育中理论与实践的关系。在传统职业教育专业教学中，通常采用"先理论后实践"的方式，即先给学生讲清楚理论，然后让学生通过实践掌握有关知识和技能，其遵循的逻辑是"实践是理论的延伸与运用"。在理实一体化课程教学中，这种"先理论后实践"的逻辑转向为"先实践后理论"，从而体现了教学目标的结果性和表现性的统一、教学实施的一体化和情境化的统一，因而较好地契合了职业教育改革的方向。

从西方国家的职业教育发展来看，20世纪70年代产生于英国的所谓"新职业主义"的影响值得关注。新职业主义自从在英国提出以后，逐步波及美国、德国、加拿大乃至全世界，成为引领世界职业教育改革方向的重要理念之一。就课程观而言，新职业主义强调采用情景化的职业教育教学方式，围绕学生的工作实践经验进行课程内容设计，将所学的工作知识、核心能力与实践过程相整合，使学生更进一步理解理论与实践之间的关系。例如开发真实的工作任务，学生通过"做中学"的方式，在真实情境中学习，获得职业技能与综合能力。新职业主义的课程观在各国表现为不同的形式。加拿大重视能力本位的课程设计，通过行业专家委员会主导进行工作任务分析，获得工作任务具备的知识、技能与态度。能力本位课程强调学生学习的结果，并将职业能力与工作任务相结合，打破了理论与实践之间的一分为二的格局。德国采用基于工作过程导向的课程设计，将学习领域课程范式从学科课程向情境化转变，学生通过在职业工作的典型情境中实施职业行动,可促进职业能力的全面发展。德国的学习领域课程在课堂上构建学习情境,按照教学原理再现职业典型工作过程和行动领域,能够有效地解决理论与实践相脱离的问题。美国则通过全面的行业课程进行学校本位学习与工作本位学习的整合,实施理实一体化的课程组织方式。

综上,理实一体化课程的核心要义是基于真实情景化的项目进行教学,带领学生"做中学",以此培养学生的职业技能和综合能力。深职院应在借鉴各国经验的基础上,致力于构建理论与实践高度融合的课程体系。以实施专业课程的项目化改革为切入点,进行新一轮课程改革。对接最新职业标准、行业标准和岗位规范,紧贴岗位实际工作过程,融入企业最新技术发展,联合知名企业共同开发、建设理实一体化的专业核心课程,制定专业核心课程标准。引进企业一线人才讲授专业核心课程,动态更新课程内容。学校制定了《项目化课程建设指导意见》,以培养学生综合职业能力为目标,实施以项目、任务、活动为中心的场景式、情境式教学设计,并辅以配套资源及信息化教学手段,全面开展专业课程的项目化改革,由此带动理论与实践高度融合的理实一体化课程建设。

四、专业和课程转型的理念与实践

在数字经济时代,全球教育正在经历重大转型,数字和虚拟学习将成为新常态,终身学习理念已深入人心,学习需求可谓无处不在、无时不在。有关调研表明,全球范围内有81%的学习者表示准备迎接"自助式"(Do-It-Yourself)教育;76%的学习者认为大学生更需要在线学习课程;在转岗培训时,42%的美国学习者、50%的中国学习者和 50% 的印度学习者表示会使用互联网资源进行自学。①因此，根据受众的多样化需求，通过新一代信息技术、人工智能实现在线学习，提升使用学习资源的便捷性，实现人人皆学、时时能学、处处能学，对于职业教育具有重要意义。据统计，2019 年我国在线职业教育用户突破 3000 万，其中企业学习者占 32.7%，学生占 28.3%，其次是教师、自由职业者等群体。②

随着技术进步，人工智能为提高教育质量和促进教育公平带来了新的可能。目前，以新技术、新业态、新产业、新模式为特征的数字经济迅猛发展，对职业教育专业和课程的转型提出了迫切需求，也为转型培育了新动能。习近平总书记指出，人工智能是引领新一轮科技革命和产业变革的重要驱动力，正深刻改变着人们生产、生活、学习的方式；要推动人工智能和教育深度融合，加快发展伴随每个人一生的教育、平等面向每个人的教育、适合每个人的教育、更加开放灵活的教育。③从全球范围看，已有约 18 个国家或经济体制定并开始实施人工智能战略，其中教育是核心要素。④因此，职业院校要主动适应新的时代要求，加快推进专业和课程转型。在专业建设方面，要布局人工智能相关专业，并对传统专业进行内涵转型，探索"人工智能+X"人才培养模式，使专业更好地对接产业需求。在课程建设方面，要及时在课程教学内容中纳入新技术、新工艺、新规范，同时建设更多优质的在线学习资源和慕课，为学习者开辟

---

① 培生全球学习者调查报告："自助式学习"正重塑教育［EB/OL］. http://edu.sina.com.cn/l/2019-10-18/doc-iicezzrr3065725.shtml.

② Mob 研究院. 2019 年在线教育市场研究报告［EB/OL］. http://www.199it.com/archives/966661.html.

③ 习近平向国际人工智能与教育大会致贺信［EB/OL］. http://news.cctv.com/2019/05/16/ARTIGisMkMRofyfTT9VufpyR190516.shtml.

④ 张东，黄蔚. 教育如何跟上智能时代的步伐——国际人工智能与教育大会观察之一［N］. 中国教育报，2019-05-17.

更宽广的学习空间。在教学手段方面，要积极运用人工智能技术、现代信息技术促进学生乐学、易学，同时将优质数字教育资源面向社会学习者开放。在教学环境方面，要加强智慧教学环境建设，例如 5G 智慧校园、智慧教室、虚拟仿真实训教学中心等。

在建设中国特色世界一流职业院校进程中，深职院大力推进专业和课程转型，以专业群建设为抓手，以数字化转型为重点，推动以人工智能、大数据、区块链等为代表的新技术及相关知识进专业、进课程、进教材、进课堂，培养适应数字经济时代需要的高素质复合型技术技能人才，建立职业教育与数字经济的对接对话机制，以此推动教育教学的理念更新、模式变革和体系重构，利用人工智能、区块链、云计算、大数据、边缘计算、智慧家庭、物联网、5G 通信等新一代信息技术，推进专业结构、专业内涵、课程体系、实践教学、教学资源、教师能力、教学模式、质量评价等八大转型，构建数字经济和人工智能背景下全新的人才培养体系。

具体而言，这八大转型包括：一是专业结构转型。瞄准高端产业和产业高端，布局 10 个深度融合新技术、新业态、新产业、新模式，达到国际领先水平的专业。通过组建专业群，使资源配置更具指向性，资源效益更具集约性，资源共享更具可持续性，全面提升学校专业建设水平，使办学 10 年以上的专业全部达到国内领先水平。二是专业内涵转型。加强人工智能领域专业的内涵提升，加强智能芯片、智能传感器、智能机器人、智能无人机、智能医疗装备、智能网联汽车、智能交通等相关专业方向建设。同时，推动非人工智能领域专业的数字化转型，采用"人工智能+"专业模式，强化数字经济和人工智能背景下的多学科融合、多技术整合、多技能复合、无边界触达，拓宽学生的知识技能边界，提高可持续发展能力。三是课程体系转型。将数字素养、人工智能纳入通识教育课程。

参照工作体系、工作过程以及岗位工作任务的逻辑组织专业教育课程。开发模块化的专业群课程体系,深化专业教育课程内容改革,准确定位数字经济和人工智能背景下的课程定位、教学目标、课程设计、教学内容和教学评价,并开发课程标准。四是实践教学转型。优化由课程实践、综合实训、认知实习、跟岗实习、顶岗实习和社会实践、科技创新活动等环节组成的实践教学内容体系,建设实训室物联网系统,开发实训室贵重设备物联共享平台、通用设备流转信息发布平台和设备全生命周期管理系统,促进专业各类实训资源精细化管理和集约高效利用。五是教学资源转型。提升专业教学资源库的容量,每个专业都建设一个资源库,并以专业群为架构进行统筹设计,做到公共资源在群内共享。提升资源库建设的数字化水平,着重提升视频类、动画类、虚拟仿真类等资源的占比。依据课程标准,梳理知识图谱,以知识图谱为基础建设支撑标准化教学的课程资源,并开发数字化教材。将行业企业的优质资源转化成教育资源,联合企业重点开发虚拟仿真、虚拟实训资源。六是教师能力转型。重建智能增强时代教师能力结构,着力提升教师的数字化思维能力、数字化授课能力、整合知识能力、人机协同能力、跨界融合能力、技术研发能力。推进模块化教学、协作式教学创新团队建设,推动教师教学从单打独斗向结构化、团队化分工协作转型。七是教学模式转型。打造智慧教学环境,构建以"沉浸、嵌入、互动、应用、协作、虚拟、跨界、触达"为特征的现代课堂,使人机协作成为常态、师生交互成为必然,推动教与学关系的重塑。建设智慧教学大平台,基于数字化学习资源大力推行翻转课堂、混合式教学和现代信息技术教学手段改革,构建以学习者为中心的自主、泛在、个性化的教与学模式。八是质量评价转型。建立智能化测评分析、反馈交流与督导评估系统,加强学生学习大数据分析,汇聚教学平台、督导评价系统、课堂行为等课内数据，以及社团活动、智能监控、网络行为等影响学习的课外数据，为教与学提供全面精准个性化的服务。

例如，深职院智能交通专业紧紧围绕国家现代交通运输产业发展和智慧城市可持续发展建设的重大需求，突出地方特色，积极应对粤港澳大湾区和深圳先行示范区在智能网联汽车、智能无人机等智能产品在"AI+交通"等热点智慧城市建设领域的产业结构优化和升级，不断适应产业变化对复合式创新型技术技能人才的需要变化，现已建设成为深职院创建世界一流新能源汽车技术与服务专业群的支撑建设专业、广东省品牌建设专业以及深职院 AI 转型类特色专业。智能交通专业根据专业的转型和定位，依据专业人才培养目标，不断适应职业岗位（群）在信息化社会中对学生职业生涯拓展能力、就业能力、幸福生活创造能力的新要求，构建了由通识教育课程、专业教育课程、X 证书课程共同组成的全新课程体系，使学生逐步具备面向交通设计、交通管理以及交通智慧三类职业岗位所需的能力。其中，通识教育课程着力于教育对象精神成长、能力提高和知识结构优化的非专业教育，专业教育课程包括专业基础课程、专业核心课程、专业拓展课程，并依据近五年毕业生就业岗位分析，积极引进数字化课程资源和信息技术手段，开设大数据、智能网联汽车、无人机等课程，积极推动人工智能背景下课程内容的转型和发展。

当前，我国职业教育已深刻意识到数字经济给职业教育带来的新机遇及挑战，很多高职院校加快数字化转型步伐，紧盯数字经济发展趋势，与行业龙头联合组建人工智能、大数据、云计算等学院，与时俱进地进行数字化产业及产业数字化专业群布局，开设市场紧缺的数字技术技能人才培养专业。此外，部分职业院校教师积极开展专业课程数字化改革与重构，增设数字化课程，开发数字化教材，借助新兴数字化教育技术打造智慧教学与学习空间，采取新颖的数字化教学手段与方法，数字化职业教育生态初见雏形。

五、职业教育专业教学标准开发

党的十八大以来，中国特色社会主义进入新时代，我国经济由高速增长阶段转向高质量发展阶段。职业教育作为与经济发展关系最为紧密的教育类型，也进入了由规模扩张转向质量提升的新阶段。《国家职业教育改革实施方案》要求，发挥标准在职业教育质量提升中的基础性作用，推进相关标准建设在职业院校落地实施。目前，我国职业教育领域已基本形成由专业目录、专业教学标准、课程标准、顶岗实习标准、实训条件建设标准等五个部分构成的国家标准体系。

专业教学标准是指导教学实施的工作指南，是促进专业内涵发展的根本保障，是检验专业人才培养的质量基准，对于促进职业教育高质量发展、提升教育教学质量具有重要的基础性作用。为切实落实国家职业教育教学标准建设要求，同时主动适应粤港澳大湾区及深圳产业发展重大需求，大力推进数字化时代专业与课程转型升级，不断夯实学校内涵建设，持续提升人才培养质量，深职院在《中国特色世界一流职业院校建设方案》中提出，要"深化'引企入教'改革，联合知名行业、企业建立产教联盟，共同开发具有国际先进水平的专业教学标准、课程标准和人才质量标准，引进企业一线人才讲授专业核心课程、联合开展技术研发，建立职业教育模式标准"。在《中国特色高水平高职学校和专业建设方案》中，进一步提出"以职业教育国家教学标准为基本遵循,借鉴国内外先进人才培养模式和方法,突出深职院特色,完善专业课程体系、通识课程体系、第二课堂育人体系,研究制定专业教学标准、实训标准、课程标准,形成具有中国特色和世界影响的'深职范式'"。

深职院于2019—2020学年度两次召开教学工作会议,对专业教学标准建设进行顶层设计和专题研究,提出了专业教学标准建设的总体思路和明确要求。学校成立由教务处牵头的专业教学标准建设办公室,设置5个专家工作组,联合一批职业教育专家、一线教师、行业企业专家,共同研制了79个对接国家标准、凸显学校特色、适应新时代技术技能人才培养要求的专业教学标准。整个过程分为四个阶段:一是模板研制阶段。教务处组织有关专家和电子信息工程技术、通信技术、商务英语等3个专业团队,研制形成了专业教学标准的模板及样例。二是培训研讨阶段。学校召开教学工作专项会,出台了《专业教学标准和课程标准研制工作指引》,对专业教学标准的内涵进行深入解读与研讨。专家团队深入各二级学院进行培训指导。学校制订《专业教学标准和课程标准建设工作实施方案》,对标准研制工作进行了全面部署。三是标准制订阶段。在专家组指导下,各二级学院组织进行专业教学标准建设的培训、调研、研讨与制订工作,79个专业完成专业教学标准制订工作。四是审定完善阶段。通过二级学院内部的专业交叉审定和专家工作组专项审定相结合的方式,学校对各专业的专业教学标准进行了层层审核,各专业依据专家意见进行了修改完善,形成最终稿,我们称之为"专业教学标准1.0版"。

"专业教学标准1.0版"共分专业描述、职业面向、培养目标、培养规格、课程设置及学时安排、毕业要求、教学基本条件、质量保障体系、其他事项说明等九大部分,其体例在遵循教育部发布的

《高等职业学校专业教学标准（试行）》的基础上，整合了相关条目，丰富了标准内容，各项具体指标均高于国家标准，并为专业提供弹性空间，力求凸显专业建设的个性化、特色化，较好地体现了数字经济背景下专业建设的时代性、先进性和高标准。一是关于职业面向。各专业所属专业大类和所属专业类以《普通高等学校高等职业教育（专科）专业目录》为依据，对应行业及代码以《国民经济行业分类与代码》（GB/T 4754-2017）为依据，主要职业类别及代码以《中华人民共和国职业分类大典》为依据，职业技能等级证书涵盖但不限于"1+X"的"X"证书。二是关于课程设置和学时学分安排。各专业设置通识教育和专业教育两大类课程。其中：（1）通识教育课程分为基础课程、核心课程、一般课程、拓展专业课程等4个类型，设置"语言文学与文化传承"、"科学精神与生命关怀"、"社会科学与现代社会"、"艺术创作与审美体验"、"创新创业与多元实践"等5个模块和20个拓展专业课程组，形成"4个类型+5个模块+20个拓展专业课程组"的通识教育课程体系，共54学分。除人工智能学院、商务外语学院、数创学院相关专业及个别特色专业外，大部分专业的通识教育课程必修学分为40学分，选修学分为14学分。（2）专业教育课程分为专业基础课程、专业核心课程、专业拓展课程等3个类型，共86学分。各专业总学时为2500—2800学时，总学分为140学分左右，其中通识教育基础课程学分占总学分的28%左右，各类选修课程学分占总学分的30%左右，实践教学学时占总学时的50%以上。三是关于教学基本条件。教学团队、实践教学条件、教学资源等教学基本条件建设既要全面达到国家标准，更要超越国家标准，以彰显专业的办学实力、特色和发展方向，以更好地服务深圳经济社会发展对高素质技术技能人才的需求。四是关于质量保障体系。各专业积极探索融过程监控、诊断与改进、第三方评价于一体的具有专业特色的质量保障体系，确保专业人才培养质量。总体来看，深职院 2020 版专业教学标准研制的顶层设计完善、组织实施有序、专业积极主动、专家指导到位，因此专业教学标准质量较高。同时我们也看到，随着产业转型升级步伐加快和职业教育高质量发展的新要求，在人才培养模式改革、产教融合、课程设置、"双师"队伍建设、"1+X"证书开发、教材与教学资源建设、专业质量评价、国际化发展等方面，各专业仍需进一步深入调研，以"1.0 版"为基础不断强化专业内涵挖掘与研究，持续迭代完善专业教学标准，为人才培养方案修订、课程标准制订提供科学的引领，为职业教育转型发展、创新发展、高质量发展奠定坚实的基础。

当今中国拥有世界上最大规模的职业教育体系，职业院校在校生已近 3000 万人，每年培训各级各类技术技能人员 200 多万人。在服务国际产能合作方面，中国职业教育正在协同企业"走出去"，例如员工技能培训、兴办学校培养当地工人。职业院校既为企业提供技能人才支撑，又打通民心相通的渠道，为中国企业赢得更多的当地认同。中国职业教育正以自信的姿态开放办学、迈向世界。深职院在建设世界一流职业院校的征途上，开发专业教学标准尤其是开发国（境）外认可的专业教学标准，努力为在世界职教舞台发出中国声音、不断提升中国职业教育的国际影响力做出重要贡献。

第五章

数字化教育革命与教学创新

数字化教育革命是数字技术和教育教学的深度融合,是世界教育技术改革的发展趋势。建设中国特色世界一流职业院校,必须紧跟数字化教育革命的趋势,在数字化教学环境建设、教学组织变革、教学方式创新、学习范式转变等方面不断探索创新,以适应时代发展和人才培养的需要。

一、数字化教学环境建设

(一)数字化教育革命

数字技术与教育教学的融合是以数字技术为教学支撑、以数字资源为教学内容、以数字载体为教学工具的教学活动,旨在使人的身心得到发展。[1]从智慧校园到数字化学习环境的转变,从现实课堂到虚拟课堂、发现课堂、微格课堂等教学组织形式的转变,从纸质教材、教科书到电子教材、电子书包、数字资源等教学内容的转变,

---

[1] 王娴.中学体育教学中采用多种方法,激发学生学习的兴趣[J].当代体育科技,2013,3(09):47+49.

体现了数字化教育的最新发展动态。具体来说，数字教育的内涵包括两大方面：一是在组织结构上，数字教育包含数字技术、数字资源与数字环境三大部分；二是在教育意义上，数字教育是指一切以影响人的身心发展为目的的社会实践活动。[①] 从数字教育的最终实现形式来看，数字技术作为数字教育实施的一种重要载体，对实现数字教育的最终目的产生了重要影响。

教学内容和教学组织形式跟数字化教育需求的关联最为直接，因此与传统的教育技术相比，数字教育的内涵更为广泛。早在2004年，教育部就开始推动"基于计算机外语教学模式的大学英语教学改革"项目，可以说是我国高校开始进行数字化教育改革的尝试。该项目由四个出版社联合开发，包括四个大学英语教学系统，由教育部向全国高等院校推广，由此引发了我国高校大学英语教学数字化变革的浪潮。进入21世纪以来，随着数字技术的不断进步，数字教育革命对传统教育以及相关产业带来了巨大冲击，在教学领域引发了学习观念以及教学方式的巨大变革。[②] 在数字化教育变革的引领下，学习者可以充分利用数字教育资源，随时随地进行学习；教师也可以超越时空的限制，开展数字化教学活动。[③]

当前，数字化革命正在逐步改变教学方式及学习模式。随着时代的变革，"以学习者为中心的数字学习"将会成为未来学习的主流方式。数字化教育革命既要求学校、企业以及学生紧密配合，也要求教育工作者转变陈旧的教学思维，积极适应数字化革命的发展趋势，以促进教育教学取得显著成效。近几年，慕课在全球得到大力

---

① 王虹.先秦道家教育思想及其对当代教育的启示［D］.西安工程大学，2018.
② 张宏.数字教育革命来袭［J］.出版参考，2014（19）：6-7.
③ 张向燕，张勤俭，张武，等.增强现实技术在课程教学中的应用［J］.教育现代化，2020，7（48）：137-140.

推广，个性化数字学习资源和教学方式也因此开始受到全世界大学生的广泛关注。数字化教育所呈现的教学理念为开展教学改革带来了无限可能，为高等教育教学改革提供了有益参考。

（二）数字化教学平台建设

目前，高校教育面临着数字化技术革命所带来的巨大冲击和巨大机遇，这要求高校必须充分运用现代化信息技术来构建数字化的教学平台，以支撑数字化教育教学的需要。数字化教学平台的建设需要坚持做好顶层设计和统筹规划，在统一的软件架构内进行有序的层次模块化建设，运用数字化技术重点解决教学系统之间的条块分割和信息隔阂，有效实现数字化和信息共享的目标。

经过20多年的努力，我国高等教育的信息化建设已经取得了较大进步，在高校的基础网络建设方面，信息化已经得到广泛应用，数字化技术的使用已初现端倪。[1] 在当前的教学管理中，以综合教务系统为代表的一系列教学管理软件有效支持了高校的人才培养。在数字化变革的时代背景中，随着教学改革的不断深入，如何运用现代数字化技术和人工智能技术来解决当前教学管理系统之间的信息隔阂以及教学系统之间的条块分割，是当前高校进行数字化教学平台建设的最大挑战。因此，在数字化技术变革浪潮中，高校需要对各教学管理部门的业务进行统筹规划，主动打破部门各自为政的现状，通过统一指导来规范各部门的业务活动，努力形成资源共享、信息共通以及各部门业务协调发展的局面。[2]

---

[1] 邹力涵.数字化校园平台设计与应用系统简介［J］.科学技术创新，2017（20）：134-135.

[2] 邹力涵.数字化校园平台设计与应用系统简介［J］.科学技术创新，2017（20）：134-135.

数字化教学平台应统筹构建，包括教学管理所涉及的所有业务系统，使各个子系统之间既能够保持独立性，又能够实现互联共享，从而形成高效可靠的数字化教学支撑平台。① 在此基础上，学校教学管理部门可以通过数字化平台开展招生管理、学籍管理、教学评估等教学业务活动。学校各级领导、各院系的教学管理人员还可以通过数字化平台进行信息查询、成绩录入、学位审查等教学活动。

数字化教学支撑平台的建设，应该优先保证教学管理工作的有效性和科学性，实现教学效率的快速提升，在教学流程中能够统一规范。首先，在构建教学支撑平台时，需要事先收集好各类教学应用系统和信息资源，根据每个用户的交互特点和个性特征来形成个性化的应用界面，并且能够通过教学信息的处理传输，将不同用户有效地联系在一起，实现即时通讯、资源管理、信息推送、搜索服务以及信息发布等相应的功能。其次，人才培养计划以及教学任务的录入，需要对课程安排、选课设置以及教学资源进行统筹规划，从而使数字化教学支撑平台能够实时动态反馈学生学业表现的各项信息，灵活机动地实现个性化的教学安排。通过数字化教学支撑平台的建设，逐步建成以高校用户为核心的教学资源集聚中心，有效提高人才培养质量。

通过网络课程建设与管理系统、教学管理系统、课堂互动系统、移动学习系统、大数据统计与分析系统、教辅课程资源、专业资源系统、项目管理系统以及特色功能服务建设，数字化教学平台将高校信息技术系统连通成一个无缝的交互系统，形成集网络教学与课堂教学于一体的模式，涵盖线下课前备课、导学、验证、分析、协

---

① 宣华，郭大勇，罗念龙.依托信息技术的高校现代化教学支撑平台［J］.清华大学学报（自然科学版），2009，49（08）：1245-1248.

作、运用、指导、评估等全流程环节，使教师能够进行线上课程建设、教学监控、资源共享，学生能够自主学习的目的，并实现所有数据的整合，最终建设成一个理念领先、技术先进、国际化特色突出的集线上网络学习中心线下智慧教学系统的信息化教育生态系统。

（三）数字化教学资源建设

随着数字化教育理念的逐步深入，教学资料的存储传递对于数字化的要求越来越高，因此数字化教学资源的开发应充分运用好互联网学习平台以及移动学习网络平台，满足现代社会对于多元化、个性化的数字化教育需求。

在数字化教学资源的开发中，要充分发挥互联网学习平台本身系统稳定性和资源开放性的优势，进一步建设基于多终端的、多元交互形式的数字化教学资源服务平台。基于5G技术和人工智能技术的数字移动学习网络资源库可以充分发挥高速通信网络的优势，满足学习者随时随地皆可学的需求。在该平台上，学习者可随意浏览各类精品教学资源；教师则可以根据教学要求与教学安排，有效把控学习者的学习任务和学习方式；教学管理者也可以根据管理工作的需要，对数字化教学活动进行合理地规范引导，优化课堂管理效果，从而有效提升人才培养质量。[①]

数字化教学资源的建设，首先需要根据学习者的不同特征以及学习者的个性发展需要提供差异化的教学资源和教学服务，从而满足学习者的多样化需求。其次，数字化教学资源平台应从多方面来监测学习者的学习时间、学习进度以及学习效果，从而打破以往单一网络平台对于学习者个性特征等方面的局限，实现对学习者订单

---

① 姚碧玉.高职院校项目化教学动态管理平台设计与实现［J］.电脑编程技巧与维护，2014（16）：145-147.

化的教学资源服务,同时也能够为教师以及行政管理决策者提供最可靠的参考。最后,在数字化教学资源的建设过程中,不仅要积极运用数字化技术改造现有的教学资源,也要通过各种渠道,不断开发新的数字化教学资源,实践数字化课程,从而达到个性化自主学习的目标。

在实践中,经历了基于公有云的大概念共享教学资源建设后,学校往往出现云端资源丰富而校本资源陈旧、云端教学活动丰富而课堂教学受云端系统限制、云端数据丰富而学校数据零落等不利于校本教育教学开展的情况。为此,我们在多次论证后,采用混合云,即公私结合的第三种云形态来建设学校"互联网+"教学大平台。具体来说,将公有云技术架构延展至私有云,在校本数据中心部署一套与公有云架构相同的云,使得校本数据得以完整保存并能快速、直接、长效地用于校本教学。私有云支持多机部署、横向扩展,可以实现负载均衡,满足大规模在线教学的并发访问需求。教学大平台也在教学全过程支持与诊断中有所作为,覆盖课前、课中、课后各教学环节,实时采集教学活动数据,并借助智慧数据模块对教学进行指导诊断评价。同时,还基于微服务架构,通过学校统一数据共享平台打通跟学校其他应用系统的关联,通过定制接口汇聚学校课程在各大云平台的结果数据。

教学资源的数字化、立体化建设是信息化教学之本,但是,海量资源囤积于各异构资源库中而无法有效支持教学应用成为各大院校面临的难题。为此,我们通过专业教学计划将教学资源库与课程建立直接映射关系,使教学资源库既能独立建设,又能成为课程资源库的一部分,由此课程资源可以自动进入教学资源库,教学资源库中资源也可以在专业图谱及知识图谱的引导下被智能推送至课程中,进而实现资源与课程的共建、共享、共生长。

(四)基于人工智能技术的教学范式改革

目前,人工智能技术迅速发展,一系列与人工智能相关的政策指导文件对教育领域的教学范式改革提供了强大的战略支持,许多国家陆续将人工智能上升为国家战略。美国先后颁布了《为人工智能的未来做好准备》和《国家人工智能研发战略规划》,欧盟制订了《SPARC 机器人创新计划》,英国提出了《现代工业战略》,德国发布了《工业4.0》计划。[①]我国也先后出台了相关政策,包括《促进新一代人工智能产业发展三年行动计划(2018-2020年)》、《互联网+人工智能三年行动实施方案》、《新一代人工智能发展规划》等。在教育领域,教育部于2012年3月印发《国家中长期教育改革发展规划纲要(2010-2020年)》,指出信息技术对教育发展具有革命性影响;国务院于2017年7月印发《新一代人工智能发展规划》,指出"智能教育"将成为人工智能国家战略的重要组成部分;教育部于2018年4月印发《教育信息化2.0行动计划》,明确提出要通过人工智能等新兴技术推进教育模式变革和教育生态重构,全面开启教育现代化。[②]

这一系列政策举措,有效地促进了我国人工智能教育的深入探索,为人工智能技术促进教育教学的创新发挥了关键性的引导作用。人工智能技术对教学设计、教学方式的主要影响因素产生了长远而深刻的影响。与以往的教学系统设计与教学方式相比,人工智能技术融合了传统教学媒体和教学工具的优势,将会影响教学目的、教学目标、教学工具与教学内容等决定教育教学成果的诸要

---

① 梁迎丽,刘陈. 人工智能教育应用的现状分析、典型特征与发展趋势[J]. 中国电化教育,2018(03):24-30.
② 王同聚,丁美荣. 人工智能进入学校的瓶颈与应对策略[J]. 课程教学研究,2019(09):92-96.

素，为个性化教学提供可能。未来还将以主体性和辅助性的应用形态，对教学系统产生全方位的影响。在主体性的应用形态方面将会影响教学设计范式的主客体地位，同时将会在教学用具、学习工具、学习情景以及资源分配等应用形态方面影响教学设计的范式改革。

具体而言，人工智能将会在教学方式上形成一套有利于教师传授教学内容、学习者享受个性化和多元化学习体验的教学体系。未来的人工智能教育将会在教学目的、教学内容与教学方法上有效实现因材施教的目标，为构建和谐高效的教学生态奠定基础。在人工智能大力发展的背景下，教学设计将会充分利用云计算、互联网、大数据、人工智能技术的优势，极大提升教学设计的个性化和多样化。通过对学习者的任务跟踪、生理感知与目标定向进行系统分析，智能地实现学习资源的个性化分配与调节。

深职院建立的"人工智能+"教育体系，以智慧数据共享为基础分三个维度设计，即智慧数据、智慧管理、智慧环境。其中，智慧数据为各应用维度提供智能数据分析、决策及共享服务。智慧环境是实现智慧教育的基础设施和物理支撑平台，也是教学大平台开展混合教学应用的物理基础及数据来源，尤其是智慧教室/AR/VR实验室还将逐步与教学大平台直接对接助学助教。智慧管理则从校务、教务、安防、校园卡等应用维度进行教学运维，也将为教学大平台提供数据及决策支持。教学大平台承载了学校线上教学实施和全程教学决策及分析，并逐步延伸为学生生涯记录与诊断的一部分。

二、"以学习者为中心"的教与学范式变革

(一)"数字原住民"时代的学习技能与偏好

从技术和教育发展的趋势看,技术将会重塑教育形态,成为教育生态中不可或缺的因素之一。成长于技术环境中的"数字原住民",在认知能力、学习特点和学习方式上都有了较大变化。因此,如何在教育中融入新技术,需要精准把握数字原住民的特点,以适应数字原住民的学习偏好。

"数字原住民"没有确切的定义。一般而言,数字原住民是指成长于技术环境中的个体。数字原住民的出现对教育提出了新的挑战,需要研究如何通过教育变革去适应数字原住民的习惯和偏好。数字原住民出生于数字时代,熟悉数字技术,他们对学习的偏好可能会因此而受影响。[1] 相关研究表明,数字原住民比较容易厌倦传统的学习方法,更喜欢多样化的交流方式。[2] 因此,研究数字原住民的学习特征,并基于此对教育教学方式进行变革,特别是将技术与教育进行融合,将有利于提高教育质量。

数字原住民在某些特征上与前几代人有显著不同[3],具体表现在四个方面:第一,数字原住民成长于技术环境中,使用科技产品的

---

[1] Mccrindle, M. (2006). *New generations at work: attracting, recruiting, retraining & training generation.* (pp.1–5). Sydney, NSW, Australia: Mc Crindle Research.

[2] Oblinger, D. G. & Hagner, P. (2005). *Seminar on educating the net generation.* Presented at EDUCAUSE, Tempe,AZ. Retrieved January 20, 2013.

[3] Akçayır, M., Dündar, H., & Akçayır, G. (2016). *What makes you a digital native? Is it enough to be born after 1980?* Computers in Human Behavior, 60(C), 435–440.

频率较高，因此在使用复杂数字产品时几乎没有什么困难。[1] 第二，数字原住民习惯于同时处理多个任务。[2] 第三，相对于纯文字，数字原住民更喜欢使用图文进行可视化交流。[3] 第四，数字原住民倾向于使用最便捷的方法来解决问题，比如他们习惯于在网络上快速搜索想要的信息。[4]

（二）数字学习的特征和能力

数字学习的定义有很多种，一般是指通过互联网或其他数字化内容进行学习或教学的活动。[5]数字学习具有两大特征：一是数字学习在其发展过程中，呈现出各式各样的学习形式，主要包括翻转课堂、移动学习、混合式学习以及慕课等形式。二是数字学习资源比较丰富。数字学习资源发展十分迅速，涌现出各种精品课程。

在学习方式上，数字学习强调以个性化学习为主，通过线上线下相结合的方式进行学习。相对于传统课堂，数字学习依托于信息技术和网络技术，通过数字化的教学资源满足学生个性化和多元化的需求，借助数字化手段激发学习者的兴趣，着重突出学习者的中心地位，实现学习过程中的交互和协作。[6]

在学习能力上，数字时代的学习者需要具备适应数字学习的特

---

[1] Rainie, L. (2006). *Digital 'natives' invade the workplace.* Washington, DC: Pew Internet & American Life Project.

[2] Prensky, M. (2001). *Digital natives, digital immigrants part 1.* On the Horizon, 9(5), 1e6.

[3] Berk, R. A. (2009). *Teaching strategies for the net generation.* Transformative Di-alogues: Teaching & Learning Journal, 3(2), 1e23.

[4] Teo, T., Kabakçı Yurdakul, I., & Ursavaş, O. F. (2014). *Exploring the digital natives among pre-service teachers in Turkey: a cross-cultural validation of the Digital Native Assessment Scale.* Interactive Learning Environments, 1e14 (ahead-of-print).

[5] 何克抗.信息技术与课程整合的目标与意义［J］.教育研究，2002（04）：39-43.

[6] 韩昊.数字化学习环境下开放教育学生注意力失焦的研究［J］.科技风，2020（09）：238+261.

定能力，即数字学习能力。数字学习能力是指在数字学习环境中，能够有意识地利用数字学习工具以及数字化资源进行数字学习的一种能力。

数字学习的关键在于如何提升学习者的学习动机和参与度，改善学习效果。在数字学习中，学习者需要更具有自发性和自主性。学习者需要自己制订计划，对自己进行自我管理和自我评价，这对学生在学习动机、互动能力等方面有着更高的要求。未来，我们需要建立进一步挖掘数字学习参与动机的机制，通过设计一些有效策略来激发学生的学习动机和提高参与度，提高学习者的学习效果。①

（三）"泛在学习"理念下的"个性化自适应学习"

在信息社会，科学技术不断改变着我们的学习方式，学习方式从课堂学习转变为数字学习，进而转变为移动学习，最终转变为"泛在学习"理念下的"个性化自适应学习"。②

一般而言，泛在学习是指以学习者为中心，学习情境无处不在，"人人皆学，处处可学，时时能学"的学习方式。③④⑤相比较而言，数字学习的核心在于数字资源，泛在学习不仅强调无处不在的学习，还需要对学习者本身以及学习者所处情境有较多的理解。⑥泛在学习

---

① 万力勇.数字化学习中的学习者参与：联结学习动机与学习绩效——访俄亥俄州立大学知名学者谢魁教授［J］.现代远程教育研究，2019，31（04）：11-18，46.

② 余胜泉.从知识传递到认知建构、再到情境认知——三代移动学习的发展与展望［J］.中国电化教育，2007（06）：7-18.

③ 王民，顾小清，王觅.面向终身学习的u-Learning框架：城域的终身学习实践［J］.中国电化教育，2010（09）：30-35.

④ 姚育红.基于云服务的大学英语课程泛在学习调查报告［J］.中国现代教育装备，2016（19）：110-113.

⑤ 祝智庭，管珏琪.教育变革中的技术力量［J］.中国电化教育，2014（01）：1-9.

⑥ Yueh-Min Huang, Pei Hsuan Lin. *Evaluating students' learning achievement and flow experience with tablet PCs based on AR and tangible technology in u-learning*[J]. Library Hi Tech, 2017, 35(4).

有三个基本特征：一是泛在学习需要有情境感知等相关的技术做支撑，二是泛在学习以学习者为中心，三是学习者关注的重点在于学习任务，而非学习工具或学习环境。① 泛在学习理念下的"个性化自适应学习"是指，在数字化的学习环境中，通过科技手段对学习者的学习过程和数据进行采集和分析，挖掘出学习者的个体特征，并基于此对学习者进行个性化指导，从而促进学习者的有效学习。②③

个性化自适应学习是未来的发展方向。一是《教育信息化2.0行动计划》《新一代人工智能发展规划》等相关政策均强调要"关注学习者不同的个性差异"，要"探索在信息化条件下，实现差异化教育、个性化学习、精细化管理、智能化服务的典型途径"等，因此个性化学习是我国未来教育发展的重要目标。二是当前技术发展水平为个性化学习创造了条件。如无线射频识别技术和无线网技术可以实现对信息的访问，大数据和人工智能技术可以实现对海量数据的处理，实现对学习者画像的精准描绘以及个性化资源的精准推送，构建了情境感知和泛在学习的技术基础。目前，泛在学习在我国的理论研究与实践探索尚处于起步阶段，仍然存在一定的困难和挑战：一是泛在学习的学习方式还未普及，泛在学习环境还没有真正搭建起来；二是泛在学习的学习资源还缺乏统一的评价标准；三是泛在学习需要学习者改变原有的学习习惯和学习观念，成为学习的主导者。④

---

① 曹双双，王移芝.泛在学习中自适应学习系统模型研究[J].现代教育技术，2012，22（07）：101-104.

② Chaplot D S, Rhim E, Kim J. *Personalized Adaptive Learning using Neural Networks*. Third Acm Conference on Learning. ACM, 2016: 165-168.

③ 姜强，赵蔚，李松，等.个性化自适应学习研究——大数据时代数字化学习的新常态[J].中国电化教育，2016，349（02）：24-32.

④ 孙雪.2006—2019年我国泛在学习研究综述——以中国知网文献刊登情况为例[J].中国现代教育装备，2020（14）：34-37.

（四）学习范式转变："以学习者为中心"的学习新概念

人工智能、大数据等信息技术的发展，增加了知识的不确定性、个人发展的不确定性以及教育价值的多元性。因此，新时代教育的最大挑战在于，如何培养学生探究性学习和创新性学习的能力，以及如何促进学生的个性化发展，适应学生发展目标的多元化。[①]应当说，从总体上看我国教育当前仍然停留在"教育范式"的阶段。一方面，教学理念更新相对比较滞后。我国教育仍然局限于追求确定性知识，因此很难培养学生学习与探索不确定性知识的能力。另一方面，学生主体意识仍然缺乏，高等教育阶段的学生普遍缺乏学习动力，学习投入不足。教育范式强调以教育为中心，忽略了学习者的创造性和主观能动性，而学习范式则强调以学习者为中心，充分调动学生的主观能动性和学习热情。因此，面对未来世界不确定性的环境，需要进行由教育范式向学习范式的转变，以培养学生创造性学习和探究性学习的能力，从而适应不断变化的环境。

学习范式最早由 Barr 和 Tagg 提出，旨在突破现实困境，提高资源转化率，提升学习效果。从概念上讲，学习范式主张以学习者为中心，通过构建整体性的学习环境，在教与学的互动下促使学习者进行深度学习，从而帮助学习者构建对自我与世界的理解。[②]以学习者为中心的教育理念认为，教育的最终目的是让学习者能够自己教育自己，因此，教育需要充分激发学习者的动机。以学习者为中心主要包括两层含义：一方面，教学过程要调动学生的主观能动性，让学习者自己决定学习内容、学习进度和学习评价；另一方面，

---

① 吴立保.论本科教育从"教学范式"向"学习范式"的整体性变革——以知识范式转换为视角[J].中国高教研究，2019（06）：65-71.

② 刘湉祎，刘海燕.向学习范式转型：中国本土化的实践探索[J].阅江学刊，2020，12（03）：90-102，142.

教师要对学习者的学习过程进行控制。教师可以通过构建真实情景，提供相关的资源和工具，组织小组学习以及鼓励学习者进行自我评价等方式实现对学习过程的控制。① 在我国，学习范式的本土化实践尚处于起步阶段，因此还需要从国家或区域层面进行全面推动，在院校内部达成以学习者为中心的共识，② 在宏观层面回归到以学生为中心，在中观层面要改善专业课设置，在微观层面上要强化师生互动，促进学生"有意义的学习"。③

未来教育强调基于互联网的大资源观，这个大资源观既包括知识也包括知识之间的关系，即知识图谱。一方面，用知识图谱来显示知识发展进程与结构关系，描述知识资源及其载体，挖掘、分析、构建、绘制和显示知识及它们之间的相互联系；另一方面，用知识图谱来描述知识与资源映射关系，支持全站的精确和模糊搜索，形成基于知识的资源群，进而为教与学提供系统化帮助。在此基础上，尝试探究资源的应用语义，即分析资源的应用特点与规律性，更精准地为知识图谱导向的教学提供资源。

专业教学最终落地于课堂教学实施，然而，从课堂实施回溯至专业培养往往是一个复杂的过程。为此，可以尝试构建专业结构/能力图谱，对"专业—课程—知识/技能点—资源"做树形图谱标注，使得培养目标与教学脉络清晰明了，一方面为教学过程监控与预警提供参考，另一方面可以有效指导学生进行自我评估与学习规划。专业/能力图谱由媒体资源层、逻辑关系层和节点显示层构成，媒体资源层链接到具体的各种学习资源，逻辑关系层把资源整合形

---

① 施良方.学习论[M].北京：人民教育出版社，1994.
② 刘湉祎，刘海燕.向学习范式转型：中国本土化的实践探索[J].阅江学刊，2020，12（03）：90-102，142.
③ 吴立保.论本科教育从"教学范式"向"学习范式"的整体性变革——以知识范式转换为视角[J].中国高教研究，2019（06）：65-71.

成学科知识本体模型，节点显示层把学科知识关系用图谱的形式可视化地展示给用户。知识图谱、专业图谱的引入将有效解决教学、管理、资源的固化问题，后期应将更多专注于知识本体描述、资源语义分析、专业能力分析等，利用知识图谱与 AI 技术实现自适应学习，支持学习者个性化学习和教师因材施教，利用专业图谱与资源检索工具的结合助学助教。围绕人才培养目标，以学生为中心，通过对学生建模，将学生在知识状态、认知状态、情感体验与体质健康等方面的情况和抽象表征，进行定量和微观描述，从而满足个性化与自适应学习的基本需求。同时，通过学生模型对全校学生进行定性和宏观刻画，为教师和教研人员提供重要的理论支持和决策参考。

三、技术技能人才培养的教学创新

在数字化时代，高职院校应基于互联网、云平台和大数据技术，实现信息技术与教育教学的深度融合，不断进行教与学的创新，促进高素质的技术技能人才培养。一方面，要建设共享型专业群教学资源库。转变教育资源建设观念，实现由关注教师资源建设向关注学生资源建设，由只读学习资源建设向互动学习资源建设，由传统静态资源建设转向以微课、慕课为主的视频资源建设，由专题资源建设向学教做一体化资源建设，由资源分布式存储向统一集中云存储等转变。通过专业群建设标准、职业技能认证学习、企业工程案例、专业群网络课程、仿真实训项目、专业群课程资源等子库建设，建成共享型数字化专业群教学资源库，全面提升教学效率。另一方面，要借用"互联网+"技术改进教育教学方法和手段，运用 MR、

VR、AR 等信息技术建设智慧教室，建立网上创客教室、慕课社区、微课社区、智慧图书馆和虚拟仿真实训中心，与行业企业合作共同开发智能制造、智慧城市"云端课堂"，构建"线上—线下—实训室"三位一体的混合式教学形态，促进标准化课程方案向个性化交互式学习方案的转变、刚性的课程组织形态向以成效为导向的弹性形态转变、学习内容的单向接受式向以学生为中心的体验式转变，实现面向未来的教学模式创新。本节介绍深职院两门课程教学创新的案例。

（一）开发优质资源，建设精品"微课"："单片机应用技术"课程混合式教学设计

单片机应用技术课程是全国绝大部分职业院校电子、机电、自动化类专业均开设的核心及基础课程，为了更好满足当今移动互联网时代学生、企业、社会对职业教育的需要，亟须提升课程建设水平和教学质量，尤其是在教育信息化环境下，开发优质教学资源并有效应用于教学。深职院单片机应用技术课程于 1995 年开设，2001 年开始进行课程项目化改革和资源建设，2008 年成为国家精品课程，2013 年成为国家精品资源共享课程，2014—2015 年建设微课、慕课，2016 年成为国家专业教学资源库子课程。2018 年，该课程建设及线上线下混合式教学改革实践获国家教学成果奖二等奖。

1. 明确教学设计思路，重构资源建设过程

面向混合式教学的单片机应用技术课程，最主要的建设内容是课程资源建设，而微视频建设是课程资源建设的核心。建设微视频的流程包括 7 个环节：组建团队、结构设计、样片拍摄、脚本设计、课程拍摄、后期制作以及课程上线，这 7 个环节反复交错进行。在这个过程中，结构设计和脚本设计是最重要的两部分，结构设计完成课程的宏观教学设计，包括课程的培养目标到课程知识技能点的形成；脚本设计是从微视频开发角度出发，完成每个知识技能点的微观教学设计。课程宏观教学设计的基本思路是，以课程的培养目标作为起点，将课程培养目标的实现用一系列能力模块组合构成，而每一个能力模块以实践任务作为支架，整个实践任务是课程的一个总体骨架，每一个实践任务需要一系列的技能点和相关的知识点，最后形成知识资源树。

该课程以培养目标为起点，分解出7个能力模块；每一个能力模块对应一系列的任务，包括27个实践任务；实现每个任务需要一系列的技能点和知识点，具体分解为分析能力、设计能力、动手能力和创新能力等4个技能点，以及与实践任务相关的3—6个知识点，组成一个任务的知识技能点。

项目载体的选择是项目化课程建设的关键。该课程以涵盖课程教学内容和趣味性为基本原则，选择简易机器人项目作为课程的实践载体，所有实践任务都是从简易机器人项目分解而来，实现了将项目载体科学解构成由易到难的教学任务，再由任务上升、综合、重构成综合设计项目。综合设计项目除了简易机器人项目之外，还包括经典项目、趣味项目、竞赛项目以及企业实战项目等。

2. 分解实践任务目标，创建"线上学习五步法"

该课程将实践任务的知识目标对应3—6个教学知识点，能力目标划分成分析能力、设计能力、动手能力和创新能力等4个能力点，并将素养目标贯穿到整个任务学习过程中，从而形成"做什么、动手做、学知识、学设计和自己做"的线上五步学习法，体现手把手、零距离的个性化学习特点。为了适应不同的学习者，任务操作微课采用仿真教学平台和实物教学设备两种方式拍摄，对于操作性强的教学任务，微课设计做到动作呈现非常清楚，以达到学生能够跟着视频动手操作的学习效果。

3. 贴近岗位现实需求，职业性与趣味性相结合

为了让课程教学设计和内容更加贴近职业岗位需求，我们邀请企业工程师参与到课程建设中来，不但把企业中的实用项目引入到教学中，更是把企业设计工作经验带到教学中。课程的职业性主要体现在以下几个方面：设计经验谈、师生面对面、企业工程师录制企业实际项目等。其中，设计经验谈环节邀请学校和企业中有实际工作经验的老师和工程师来出镜讲解，包括单片机并行 I/O 口的驱动能力、C51 模块化程序设计、单片机内部控制器的应用技巧等，将书本上没有的、实际工作中积累的经验和技巧呈现给学生，大大缩短学生的学习与职业岗位之间的距离。师生面对面环节设计了学生面对面和名师面对面两个微课。采用面对面访谈的形式，邀请学生社团中单片机系统设计经验比较丰富的学生参与微课录制，从学生的视角谈谈课程的学习准备、学习方法以及学习经验等，比老师直接讲课更有说服力。同时，邀请具有丰富教学经验、完成了很多单片机应用项目、具有较高知名度的老师参与课程录制，从老师完成的项目入手，介绍单片机在实际工作中的应用场合、学好该课程的重要性等，通过现身说法，让学生更加清楚单片机在实际工作中的应用。

同时，微课制作把学生的学习兴趣放在第一位，用讲故事、玩游戏的方式讲述知识点，在标题设计、引入方式和教学内容等三个层次上体现趣味性设计。（1）标题设计。标题采用双标题形式，主标题是专业词汇，副标题是能吸引学生点击微课的生活化词汇，例如"和谐大家庭：单片机内部结构"、"01 游戏：位操作"等，用标题吸引学生点开视频学习。（2）引入方式。采用视频、游戏、歌曲、现场等多种方式引入知识，达到打开视频就抓住学生的目的；（3）

教学内容。对每一个知识点内容进行叙事逻辑和故事线的重新规划，要能"黏"住学生，避免课堂式授课、杜绝电子书式授课。微课设计案例分析如表 5-1 所示。

表 5-1 微课设计案例分析

序号	标题设计	引入方式	内容设计
1	最大的麦穗：选择结构程序	动画故事	将生活现象与专业概念一一联系，下雨带伞与单分支选择、男女生打扫卫生与双分支选择、成绩分类与多分支选择等。
2	和谐大家庭：单片机内部结构	生活图片	用生活中的一个大家庭成员与单片机中的每一个部分对比讲解，父母、大姐、二姐、孪生四兄弟等，用家庭成员在家里的地位和作用，讲解单片机内部每一个模块的地位和作用，易学易记（微课比赛一等奖）。
3	孪生四兄弟：单片机并行 I/O 口	网络视频	用生活中的孪生四兄弟来比喻单片机并行 I/O 口中的 P0、P1、P2 和 P3，生活中四兄弟的性格特点跟四个并行 I/O 端口的特点功能一一对比讲解。（微课比赛二等奖）
4	齐步走：左移和右移	场景动画	用一场大家都非常熟悉的齐步走体育课场景把移位操作的过程展示出来，有效化解了教学难点。（微课比赛二等奖）
5	内嵌外套：循环嵌套	套娃玩具	用套娃玩具引入知识点后，用学生熟悉的学期、星期和每天的排课关系，介绍单层嵌套和多层嵌套。

（二）创新实践教学，线上实训体验：《传感器应用技术》AR 教材开发

高职院校工科类专业课程教学（包括教材）普遍存在实践教学内容与职业体验脱节严重的现象。在教材建设上，现有教材或"重理论、轻实践"，或"强实践、轻理论"。有的教材虽有理论指导和项目训练，但缺少实际应用案例的指导。在人工智能背景下，对教材建设的要求不断提高，教材内容体系要从理实一体、教学做合一进而到情境式、项目任务化设计，相应的配套资源也要转型升级、富媒体化，进而形成"新形态一体化教材"。新形态一体化教材是以纸质教材为核心，通过互联网尤其是移动互联网，将多媒体的教学资源与纸质教材相融合的一种教材建设新形态，是实现"线上线下互动，新旧媒体融合"的整体解决方案。

深职院传感器应用技术课程教学团队经过多年的教学改革与实践，结合高职院校专科学生的特点，对传感器应用技术课程内容进行序化、重组，与专业AR（现实增强技术）公司合作，共同开发了"传感器综合应用创新实训平台"，将实践教学内容与传感器结构、工作原理等通过AR技术呈现在教材中，制作了较为丰富的课程数字化资源，出版了新形态一体化教材《传感器应用技术》。通过线上资源与实训结合，解决当前在线学习难以开展实训实操、专业课程实践教学与职业体验无法接轨等问题。尤其是在新冠肺炎疫情期间，学习者不能通过线下学习方式进行现场实验，而通过AR技术体验实验过程，使学生离开实训室也能够体验实训项目学习的沉浸感、现场感。

1. 内容选取与项目设计

"传感器应用技术"是深职院重点支持的第二批慕课建设课程，也是高等教育出版社重点支持建设的在线开放课程。按照新形态一体化教材编写思路，课程教学团队通过多年的课程教学改革，结合电子信息行业企业标准以及对相关专业人才的能力要求，首先选取生活中常见、工作中常用、技能竞赛中经常用到的典型传感器作为教学内容，通过反复的梳理、重组、序化，最终选取温湿度传感器及应用、光敏传感器及应用、力敏传感器及应用、超声波传感器及应用、磁敏传感器及应用、气敏传感器及应用、无线传感网技术及应用等作为教学内容，以此构建出该课程的知识技能树。

该教材中实践训练项目设计原则是创新性、实用性、趣味性、科学性相结合。每个训练项目都是一个完整的小型电子产品设计、制作、调试过程，并能在实训室环境下完成，要求每个学生必须了解传感器的选用原则、接口电路的设计方法、测量仪表的较准（调零、调满度）、常见故障的分析与处理方法等。例如，利用 IN4148 二极管制作 0~100℃温度测量仪表。这是一个具有一定技术含量的实用性项目，其创新性在于对不同基础学生的考核可以有不同要求，基础相对薄弱的同学可以只做简单的电路设计与制作（仅要求利用电压模拟显示温度），中等层次的学生可以做稍微复杂一些的设计与制作（可采用不同电路制作并进行温度显示），基础好的同学可以做较为完整的设计与制作（构成电子产品整机），这样可以让学生充分了解学习完整电子产品设计制作过程，提升学习的积极性与主动性。

2. 实训教学环境建设

高职工科尤其是电子信息类专业课程必须有良好的实践教学环境，这也是理实一体化课程教学的必要条件。传感器应用技术课程教学团队充分发挥成员各自的专业优势及企业工作经验，针对课程特点，经过多年实践经验的积累，率先提出课程实训平台的开发思路，并与国内专业教学设备开发与制作企业——百科融创（北京）科技有限公司联合开发了"传感器综合创新实训平台"。该平台采用模块化设计，将常用的温湿度传感器、光电传感器、压力传感器、超声波传感器、磁敏传感器等各类传感器的典型应用电路按照功能模块分别制作，并在每个电路模块上打上丝印，同时按照电路结构留有测试端子，便于学生在实训过程中了解各单元电路的工作原理以及信号处理方法。同时，各电路模块还可以作为 AR 体验的识别图。

3. 数字化资源建设

课程团队与专业公司合作，联合开发了基于 AR 技术（现实增强技术）的实训项目体验、动画体验等。AR 技术的应用可以解决传统电类课程抽象、难懂的问题，弥补二维码标注互动性不足的缺点，能更好呈现 3D 的教育资源，把肉眼看不到的物理现象增强显示处理、调试，将原理、认知与视觉、听觉进行融合，解决当前在线学习难以开展实训实操的痛点，给师生提供沉浸式的现场体验，同时也可提高学习者学习的积极性与主动性。《传感器应用技术》教材中融入了 38 个课程实践教学的 AR 实训体验项目、40 个 AR 动画，学生离开实训室也能有开展实训项目学习的沉浸感、现场感。例如"光敏电阻感光灯"的 AR 体验，在教材正文中印有实训用电路板结构图（包括电路结构丝印图），该电路板结构图也是 AR 体验时的识别图，教材侧面的笔记栏印有针对该训练项目的二维码，在进行 AR 体验时，先利用移动终端（手机）扫描二维码下载驱动程序，成功安装后形成一个 App。打开 App 后即可在手机终端界面上看到"实训器材"、"实训电路"、"实训演示"、"疑难解答"等功能菜单。在"实训电路"中关于"电位器"元件的介绍，AR 技术可以把抽象的电路元件符号通过 3D 模型抽取出来，让学习者有身临其境的现场感。

第六章

职业院校"技艺之美"的文化选择

文化与教育相伴而生,人们常常称文化为教育的灵魂。人类社会的每一次转型,科学技术的每一次革命,社会生产力的每一次进步,都伴随着教育和文化的启蒙。近代史上,作为工业化产物的职业教育,同时也是工业化的奠基之石,支撑并持续推动着工业化的发展进程。在数字经济迅猛发展的当代社会,面对技术迭代升级和人工智能浪潮来袭,职业院校更加有责任使可持续发展的战略和观念成为培养职业人的精神养料,为技术文化提供生存依据和生机活力。

一、职业院校文化的属性和特色

任何组织都有自己的文化属性和文化特色,职业院校也不例外。那么,什么是职业院校的文化属性和特色?世界一流职业院校的文化属性和特色应当是什么样的呢?功能主义文化论鼻祖马林诺夫斯基认为:"文化是一个组织严密的体系,同时它可以分成基本的两方面，器物和风俗，因此可进而再分成较细的部分。"① 那么，世界一流职业院校的"器物"和"风俗"又是什么呢？

（一）属性：开放文化与大众文化

实际上，人类社会最早是开放的，向大自然开放，向族群开放，向神灵开放，向人类自己的内心开放。但是，随着私有制社会的到来和国家的建立，人类社会逐渐走向封闭，珍贵的资源往往封闭在少数人的圈子里。教育也是一样。在工业革命之前，底层劳力大众很少有学校教育机会，能够进入学校读书的基本上是贵族子弟。直到工业革命之后，随着大机器生产对技能工人的需求不断增大，劳力大众才有了进入职业院校接受技能培训的机会。因此，从这个意义上讲，职业院校是教育从封闭走向开放的产物，职业院校具有开放文化属性。

同时，职业院校面向劳力大众开放，是实现教育公平和满足人民群众美好生活需要的基本路径之一，因此职业院校也具有大众文化属性。中国共产党始终把人民利益放在最高位置。在延安时期，毛泽东就提出建立"民族的、科学的、大众的文化"②。为大众的文化一定是开放的文化。习近平总书记指出，"开放带来进步，封闭必然落后"；"我们要秉持开放、融通、互利、共赢的合作观，拒绝自私自利、短视封闭的狭隘政策"。③ 因此，在建立中国特色世界一流职业院校文化中，我们不能忘记这个"初心"，要始终围绕大众美好生活而培根铸魂。中国特色世界一流职业院校的文化一定是开放性

---

① ［英］马林诺夫斯基. 文化论［M］. 费孝通，译. 北京：中国民间文艺出版社，1987：11.
② 毛泽东选集（第二卷）［M］. 北京：人民出版社，1991：104.
③ 田宏：旗帜鲜明！习近平的"开放"箴言. 人民网，http://politics.people.com.cn/n1/2018/1008/c1001-30327136.html.

的、向劳力大众敞开胸怀的文化。

而且，根据耗散结构理论，系统的进化或退化取决于自身的结构状态及其与环境之间的关系。孤立的系统不与外界环境发生任何交换，所以其内部熵增必然趋于最大，进而使系统瓦解；封闭的系统只与环境发生很少的能量交换，还不足以遏制熵增趋势和系统瓦解的步伐；开放的系统则大不一样，由于其不断与环境进行物质、能量和信息交换，因而可以从外部取得足够的熵减力量来遏制内部熵增力量，从而使系统从无序走向有序，或者从低序状态上升到高序状态。系统要维持这种有序状态，需要不断地与外界进行物质和能量交换，且不因外界微小的扰动而消失。普利高津把这种非平衡态条件下热力学系统可能出现的一种稳定化的有序结构称为耗散结构。所谓耗散，指系统与外界不断有能量交换；结构则说明系统具有有序性。封闭没有发展，平衡也没有发展，开放和非平衡是一个系统继续向前发展的必要前提，这是耗散结构理论的基本思想。普利高津有句名言："非平衡是有序之源。"这一蕴藏辩证宝藏的命题，深刻地指明了这样的真理：最开放的其实才是最稳固的。

2014年，《国务院关于加快发展现代职业教育的决定》明确提出："面向未升学高中毕业生、农民、新生代农民工、退役军人、残疾人、失业人员等群体广泛开展职业学校教育和职业培训。"2019年，国家要求高职院校扩招100万，鼓励更多应届高中毕业生和退役军人、下岗职工、农民工等报考职业院校。2020—2021年，国家提出职业技能培训3500万人次以上，高职院校继续扩招200万。这些都是职业院校面向大众开放的重要举措。在此背景下，深职院进一步加大了面向大众开放教育教学资源的力度。第二期扩招原计划招生2225人，实际录取5566人，包括退役军人学历提升、现代学徒制试点、幼儿园教师学历提升、高技能人才学历提升等四种类型。这也是深职院体现中国特色世界一流职业院校使命担当的重要方面。

（二）特色：技艺文化与融合文化

从功能主义文化论视角，世界一流职业院校的文化应当是最能体现大众精神和技能品性的文化。如果说世界一流大学培养的拔尖人才和学术精英最多，产出的学术科研成果最多，那么，世界一流职业院校一定是为各行各业的技术岗位培养了最多的优秀技师或"技艺人才"，并且在科技研发和生产应用方面的产出最多，在解决大众就业和促进经济发展方面的贡献度最大。从历史发展看，职业院校兴盛于工业化第二阶段，即19世纪末期。最能体现这一时期职业院校发展与经济发展关系密切程度的国家是德国和美国。这两个国家都建立了大众教育体系，迅速提升了工人大众的工作技能。事实证明，大众的劳动技能水平越高，国家的经济发展效益就越大。

20世纪以前，高等学校是以"自由精神"和"高深学问"来显示其文化品位的。因此，在人们的传统观念中，职业教育文化是劳力大众的通俗文化，缺乏学术性、复杂性和理论性，很难称得上"自由精神"和"高深学问"。但是，这样的时代已经过去。随着工业化和现代化的快速发展，先进的科技水平使工人大众的实用技能复杂性不断提升，职业教育也在不断增强技术技能的文化品位。虽然不能把"自由精神"和"高深学问"简单地套用到职业院校的文化建设上，但也绝不能否认职业院校文化的"精神意义"。世界一流职业院校的文化应当具有至高至美的精神意义，这就是所谓"技艺文化"。技艺文化表现在两个方面：一是内在的"求道之心"，一是外在的"技艺之美",其基础是"融合之道"。

"求道之心"即扬善黜恶之心,这一点在王阳明那里被称为"致良知",在康德那里被称为"道德律令"。康德在《实践理性批判》中指出:道德法则无功利、无目的——我之所以把工作做到最好,不是因为有人逼迫,也不是因为钱的驱使,而是因为这是我的工作,工作自身就是目的。为了说明内心道德法则的重要性,康德将之与天上的星空相对应,认为两者同样令他敬畏。没有求道之心,人的行为可能连底线都没有,所谓制假贩假者正是如此。另一方面,"技艺之美"是从外在的表现形式上解读技艺人才的特质。用庄子的话说,所谓技艺者,不再"劳形怵心",而是"出神入化"。庄子在《达生》篇中讲了匠人工倕的故事,说工倕手指一旋,就是一个标准的圆圈。何以有这般高的水平?庄子说,工倕心里专一,没有杂念,以至于手指与画圈工具合一,这叫得心应手。得心应手也体现了融合之道。

世界一流职业院校应当培养一流的技艺人才,这类人才在各行各业无论是内在的求道之心还是外在的技艺之美都堪称典范。反过来说,要培养一流的技艺人才,世界一流职业院校的技艺文化必须体现求道之心和技艺之美。新时代中国教育工作者所担负的文化使命是以凝聚人心、完善人格、开发人力、培育人才、造福人民为目标,培养德智体美劳全面发展的社会主义建设者和接班人。深职院针对中国高职教育发展现状及问题,把握世界一流职业教育发展趋势,提出了"六个融合"(产教融合、职普融合、理实融合、技术与文化的融合、教育与生活的融合、信息技术与教学的融合),具有现实针对性和未来方向性,也具有实际操作性,突出体现了中国特色世界一流职业院校的文化特色。

二、树立职业院校文化育人理念

(一)职业院校文化的初心和使命

职业院校形成于19世纪,一般认为最早源自瑞士教育家裴斯泰洛齐于1776年在苏黎世附近一个乡村农场开办的"工业学校"。这所学校招收穷苦孩子,裴斯泰洛齐教授孩子们一些基础知识和工作技能,最重要的是,裴斯泰洛齐倾注在这所学校的是无尽的慈爱和无私的奉献。由此,爱与奉献作为一种有生命力的文化,在裴斯泰洛齐后来开办的每一所学校得以延续。可以说,爱与奉献是职业院校文化的初心和使命。这种由爱与奉献凝结而成的使命文化深深地影响了后来的职业教育思想,也影响了约翰·杜威建构的基于"经验知识"的职业教育理论体系。

除了爱与奉献,职业院校还要有创新精神和务实精神,这既是现代工业社会持续发展的时代需要,也是一所职业院校力争上游的基本保证。一所职业院校如果没有务实精神,就会失去职业院校的本色;同样,一所职业院校如果没有创新精神,也一定会失去可持续发展的生命力。在职业教育发展史上,无论是美国黑人教育家布克·华盛顿创办塔斯基吉学院,还是中国职业教育领袖黄炎培创办中华职教社学校,无一不是张扬爱与奉献、创新与务实的文化之风。职业院校要为大众服务,不能忘却爱的初心,必须牢记奉献的使命,就像陶行知先生当年举办山海工学团那样,"捧着一颗心来,不带半根草去"。另一方面,职业院校也不能妄自菲薄,要在文化自知中传承工匠的文化精神,在务实创新中找回技艺的文化自信,在整合融通中坚守技术技能人才的文化之道。

世界一流职业院校不可能凭空掉下来，而是需要在长年累月的不懈奋斗中，在爱与奉献、创新和务实的文化土壤上不断建造起来的。深职院的办学初心就是为深圳市民提供更多更适合的进入高等学校接受教育的机会，为深圳不断发展的制造业经济培养更多高素质高技能人才。深职院在建校初期就明确了五种精神：勤勤恳恳的敬业精神、敢想敢干的创新精神、脚踏实地的务实精神、夙夜为公的奉献精神、同舟共济的协作精神。这五种精神逐渐成为建校初期学校开拓性成长的校训"敬业、创新、务实、奉献、协作"，成为学校与社会主义现代化建设同步发展的深职院精神，更成为深职院不断深化改革和自我蜕变的文化泉源。校训是一所学校价值理念和文化精神的彰显，是一所学校教育愿景和培养目标的凝聚，因此校训对于一所学校具有特别重要的意义。后来，深职院根据时代需要、学校发展实际和师生文化特征，提出了"德业并进，自强不息"的新校训，不仅强调了"学思并举、脑手并用"的人才特征，更进一步深化了爱与奉献、创新与务实的初心和使命。今天，深职院之所以成长为中国最优秀的职业院校之一，为世界所瞩目，如果没有爱与奉献、创新与务实的文化精神，是根本不可能实现的。

（二）在产教融合中实施文化育人

随着工业经济不断深入的创新发展，产教融合成为企业界和教育界的共同诉求。职业院校的工作重点是，如何把人才培养、科技研发、市场需求和企业利益紧密结合起来，在产教融合中实施文化育人。这是职业院校可持续发展的生命源泉。在产教融合中实施文化育人是一个系统工程，系统的主体要素包括学校、企业、行业、政府、研究机构、社会中介机构等，系统的各要素需要协同创新，产生整体性效应，那么，如何保证其他主体愿意协同学校实施文化育人呢？

不同主体有不同的文化。从主体角度说，包括校园文化、企业文化、行业文化、社会文化、市场文化等；从内容角度说，包括物质文化、观念文化、制度文化等。如果这些方面是一盘散沙、互不粘连，就无法实施文化育人，产教融合便缺乏牢固的根基。因此，关键的问题是让不同主体的文化通过一种纽带连结在一起，也就是说，使不同文化形成命运共同体。什么是命运共同体？习近平总书记说："无论前途是晴是雨，携手合作、互利共赢是唯一正确选择。这既是经济规律使然，也符合人类社会发展的历史逻辑。"[①]在产教融合中实施文化育人，关键的纽带就是人才培养质量。

实践证明，人才培养质量是产教融合具有实效性和持续性的根本。在合作中，政府、学校、行业、企业的利益关注点都是高质量人才。没有高质量人才，产教融合的利益共享机制就无法形成。因此，在产教融合中实施文化育人，必须围绕"质量文化"这个核心进行。质量文化是无形的驱动力量和深层次的影响要素，如果产教融合的主体都能够以一种崇高的使命感和社会责任感在合作过程中整合、融通，就能够逐步形成育人价值观共识。

世界一流职业院校推进产教融合，应当把关注学生的生命个体放在首位，因为质量文化的目标指向是学生，指向每个学生的职业志趣、专业爱好、个人理想、家庭环境等。一个学生非常讨厌某个专业，你让他去企业实习，他可能很痛苦。如果我们的工作让学生很痛苦，那就适得其反。其次，产教融合要加强学校的社会服务工作，做大做强社会培训，社会培训同样要重视打造质量文化。没有

---

① 习近平在二十国集团领导人第三次峰会第一阶段会议上的发言[EB/OL].新华网. http://www.xinhuanet.com/politics/leaders/2018-12/01/c_1123792375.htm.

质量文化，职业院校就失去了生命力，产教融合也失去了基础。以深职院的通信技术专业为例，该专业与华为的紧密合作持续了十多年，其根本在于把人才培养质量作为建立校企合作机制的根基。学校文化和企业文化不同，但是深职院和华为双方却共同创建了专业建设过程中的"教学文化"。双方通过建立"课证共生共长"的良性生态链，解决了校企合作的深度和实效性问题，主要围绕课证融通，形成了包括组织机构、培养方案、课程内容、教材编写、教学目标、教学资源、实训室建设、教师培养、毕业实习和就业等系统性合作。

（三）在教育与生活的融合中实施文化育人

"教育与生活融合"这个问题反映了职业教育的本质，不理解这个问题就等于对"职业教育是什么"没有理解。事实上，很多人没有理解职业教育的本质，有些老师把"教育与生活融合"看作是带学生出去接触生活实际，这种理解是肤浅的，是误解。

最早的时候，教育和生活是融合在一起的，所谓教育即生活。后来，随着私有制的建立，在等级严明的社会秩序中，教育和生活分离了，教育成为一种专门的"意义资源"，与宗教、艺术、技术、政治连结在一起，被少数人垄断。在这种情况下，教育成为精英阶层的事情，是闲暇人的事情，而底层劳力大众忙忙碌碌，根本没有时间也没有权利受教育。正如杜威所批评的："教育中存在着劳动与闲暇、理论与实践、身体与心灵、精神与世界等各种对立，审视这些对立所依据的理智预设，就可以发现，它们体现为职业教育与文化教育的对立。"[①] 把生活排除在教育之外，所产生的结果就是，劳

---

① [美]杜威.杜威全集（中期著作第9卷）[M].俞吾金.译.上海：华东师范大学出版社，2012：245.

力大众被排斥在教育之外。但是，在工业社会，职业分工越来越多，大机器生产对劳力大众的技能要求越来越高，于是职业教育诞生了。职业教育的出现改变了长期以来的教育不公平局面，职业教育承认"教育即生活"，百姓的衣食住行（做饭、清洁、建筑、制造、贸易等）都进入了学校教育。

在教育史上，立场鲜明地指出"教育即生活"的教育家是杜威。杜威是伟大的教育家和哲学家，他的经典名著《民主主义与教育》建立了职业教育的哲学基础，被誉为教育史上的"哥白尼革命"。杜威在书中论证说，教育之所以就是生活，是因为知识作为行动，必须考虑和生活之间的联系，因为教育过程是持续不断地重组、重构和转换的过程。在杜威看来，教育的目的不应该是获得一套预先确定的技能，而应该是使一个人的全部能力得到更快的发展。

应当说，"教育与生活融合"是职业院校实施文化育人的基本理念，这种理念与开放包容的文化精神相辅相成，要求职业院校把人民群众的美好生活作为终极关怀。深职院建设中国特色世界一流职业院校，坚持教育与生活的融合，教师们愿意把自己的文化之根深扎在这片热土之中，并以开放包容的姿态面向社会和大众。实践证明，在教育与生活的融合中实施文化育人，职业院校的文化不仅是开放和包容的，也是自然和快乐的，每个在职业院校获得了快乐的人也愿意将它作为自己的"快乐老家"。

（四）在技术与文化融合中表现技艺之美

在原始意义上，技术与文化是同一的。在英语中，"culture"一词来源于拉丁语"colore"，包含顺应自然的农业耕作技艺之意。在汉语中，"文"这个字来源于"纹"，通"艺"，是"装饰"之意。可见，"技艺"这个词在原始意义上正是一个"人文化成"的过程，它包括技能与文化两层含义。一个人单有技能而没有文化是不完整的，这种不完整也正是技能人才被低视的重要原因。

德国哲学家海德格尔发现，技术的本质存在于技术和人的互动中，人最可怕的是束缚于工具而无法超越，超越是人劳作的理由。海德格尔所强调的正是技术的文化意义，他曾这样表达技术和文化的关系："我们愈发询问沉思技术的本质，技术的本质就愈发奥妙莫测。"[①] 海德格尔所说的"奥妙莫测"，实际上指的是技术的审美性。技术也是审美的，离开了审美性，技术就失去了生命力。换句话说，人要通过技术创造美好生活，而不是通过技术给自身带来痛苦。

职业院校培养技术技能人才，必须重视技术与文化的融合，否则就是在训练"技术化身体"。企业所需要的是"称心如意"的人才，而不是"技术化身体"。在这个意义上，一流职业院校所培养的技术技能人才也应当是彰显技艺之美的。在人才培养中，一流职业院校要善于营造技术与文化融合的环境，即能够有效提供适宜的土壤，使学生把自己的天赋才能和职业生活完美结合。正如杜威所说，"职业是唯一能使个人的特异才能和他的社会服务取得平衡的事情。找出一个人适宜做的事情并且获得实行的机会，这是幸福的关键"。[②]

一流职业院校的文化育人，必须对即将到来的人工智能时代有预见性，把课程重点放在机器不可替代的创造性工作和价值引领等方面，将教育和生活融合起来，提倡人文关怀并传递正确的价值观。应该用广阔的视野去体验文化育人的情感，关照文化育人的社会性、历史性和多元性，并感受文化育人的温度。

---

① 陈嘉映.海德格尔哲学概论［M］.北京：商务印书馆，2014：370.
② ［美］杜威.民主主义与教育［M］.王承绪，译.北京：人民教育出版社，2001：327.

三、职业院校文化育人的要素分析

职业院校文化育人的要素很多,可分为隐性的和显性的,也可分为物质的、制度的和心理的,还可以分为历史文化、教学文化、专业文化、课程文化、教师文化、学生文化、社团文化、校企合作文化、校园环境文化等。通过不同的观察角度,可以看到职业院校不同的文化育人要素。我们选取教师文化、学生文化、协同育人文化和教学文化等四个关键要素,分别进行论述。我们认为,一流职业院校一定要有最好的教师和最好的教学,通过最好的校企合作,从而培养最好的学生。不过必须指出的是,虽然职业院校文化由许多不同要素构成,但是它所构成的是一个文化整体,它所体现的是这所学校具有突出特色的精神。

(一)教师文化

众所周知,职业院校教师是"双师型"教师。有学者认为,"双师型"这个词最早是由上海冶金专科学校仪电系主任王义澄老师在1990年发明的,意思是指"职业院校教师既能从事理论课或文化课教学,又能从事技能训练教学、指导,既是教育教学活动的'经师',又是引导学生成长成才的'人师'"[1]。职业院校教师不同于研究型高校的教师,在学术研究方面不一定高、精、深,但职业院校教师是"全才",在教学和实践方面能够贯通,而且是学校与企业之间的"跨界"人才。在这个意义上可以说,职业院校的教师文化

---

[1] 李利,李菲,石伟平."双师型"师资队伍建设的系统思考[J].职业技术教育,2005:19.

是"跨界文化"。这种文化对教师的素质要求是很高的，首先需要教师要有开放与包容的胸襟。实践证明，"双师"要求对于推进作为一种类型的职业教育工作具有重要价值。为此，2019年10月，教育部、发改委、财政部、人社部联合发布《深化新时代职业教育"双师型"教师队伍建设改革实施方案》，进一步强调职业教育教师的特征。

建设世界一流职业院校，必须建设有生命活力的教师文化，而教师文化的生命活力是在实践和体验中实现的。职业院校的教师"跨界文化"特别强调实践与体验。深职院提出的"教授手上要有油"与"双师"的理念完全一致，"教授"即教育教学成绩卓著的教师，"手上有油"即具备专业技术人员的操作技能和深入实践的精神。深职院不仅给教师提供实训车间，而且给教师提供对话空间，目的是"让教师在岗位上有幸福感，在事业上有成就感，在社会上有荣誉感"。例如深职院艺术设计学院的"南山匠人"教师团队，崇尚"工匠精神"，由团队历时3年制作的一件小小的"北山羊壶"作品，经72道手造工序反复打磨而成，获得了多项国家大奖，目前已经推向市场，取得了很好的社会和经济效益。

深职院教师把自己的文化之根深植于深圳改革开放的热土之中。深圳是开放的，深职院是开放的。深职院构建"海纳百川、开放包容"的教师文化，目的是使一个开放的系统呈现出具有生命力的活性文化，能够在开放与非平衡状态下产生新秩序。"海纳百川"和"开放包容"的文化也是仁爱的文化。深职院提出率先建成中国特色世界一流职业院校，实现这一目标需要改革开放精神，需要鼓励创新、宽容失败，这是提升教师文化凝聚力的关键。世界一流职业院校不一定"地大"，也不一定"古老"，只要充满自然、仁爱和创新的文化精神，就可以寄托教师的灵魂。

（二）学生文化

职业院校的学生有什么特殊性吗？如果从选择的角度看，职业院校的学生是那些选择学习"就业技能"、获得及时就业机会的群体。由于职业院校的学生主要是学习经验知识和技术知识，没有学术知识学习的压力，可能会导致学生的懈怠，甚至使其感到前途迷茫。因此，职业院校必须更加重视建构积极的学生文化。应当说，职业院校的学生文化具有特殊的文化意蕴。但长期以来，职业院校在发展过程中对学生文化的深层意蕴有所忽视。那么，一流职业院校的一流学生具体体现在什么地方呢？深职院从三个方面抓学生文化建设：志愿者文化、社团文化和争优创新文化。

深职院自 2011 年开始着力建设"志愿者之校"，出台了《志愿服务管理办法》、《志愿服务校长奖评选表彰办法》、《志愿服务储蓄银行及志愿服务证书实施办法》等文件，激励学生做志愿者。学生争当志愿者不是出于功利性目的，而是出于爱心与奉献，这是深职院志愿者文化的灵魂。近年来，深职院志愿者承担了深圳国际马拉松赛、文博会、慈展会、高交会、南山半程马拉松赛等志愿服务工作，参与每年春运志愿服务活动，连续 14 次赴河源市和平县开展"启明星"支教活动。志愿者文化已经成为深职院的标志性符号之一，做志愿者已经成为深职院学生的生活时尚。

学生社团是每所学校的"例牌菜"。对于高校来说，学生社团具有特殊意义。从大学起源来说，学生社团是大学作为学生自治组织的重要体现，这种学生自治思想对于今天的影响就是，我们应当把学生社团建设作为提高学生自我教育能力的核心内容。深职院从 2008 年开始启动"社团之校"建设，并将其作为学校文化育人的重点工作之一。至今，深职院学生社团组织已经发展到 200 多个，涵盖学术、文艺、体育、科技创新等多种社团类型，注册会员近万人，占学生总人数的三分之一。

与学生社团文化紧密结合在一起的是"争优创新文化"。学生在社团中往往能动性更强，不同的社团集中了各种志趣相投的人，也集中了在各方面具有天赋才能的人，很容易碰撞出火花，激发出灵感，每个人都有争优创新的活力。在深圳高交会首次设立的大学生创新创业展区中，深职院学生展示的一款"全球最小迷你电脑"项目，进入了高交会网站首页的"亮点抢先看"栏目，参观者纷纷称赞："迷你主机项目的科技含金量很高，学生们的创业素养和能力很强。"这个项目是以朱瑞勤同学为社长的ICT专业学生社团历时两年多、修改上万次的成果，虽然在产品研发和转化过程中问题多多，不是厂商嫌订单少不肯接单，就是做出来的外观效果差强人意，但团队的5个小伙伴从没因为争吵方案、遇到困难而放弃初衷，而是凭借顽强的毅力和执着的信念将事业逐步做大。事实上，深职院学生有400多人通过了"华为认证网络工程师"认证，有100多人通过了"华为认证网络资深工程师"认证，学生毕业后年薪超过10万元的比比皆是。

（三）协同育人文化

协同育人是协同创新概念体系中的核心概念之一。在政府主导作用下，学校、企业、行业、中介机构、科研机构之间的协同创新有两个方面的目的，一是人才培养和使用，二是科技研发和知识增值。两个方面的目的紧密联系、不能割裂，如果割裂开来，系统内部的各个要素之间就难以有效互动并产生协同效应。因此，对于职业院校来说，应当在校企合作过程中实现协同文化育人。

文化是机制运行的土壤，文化的交融使协同育人具有长效性。

文化既有物质层面，也有精神层面，但是能够深度融合的文化一定在精神层面有共同点。也就是说，校企文化可以积极互动，也可能相互冲突。深职院之所以与世界一流企业持续合作，双方在文化上的支持性互动是重要原因。在功能主义文化观看来，职业教育文化与其他文化的交互作用是一种"支持性互动"，是"参与者把对方看成支持者和朋友的互动形式"[①]。获得2018年国家级教学成果特等奖的《深职院—华为培养信息通信技术技能人才"课证共生共长"模式的研制与实践》就是这方面的一个典范。华为文化和深职院文化彼此相融并相互支持，双方的文化共性是：创新、责任、奉献、自强不息。华为文化的一个精彩之处就是危机意识，加班加点是家常便饭；深职院专业教师团队也有"垫子文化"，老师们经常吃住在办公室，搞项目攻坚战。

我国人类学家费孝通先生曾提出"各美其美，美人之美，美美与共，天下大同"十六字箴言，意思是每一种文化形态都有精彩之处，应相互尊重和促进。校企合作也是一样，双方文化相互交融也有各自特色，双方相互尊重、相互促进才能将不同的精彩释放出来。深职院把校企协同育人建立在课程体系当中，课程体系围绕市场和技术的变化而变化，形成一种动态的、互动的和与时俱进的课程体系，使职业院校保持与市场的亲密接触。

（四）教学文化

职业院校的教学文化有其特殊性，首先是"教学团队"文化。从事高职教育的专任教师教学团队由企业兼职和学校专职两支力量组成，两支力量在合作中并非以学校为本的单向意志，而是校企双

---

① ［美］蒂奥.大众社会学［M］.丛霞，译.北京：人民邮电出版社，2012：108.

方共享教学资源。构成教学团队的校企人才双向互动，企业里的技能大师可以享受教学的快乐，学校中的教学名家能够体验前沿科技。教学团队是一个整体效应的概念。从社会学角度考察，教学团队是一种学习化生存状态，是一个开放的系统，与全部社会文化建立广泛的联系，特别是在合理配置教育资源、服务地方经济等方面，互动频率很高。美国社会学家霍曼斯指出："如果一个群体的成员之间的互动在外部系统中是频繁的，那么友好的情感将在他们之间滋长，而这些情感又会导致在外部系统的互动之外的进一步互动。"[①]

职业院校的教学文化有其特殊性，其次是"实践文化"。实践、实践、再实践，对于职业院校的学生来说，"实践"永远不够，毕业之后马上就要进入就业岗位的"上手"状态。可想而知，如果职业院校的教学缺少实践环节，那肯定失去了职业教育的教学要义。例如，深职院的数通 HCNA 课程采取"五步教学法"，即"典型应用场景选取、知识点分解、小项目训练、中项目强化、大项目全流程设计与实施"，使学生的知识与技能通过实战项目教学，实现从碎片化到系统化的学习目的，提高学生的综合应用能力和项目管理能力。实践教学直接影响职业院校人才培养质量。建设世界一流职业院校，必须在实践教学上大做文章。应当将实践教学融入专业教学的所有环节，围绕专业培养目标，为学生开辟广阔的自主选择空间，提高教学效果。

---

① ［美］约翰逊.社会学理论［M］.南开大学社会学系，译.北京：国际文化出版公司，1988：446.

第七章

全球化时代职业院校的国际合作

世界一体化和互联程度越来越深,各行各业都需要能适应国际化挑战的人才,这对职业教育既是机遇又是挑战。近年来,以德国为主的欧洲国家都在大力推动职业教育的区域化和国际化,积极部署本国职业教育的全球发展战略,推动职业教育的全球互动和开放,改革并建设与区域、国际接轨的职业教育体系,以应对全球化带来的挑战。我国正在不断融入全球经济社会发展进程,职业院校也越来越重视国际化发展战略,在推动职业教育国际化方面取得了很多成绩,但在实践中仍然存在一些普遍问题。例如,以"输入"为主的实践较多、对外教育"输出"相对较慢,教师的国际化意识有待进一步提升,育人实践中的国际化内涵仍需深化等。面对机遇和挑战,深职院坚持国际化视野,持续纵深推动国际化战略,在持续扩大开放、加强各类交流合作、深化合作办学的基础上,提升参与世界职业教育发展的能力和水平,重点推动职业教育与国际接轨,重点突出"一带一路"倡议下校企合作人才培养,重点探索国际职业教育理念和经验的本土化,以及中国职业教育经验和标准的输出等,不断提升人才培养质量、人才国际竞争力和学校的国际声誉。

一、拓展国际合作教育的内涵

学界对高职教育国际化的内涵特征有着各种不同的界定。有学者在综合各种界定的基础上提出,"高职教育国际化的内涵应包括教育观念、人才培养模式、课程体系、师资队伍等这些理论方面的东西,也应该有国际化合作与交流等具体活动,只有具备虚实两方面的内容才能构成高职教育国际化的内涵",因此必须在教育理念、培养方式、课程体系、合作与交流等方面都要与国际接轨,在教育活动中要开展国际化的交流与合作,培养的学生具有适应国际化机构的专业知识和技能,具备全球视野、创新能力和国际竞争力。[①]同时,我们也要注意到,各国职业教育价值观是基于对本国国民特性的深刻分析,而西方职业教育的核心概念、理论话语和我国职业教育有一定区别。因此,我国职业教育发展要立足于本国经济社会发展的国情和历史文化传统,在实现本土化的基础上推进国际化。

(一)国际交流与合作的常态化

国际化发展最基本的是要加大开放和交流力度。深职院重视多种形式的国际交流与合作,经过多年持续建设,学校不同层次、各种形式的国际交流、学习、合作已常态化。特别是在人才培养方面,学校主要从三个方面持续推动开放和交流。一是努力保证与境外大学交流的活跃度,为教学科研拓展更大的国际空间,为教育的国际化创造条件。以 2017 年度为例,学校派出各类境外学习交流团

---

① 陈保荣.我国高等职业教育国际化发展及对策研究[J].职教论坛,2021(01):16.

组 57 批次，接待各类来访交流人员 106 批次共 779 人次，其中教师 400 人次，学生 24 批共 379 人次。二是注重提升师资的国际化水平。一方面，重视引进境外师资，通过多种形式邀请、聘任、引进外籍教师为学生提供不同形式的教学教育活动，聘请外籍顾问、荣誉教授讲座讲学。目前长期在校工作的外籍教师 25 人，由外籍教师承担的课程有 43 门。另一方面，重视本校教师的国际化水平提升，持续选派教师到境外学习交流、参加会议、短期研修、师资培训等，为教师境外学习交流创造条件。三是为学生的国际化教育创造条件。深职院累计与 26 个国家和地区的 157 所高校和教育机构在教学、课程、实践研究等方面建立了良好的合作关系，通过各种途径为学生提升国际视野和参与国际交流创造条件。

（二）为学生参与境外学习交流搭建平台

深职院把为学生搭建参与境外交流与实践的平台作为促进人才培养的重要内容，为学生增强国际意识和跨文化意识、增强国际体验创造条件。

一方面，重视青年学生交流。深职院支持并努力开发各种短期交流平台，积极打造青年国际交流品牌项目，扩大学生与境外教育资源的交流机会，增强学生的跨国体验。每年境外来校短期交流的学生 200 余人次，赴境外短期交流的学生 150 余人次。境外师生来校参加各种实践和项目，例如"中国商务及语言文化研修"项目、"万人计划"活动、设计工学坊项目、冬令营项目等，以及加拿大兰加拉学院师生、澳大利亚联邦大学师生来校研修学习。学生积极参与境外学习交流活动，例如赴俄罗斯参加"圣彼得堡—深圳双城都市建筑视觉化设计工学坊"，赴香港地区参加"国际学生论坛"，赴俄罗斯参加"第六届国际生态设计论坛"等。

另一方面，把学生留学及毕业后继续深造作为重要工作。深职院建立了交换生机制，目前与境外15所院校开展交换生项目，定期派送学生赴俄罗斯、韩、德、以色列、美、西班牙、法、英等国交换学习，互认学分，接收俄罗斯、西班牙、德、韩等国的交换生。同时，建立工作机制，协助学生留学深造。经充分论证，严格挑选合作院校，推荐学生到教育部认可的国外高校留学深造。从1997年起，深职院先后与英国胡佛汉顿大学、澳大利亚巴拉瑞特大学建立了合作关系，为毕业生开辟了赴英国、澳大利亚留学深造的渠道。近年又加大力度与英国等国家的高校订立合作协议，为学生增辟留学通道。目前赴英国、澳大利亚、美国留学的人数已达700多人，其中一半以上的学生已经或正在攻读硕士或博士学位。深职院每年招收来自30多个国家200余名学生，其中超过60%来自"一带一路"沿线国家和地区。

（三）引入国际优质教育资源，开展高水平合作办学

中外合作办学是提升职业教育国际化水平和职业教育整体办学水平的重要路径。习近平总书记在全国教育大会上指出，"要扩大教育开放，同世界一流资源开展高水平合作办学"。深职院一直将合作办学视为教育国际化实践中的重要工作，与境外高校广泛建立校际合作协议，在教学、科研及师生交流等方面开展广泛交流，引入优质国际教育资源，为学生提供高水平合作教育。

首先，与境外高校和机构保持稳定交流。深职院与英国胡佛汉顿大学、曼彻斯特大学，美国北卡罗来纳大学彭勃克校区、伊利诺伊州社区教育学校，德国纽伦堡高等技术学校、康斯坦茨工业大学、海德堡（中国）有限公司深圳办事处、慕尼黑航空公司，韩国仁川技能大学、公州映像大学、Newway信息通讯有限公司，澳大利亚

巴拉瑞特大学、西悉尼大学，日本大阪高技术专门学校、大阪医疗技术学园专门学校、大阪保健福利专门学校，加拿大国际科技发展中心，朝阳科技大学、昆山科技大学、台北科技大学、中华技术学校等保持着良好的合作交流关系，在学习境外学校办学经验的基础上推动双方在师生交流、课程资源等多方面开展合作。

其次，加强高水平合作办学实践。深职院根据自身现状和人才培养目标，选择具有行业特色和区域影响力的学校开展合作办学。目前，着力建设了4个中外合作办学专业：与澳大利亚北悉尼学院合作开办国际商务（中澳）专业，与澳大利亚联邦大学合作开办金融管理（中澳）专业，与美国西雅图城市大学合作开办物流管理（中美）和软件技术（中美）专业，已累计培养毕业生1246名，为社会培养了大量优秀的国际化高素质技术技能人才。以2011年8月开始招生的金融管理（中澳）专业为例。澳大利亚联邦大学有悠久的历史，有高质量的教学水平和学术水平，其毕业生在就业能力方面，被雇主、就业单位评选为全澳洲第一。金融管理（中澳）专业吸取了两校精华，开办至今已有9个年头，运行机制完善，有高水平师资团队，教学质量不断提升，持续为社会培育出德才兼备的国际化复合型人才。目前已有毕业生500多人，其中300多人选择赴澳大利亚联邦大学攻读本科。

最后，注重各种形式的境外合作办学实践。例如，深职院与香港专业教育学院黄克竞分校合办深港电气服务工程高级文凭合作课程，已招收7届共计132名学生，毕业89人，获得深港两地毕业资格，在校生21人。深港电气服务工程高级文凭课程得到了香港工程师学会的认可，也得到了双方合作学校、学生以及学生家长的认可。此外，深职院是首批获得招收海外留学生资质的高职院校，也是首个获批面向港澳台自主招生的高职院校。多种形式的境外合作办学实践，为学生提供了优质职业教育资源，成长为具有国际化视野和职业素养的人才。

二、加强人才培养与国际接轨

联合国教科文组织强调，"职业教育要促进国际理解和包容，培养具有全球视野和责任意识的公民"。随着我国不断融入全球经济发展，推动职业教育国际化发展、加强人才培养与国际接轨，也是我国履行大国责任的重要手段。深职院基于全球视野规划人才培养和发展，在积极为师生提供国际交流平台和条件的基础上，加大国际标准的引进力度，按国际通用的技术技能型人才标准或行业标准制订人才培养方案，学习借鉴国际先进教学理念，为学生成长和教师教学提供国际化引导，加大人才培养与国际接轨的力度。

（一）引入国际通用行业人才标准

国际通用的相关行业人才标准对于提高技术技能人才培养质量非常重要，通用标准就是对职业能力的通用认可。深职院在人才培养过程中强化国际通用标准的作用，基于行业国际化标准与企业共同制订人才培养方案。例如，港口与航运专业在学习借鉴澳大利亚职业培训包的基础上，联合深圳港航企业共同开发制定港航专业职业能力标准，此标准适应"双通型"人才（国际、国内通用人才）培养要求。检测技术及应用专业与香港物料研究化验有限公司合作制订人才培养方案，培养符合行业需求和标准的人才。目前，深职院共有 8 个专业与外向型企业合作，按照国际化标准制订人才培养方案。这一举措，推动人才培养融入国际先进要素，有益于强化国际化人才培养目标，提升学生的国际竞争力。

（二）引进国际权威职业资格证书

职业教育要培养国际化人才，对接相关职业的国际标准是必然要求。深职院根据深圳国际化程度高、外向型企业多和学校专业建设等实际情况，积极引进国际权威职业资格证书，提升技术技能型人才培养的国际对接程度，提升学生的职业竞争力。目前，深职院有计算机网络技术等 18 个专业引进国际权威职业资格证书 63 种。例如，计算机网络技术专业引进 CCNA 及以上等级高级国际 IT 认证证书，借助与思科（CISCO）公司共建的"思科网络学院"平台，将证书内容融入人才培养方案；楼宇智能化工程技术专业引进加拿大北方电信的综合布线设计、施工认证工程师证书，确保相关专业人才培养的国际标准；汽车运用技术专业引进美国汽车维修资格认证协会的 ASE 认证体系；外语类专业引进英国国家职业技能评估标准（NVQ），用于课程开发、课堂教学和教学评估中，确立了"以实践为核心，以英语为主线，以商务为背景"的 PEB 国际化人才培养方案。

（三）构建与国际接轨的教学内容

深职院深化教学内容改革，构建科学合理、与国际接轨的课程体系和教学内容。一是将国际型企业的先进技术标准引入课程。例如，印刷技术专业按德国海德堡公司印前、印中、印后的生产流程设置课程体系，按企业岗位技能和职业能力设计课程内容，开发了印刷色彩、数字印前技术、印刷工艺、印前综合训练、胶印机操作等专业课程；珠宝首饰工艺及鉴定专业借鉴美国宝石学院（GIA）和国家《钻石分级》（GB/T 16554-2003）标准，作为课程开发的主要内容。二是引进与开发国际通用教材，使教材内容紧跟国际前沿。例如，商务外语学院引进牛津大学、剑桥大学等世界一流大学的护理英语、会计英语、汽车英语、商务英语等最新原版职业英语教材；电子与信息工程学院开设 3 门 Oracle 课程，出版 2 本 Oracle 教材。三是实行双语教学，提高学生外语应用能力。网络互联技术（英语）、专业项目实训（日语）、首饰英语、楼宇智能化工程技术（英语）等 25 门课程采用双语教学；国际商务与澳洲 TAFE 北悉尼学院合作开办的中澳合作专业实行全英文授课。

三、基于"一带一路"倡议推动国际合作

"一带一路"倡议为职业教育赋予了新的历史使命，为职业院校提升国际化水平提供了历史机遇，成为职业院校国际化发展的强大推动力。随着国际产能合作的深化和我国产业输出步伐的加快，与"一带一路"倡议中的重大工程项目相关的产业发展和专业需求为我国职业教育的境外合作办学、技术技能人才输出、国际交流合作提供了新的机遇。深职院在国际化布局中加快调整，更新理念，从2018 年起每年举办一次"'一带一路'国际职业教育论坛"，并主动加强与"一带一路"沿线国家和地区的职业教育对接，推动"走出去"合作办学，为"一带一路"沿线国家和地区培养当地人才，实现互利双赢。

（一）在传统合作基础上寻求新路径

通过对接参与"一带一路"倡议企业的需求，深职院以企业境外业务需求为基础，推动校企合作进入新格局。学校联合中资企业

"走出去",与多家国际化企业合作,服务"一带一路"沿线国家的职业培训和技术研发。主要包括三个层次:一是基于"一带一路"沿线国家现实情况和需求,整合校企双方优质资源,在人才培养、技术开发、认证培训等方面展开深度合作。二是确定优质战略合作方向,建设合作平台,在计算机软硬件、网络通信、微电子、物联网等专业技术方向,智慧教育,智慧医疗、智能建筑、智能汽车、智能制造、智能终端等智慧城市应用方向建立联合实验室。三是共同开展技术开发和技术认证培训中心建设。例如,通信技术专业与华为等企业共同开发"5G移动通信技术"、"数据通信技术"、"云服务技术"课程标准,建设覆盖ICT产业"端、管、云"三大领域的国际化课程组、国际化培训项目库和国际化教材,开发一批国际化在线教学资源,面向5—8个国家推广,并依托商务部非洲国家电信基础设施培训、发展中国家智能政府研修班等培训项目,面向20—30个国家推广。

(二)加强教育国际化的战略开拓

我国高职教育在国际化发展进程中取得了一定的成绩,但整体实力仍然不强。"一带一路"背景下的职业教育国际化发展又面临一些新的问题,如职业教育的制度设计,我国之前更多是职业教育的输入国,而进行职业教育输出,需要将中国职业教育特色进一步梳理、定型和标准化,以适应"走出去"的需要。[①]深职院在中国特色世界一流职业院校建设进程中,致力于打造"深职特色"和"深圳标准",通过各种方式向"一带一路"沿线国家提供高质量的职业教育资源和协助。深职院在非洲、中东、东南亚等"一带一路"沿

---

① 冯宝晶."一带一路"视角下我国职业教育国际化发展的理念与路径[J].中国职业技术教育,2016(23):58.

线国家建设职业教育机构；基于"一带一路"沿线国家现实和市场需求，提供有针对性的师资培训；与企业合作，联合开发面向"一带一路"沿线国家的课程资源；派出资深教师和优秀教师赴马六甲马来西亚技术大学进行通信工程、物流管理及电子商务等专业课程授课。未来，深职院将在参与"一带一路"倡议的过程中，通过深度国际化合作办学实践，探索建立跨国家、跨行业、跨学科的国际化人才培养和人力资源配置机制，打造国际化人力资源服务平台，探索制定职业教育相关标准，实现产教融合创新发展，为一流职业人才培养提供应有支撑。

（三）推进境外职业教育办学实践

"引进来"与"走出去"是职业教育国际化的一体两面，两者并行不悖，一方面我们要通过"引进来"吸收国外职业教育先进办学经验，提升自身实力，另一方面又需要通过"走出去"，服务"一带一路"倡议和国际产能合作，传播中国职业教育的特色经验，提升中国职业教育的世界声誉和影响力。[①] 深职院加强"一带一路"沿线的区域合作，融合企业、当地相关机构，共同展开互补协作。除了基于"一带一路"沿线国家现实拓展企业合作之外，还加强与职业教育国际组织的合作，成为联合国教科文组织国际职教全球联系中心之一，成立联合国教科文组织职业教育计划亚非研究与培训中心。深职院与马六甲马来西亚技术大学、德国萨尔兰应用技术大学、柬埔寨国家智库、香港职训局等不同国家和地区的多家机构签订了合作协议；在马六甲马来西亚技术大学成立"职业技术培训中心"和"普通话测试中心"；在保加利亚建立首家海外职业教育培训中

---

① 石伟平. 职业教育国际化水平和国际竞争力提升：战略重点及具体方略 [J]. 现代教育管理，2018（1）：74.

心；不断扩大"一带一路"区域合作范围，近期与土耳其、波兰、匈牙利等国高校正式建立了合作关系。深职院通过开展境外职业教育办学，加强教育国际化拓展，将人才培养标准、课程标准与企业和区域需求对接，强化了深职院的职业教育品牌。

综上，我国高职教育国际化是随着国家的改革开放逐渐展开并融入国际领域的。在走向国际化的道路上，首先是引入国外发达国家的职业教育理念，通过接受新的职业教育理念，借鉴发达国家的人才培养模式，提高人才培养质量，培养国际化人才。① 但"教育全球化是普遍性与特殊性的统一，和而不同是当今职业教育全球化的一个基本特征"。② 长期以来，我国职业教育深受传统思想文化和教育观念的影响，反映在国际交流与合作方面偏重于引进，而自主创新意识和实践环节相对薄弱。③ 因此，职业教育在适应世界性的同时，要在考虑独特性和民族性的基础上，处理好国际化与本土化的关系，而其关键在创新。例如，德国职业教育为世界职业院校提供了宝贵的经验，我国很多职业院校从不同层次和方面努力借鉴德国职业教育人才培养经验，特别是一些新建职业院校尝试全面引入双元制模式，而实际上效果并不好。原因在于，各国的先进职业教育模式均建立在国情基础上，我们要学习借鉴的是理念精髓而不是表面上的实现形式。深职院在办学和发展过程中，一直非常注重对职业教育国际经验和理念的学习、研究、借鉴，包括对美国、日本、德国及澳大利亚等国家职业教育理念和实践的学习研究，并注重将

---

① 陈保荣.我国高等职业教育国际化发展及对策研究［J］.职教论坛，2021（01）：16.

② 张燕.现代化视野中德国"双元制"的改革与发展［J］.天津工程师范学院学报，2010（2）：53-58.

③ 蒋旋新.中国特色现代职业教育体系国际化发展与本土化构建［J］.职业技术教育，2011（22）：11.

国际经验与学校实践相结合，加强国际经验的本土化实践，提升人才培养质量。深职院在对德国职业教育模式进行深入研究的基础上，努力从以往对国际经验和理论的单维度引进式学习模式转向对本土经验和理念的探索和研究，注重对德国职业教育理念的反思和本土化建构，立足中国国情、经济基础和文化传承，在实践中尝试将其他国家职业教育理念精髓本土化，从职业教育育人理念、职业教育人才培养价值导向、职业教育人才培养方法等层面，探索建设具有深职院特色的职业教育人才培养理念，并以此引导职业教育国际化的认知和思路。

在全球共融共通的时代，职业教育的国际互通已成为必然。中国特色世界一流职业院校要通过国际合作，形成一流的国际影响力。职业教育在为我国经济社会发展做出不可磨灭的贡献的过程中，可以形成为其他国家和地区提供经验借鉴的教育教学模式、校企合作模式，通过"鲁班工坊"等一系列职业教育境外合作项目，向国际职业教育界发出"中国声音"，讲好"中国故事"，在国际上进行经验交流和共享。

第八章

基于大数据的质量保障体系建设

高等教育质量保障体系建设是指为实现培养目标,运用系统理论的概念和方法,把质量管理各个阶段、各个环节的职能统筹规划形成指标模型,对人才培养活动实行制度化、结构化、持续化、项目化和量化的动态监控,对教学过程进行评价、诊断、反馈、提升,形成一个项目、职责、权限明确又互相协调、互相促进,能够保证和提高教学质量的稳定有效的质量管理系统。对高校而言,质量保障体系可分为外部质量保障体系和内部质量保障体系两大部分。外部质量保障指政府和社会对高校办学质量的监督和评估,内部质量保障指高校自己对本校教育教学质量的监督、控制和评价。在概述世界各国高等教育质量保障体系的基础上,本章以深职院为例,重点介绍高校内部质量保障体系的构建及运行。

一、高等教育质量保障的理论基础和国际经验

(一)全面质量管理理论

全面质量管理即 TQM(Total Quality Management),指一个组

织以质量为中心,以全员参与为基础,通过用户满意和本组织所有成员及社会受益而达到长期成功的管理途径。在全面质量管理中,质量这个概念和全部管理目标的实现有关。该理论主要有四种模式。一是 PDCA 模式。PDCA 模式由美国质量管理专家戴明(Edwards Deming)倡导,又称"戴明循环"。其含义是,将质量管理活动分为计划(Plan)、执行(Do)、检查(Check)、处理(Act)4 个阶段,要求各项工作做出计划、计划实施、检查实施效果,然后将成功的纳入标准,不成功的留待下一循环去解决,遵循这个程序持续进行改善。二是 QL 模式。QL 模式即质量环(Quality loop,或质量螺旋 Quality spira),由约瑟夫·朱兰(Joseph M. Juran)提出,他认为产品质量是在市场调查、开发、设计、计划、采购、生产、控制、检验、销售、服务、反馈等全过程中形成的,同时又在这个全过程的不断循环中螺旋式提高,即螺旋式上升。三是零缺陷模式。菲利普·B. 克罗斯比(Philip Crosby)提出质量管理零缺陷理论,提倡所有组织都应以"零缺陷"为目标,而不能单单依靠统计学知识进行质量管理。他认为实现"零缺陷"的关键在于组织及其成员对高质量的追求,以及为之付出的努力,并认为"一次成功"是实现"零缺陷"的有效途径。"零缺陷"的实质在于缺陷预防,有四个基本原则:(1)质量符合要求;(2)产生质量的系统是预防而不是检验;(3)在质量面前追求"零缺陷"而不是"差不多就好";(4)质量是用不符合要求的代价来衡量的,而不是用指数。四是全面质量控制模式。费根鲍姆(Armand Vallin Feigenbaum)提出全面质量控制理论,认为"通过有效的系统整合组织内各单位的质量管理、质量维护和质量改进工作,从而实现最经济的生产和服务,取得全面的顾客满意的结果",质量控制贯穿于生产过程的每一个环节。全面质量控制流程有 4 个步骤:(1)树立标准;(2)对结果进行评估;

(3)在必要时采取行动;(4)对改进进行规划。

(二)教育评价理论

教育评价是指在一定教育价值观的指导下,依据确立的教育目标,通过使用一定的技术和方法,对所实施的各种教育活动、教育过程和教育结果进行科学判定的过程。陈玉琨认为,"教育评价是对教育活动满足社会与个体需要的程度作出判断的活动,是对教育活动现实的(已经取得的)或潜在的(还未取得,但有可能取得的)价值作出判断,以期达到教育价值增值的过程"。① 教育评价理论主要有四种。

一是泰勒原理。泰勒(Ralph Tyler)提出以教育目标为核心的教育评价原理,并明确提出"教育评价"(education evaluation)的概念,认为"教育评价过程在本质上是确定课程和教学大纲在实现教育目标的程度的过程"②。在泰勒看来,教育评价是"确定教育目标在实际上被理解到何种程度的过程"和"测量课程和教学方案在多大程度上达到了教育目标的过程"。泰勒教育评价理论的宗旨在于以教学目标为核心,并通过具体的行为变化判断教育目标的实现程度。

二是克隆巴赫教育评价理论。克隆巴赫(Lee J. Cronbach)对教育评价的定义是"为做出关于教育方案的决策,收集和使用信息的活动"③。他认为,教育评价不仅在于强调某教学过程是否有效,而且在于明确教学过程需要改进的重点。教育评价的重点在于教育过程,并对教育决策给予足够的重视和持续的改进,而不只是检视教学活

---

① 陈玉琨.教育评价学[M].北京:人民教育出版社,2006.
② [美]布卢姆等.教育评价[M].邱渊,等,译.上海:华东师范大学出版社,1987.
③ 刘校梅.教育评价的演进[J].东岳论丛,2002(3).

动结束之后教学目标的达成程度。

三是斯塔弗尔比姆教育评价理论。斯塔弗尔比姆（Daniel L.Stufflebeam）认为，教育评价不应局限于评判决策者确定的教育目标达到预期效果的程度，而应该是收集有关教育方案实施全过程及其成果的资料，为决策提供信息的过程。这种评价模式在一定程度上摆脱了目标的局限，将决策者置于整个评价过程的中心，评价者与决策者密切合作，旨在发现问题并加以改进。

四是比贝教育评价理论。比贝（C.E.Beeby）把评价定义为"系统地收集信息和解释证据的过程，在此基础上做价值判断，目的在于行动"。比贝首次提示了教育评价的本质在于价值判断。评价要对教育活动的价值做出判断，包括对教育目标本身做出判断，使评价活动有助于决策科学化，对实际工作具有指导意义。"价值判断"的提出深化了教育评价的内涵。

（三）英国、德国和法国的高等教育质量保障

1. 英国高等教育质量保障体系

英国高等教育内部质量保障体系主要包括总体效能、学习成果、评价质量和管理效能四个方面。[①]总体效能是院校在满足学生和用人单位需求方面的有效性；学习成果是学生学习目标实现的情况、进步程度以及对社区的贡献等；评价质量包括教与学的实施状况及效果、教学手段的运用、为学生提供指导的有效性，以及学生需求的满足程度等；管理效能主要包括安全保卫、平等与多样化和资源管理等。每一方面的监控标准均由三部分构成：指导性问题、评价性陈述和评定的等级特征描述，监控结果分为"优秀"、"良好"、"需

---

① 吴雪萍，金晶.英国职业教育质量评价探究［J］.比较教育研究，2013（2）：87-9.

要改进"、"不合格"等4个等级[1]，还需要按照4个评定等级给出内部监控报告。

英国高等教育外部质量保障体系主要包括：（1）政府的政策保障。（2）专业认证机构的质量认证，如RAE（Research Assessment Exercise）负责对高校科研的评估。RAE是一个商业性中介机构，根据合同为英国政府及有关科研基金组织服务。（3）高等教育教学保障署（QAA）的评估。QAA（The Quality Assurance Agency for Higher Education）也是一个中介机构，与英国教育部合作接受政府的任务，其对高校的评估主要侧重于学科专业和教学评估。（4）其他社会监督。例如专业行会的专业评估，有关机构对学校学位授予情况的评估，新闻媒体对高校的排名等。2016年，英国高等教育基金委员会提出了一个新的质量评估操作模型，其核心环节有4个：（1）建立高等教育体系的单一准入途径；（2）针对高等教育体系的新成员加强监管和审查的发展阶段；（3）取消周期性的同行评审，转为将高等教育机构自己设定的年度审查作为质量保障的关键机制；（4）进行日常监控，必要时实行审查和干预。[2]

2. 德国高等教育质量保障体系

德国高等教育教学保障主要是遵守欧洲高等教育教学保障协会（ENQA）发布的《欧洲高等教育教学保障标准与指南（ESG）》。德国于20世纪90年代末开始实行高等教育认证制度，在ESG的指导下开展"专业认证"和"院校体系认证"，由德国认证委员会（GAC）认可的质量保障机构负责实施。德国高等教育外部质量保

---

[1] OFSTED. Common inspection framework for further education and skills 2009[EB/OL]. http://www.ofsted.gov.uk/resources/common-inspection-framework-for-further-education-and-skills/.

[2] 赵宏. 英国高等教育教学保证模式的发展与变化［J］. 开放学习研究，2019，24（4）：46-53.

障主要采取四种形式：德国北方大学联盟主导实施的校际评估；巴登－符腾堡评价机构（Baden-Wuerttemberg agency）推动的高校教研常规评估；德国认可委员会开展的认可评估；德国高等教育发展中心（CHE）与媒体联合发布的大学排名。

德国高等教育内部质量保障体系主要分为两部分：院系评估和认证自评。（1）院系评估是指以院或系为单位，在收集资料的基础上进行的每年一次的自我检查和自我评估，通常情况下由来自被评院系和校内专家组成的自评小组负责具体实施，所考察的内容量化为8个具体的指标：课程、师资力量、学生、考试、监督管理比例、学生容量及课程利用、青年教师、研究生。德国要求高校每一到两年由院系向评估机构提交评估报告。（2）认证自评是高校为了保证教学质量、提高认证代理机构的认证评估通过率，组织内部相关人员对本校进行的评价。其中，专业自评是对学校所开设的专业进行评估，目的在于保障所开设专业的质量、透明度和多样性能通过认证代理机构的认证评估。一般来说，专业评估小组参照认证评估的标准，包括专业培养目标、专业符合相关的规范和要求、专业培养方案、专业可完成性、考试制度、与专业相关的合作、人员物质与空间配置、透明性与存档记录、质量保障发展、特色专业、性别平等和机会公平等，对各专业进行自评。

3.法国高等教育质量保障体系

法国高等教育质量保障主要依靠研究与高等教育评估高级委员会（HCERES）和工程师职衔委员会（CTI）组织实施。（1）HCERES是一个独立的行政机构，不受任何利益相关方的影响，评估报告向社会公开。HCERES理事会由30名来自不同国家、不同领域的专家组成，委员会采取适当的措施，保证评估过程的透明度、公开性和评估结果的质量。（2）CTI是法国工程师专业认证领域最具权威的机构，成立于1934年，其使命是引导工程师教育的发展方向，保证工程师教育的质量，并保证法国工程师教育与欧洲及国际的工程师教育保持一致。CTI有32名委员，由法国高等教育及研究部任命，来自高校和企业的委员各占一半。CTI自2005年成为欧洲高等教育教学保障组织（ENQA）的成员，认证标准符合欧洲标准，认证结果相互承认。

此外，法国国家评估委员会（CNE）负责法国高等教育机构的整体评估活动。CNE是政府建立的官方机构，是独立的行政实体，经费来源于法国的财政拨款。CNE是法国高等教育外部质量保障的核心机构，其评估采取自愿的形式，对申请评估的学校进行考察，指出其问题并提出针对性建议。

表8-1 英国、德国和法国的高等教育质量保障体系

国家	内部质量保障	外部质量保障	
		主要项目	负责机构
英国	课程质量评估	卓越研究评估	高等教育基金委员会（HEFCS）
	校外考评员制度	卓越教学评估	学生事务办公室（OFS）
	学校年度评审	院校审核	高等教育教学保证署（QAA）
	学校周期性评审	专业审核与认证	高等院校、高等院校代表机构、专业法定与监管组织（PSRBs）
		大学排行榜	社会机构和媒体
德国	欧洲高等教育机构内部质量保证标准	学位项目认证	经德国认证委员会（GAC）认证的评估机构
		院校系统认证	
法国	欧洲高等教育机构内部质量保证标准	区域合作评估	研究与高等教育评估高级委员会（HCERES）
		院校评估	
		科研单位评估	
		学位项目评估	

（四）美国、加拿大、澳大利亚和新西兰的高等教育质量保障

1. 美国高等教育质量保障体系

美国高等教育质量保障是典型的民间中介组织主导型，联邦政府对大学的控制和影响非常小，高校拥有非常大的自主权。美国高校通过两方面的制度安排保障教育质量：（1）董事会决策、校长负责和教授治学，从内部治理结构上保障教育质量。（2）课程质量的机制保障。在美国高校，学校和院系两级都成立了课程评估委员会或类似的职能机构，评估课程的价值、可行性以及是否与学生需求相符。学校一级负责全校性通识教育类课程，院系一级负责专业主修课程，分级把关审核。委员会还对教学大纲、课程安排、作业安排、考核评价方式等进行严格审核。

此外，美国高校通过师生良性互动激发大学活力，提高教学质量。主要表现在三个方面：（1）配备学业导师。为每一名学生配备学业导师，提供针对性的学业指导。学业导师采取短期目标与长期目标相结合的方式，帮助学生制订循序渐进的学业规划。（2）设立学习辅导站。很多高校设立诸如写作中心之类的学习辅导站，通过预约获得"一对一"的指导。（3）学生网上评教。评价的内容包括教师的教学态度、教学方法、授课水平、教学效果，达到以评促教的目的。

2. 加拿大高等教育质量保障体系

加拿大没有设立国家层面的教育质量保障机构，主要通过立法、绩效考核、会员资格、大学排名、专业认证以及学位质量评估等途径实现高等教育的质量保障。加拿大实行联邦体制和教育分权体制，联邦和各省均有制定教育法律法规的权力。由省级政府建立的质量保障机构共有4个，分别为安大略省高等教育教学评估委员会、阿

尔伯塔省学校质量委员会、不列颠哥伦比亚省学位质量评估委员会、沿海诸省高等教育委员会。根据各省的立法规定，加拿大的大学在学术事务上拥有自主权，强有力的高校内部质量保障政策和过程是加拿大高等教育教学保障的基础。目前，加拿大建立了3个区域的大学联合组织，即魁北克省大学校长联盟、安大略省大学联合会，以及马尼托巴省和萨斯喀彻温省的大学审计委员会，以加强高等教育教学的自我保障体系建设。

通过外部的专业组织进行学位认证在加拿大非常普遍。高等教育机构的专业学位项目必须通过这些专业组织的认证，以保障毕业生能够获取职业执照。除了在国家层面上开办的一些专业认证机构外，大多数机构属于省级层面的组织。它们或者是政府的管理部门，或者是由政府授权但与其保持一定距离的机构，其主要任务是建立教育标准并审定教育机构是否达到标准。经省级政府许可后，大学方可邀请专业机构对相关专业进行认证，认证有效期为5—8年，期满后须重新申请认证。近年来，加拿大的安大略、阿尔伯塔等地方政府建立了与高等院校绩效相关的拨款机制，通过关键绩效指标（KPI）考核和资金引导，实现对高等教育人才培养质量的评估和监控。

3.澳大利亚高等教育质量保障体系

澳大利亚政府于2000年成立澳大利亚大学质量保障署（Australia Universities Quality Agency，AUQA），以"质量标准驱动"为原则进行高等教育改革，对高等教育机构进行定期的教育质量审核，向公众公布详细的审核结果，保障高等教育的整体质量。AUQA形成了多层次的质量标准，使质量保障体系从管理手段变为争取市场的手段，从内部导向变为外部导向。2011年，为了适应社会未来发展和新一轮高等教育改革的需要，通过制定法律与提供资金支持,澳大利亚建立了高等教育质量管理与监督的新机构——高等教育质量与标准署(Tertiary Education Quality and Standards Agency,TEQSA),以确保接受澳大利亚高等教育的学生获得高质量的教育。澳大利亚高等教育质量保障体系由联邦政府、州(地区)政府、高等教育质量和标准署(TEQSA)、学历资格评定框架(AQF)和大学等五部分组成。首先,由大学根据办学目标和发展战略及实现目标的具体措施进行自我审计。在自评的基础上形成审计报告,上报质量管理局。其次,由质量管理局组成审计队伍,形成审计报告草稿并就报告的内容征求学校意见。最后,网上公布审计报告。质量管理局对被评学校进行跟踪,考察其改进情况。

4. 新西兰高等教育质量保障体系

新西兰高等教育质量保障主体由新西兰大学校长委员会(NZVCC)和新西兰学历管理委员会(NZQA)两部分组成,NZVCC负责学术型综合大学的教育质量保障工作,NZQA则负责其他高等教育部门(如理工学院、行业培训机构以及私人培训机构等)的质量保障工作。运行程序主要包括:(1)注册。说明教育举办者能在一个稳定、安全的学习环境中提供高质量的教育与培训。(2)课程批准和认可。凡是向公众开设的课程都是经过质量检验的课程。所有教育质量保障机构都使用统一的课程标准。一旦课程得到批准认可,要想改变课程必须经过NZQA批准。(3)对办学过程持续监控。学校一经注册,就要接受每1—3年的定期审核,因此学校要定期进行内部评估和自评。(4)质量审核。质量审核包括自我评估和外部评估,目的是维护在校生的利益,使他们能够接受高质量的教育。每次审核都要对办学机构进行实地考察。(5)补充调整。办学者必须提交一份年度评估计划,提交校方和学生两种评估材料,然后由项目专家进行评审,以保证教育目标的完成和实现,并通过专家的评审，找出学校存在的优势以及需要改进的地方，促进学校更好地发展。

表 8-2 美国、加拿大、澳大利亚和新西兰的高等教育外部质量保障体系

国家	主要项目	负责机构
美国	院校认证	联邦教育部（USDE）和全国高等教育认证理事会（CHEA）认可的教育认证机构
	专业认证	
	学术审核	各州大学评议会
	大学/学科排行榜	新闻媒体、出版商及社会机构
加拿大	学校绩效考核	省级政府部门
	学校项目评估与监控	省级政府部门
	会员资格认证	加拿大高等院校联合会等协会
	专业认证与评估	专业认证机构、省级政府部门
	大学排名	加拿大《麦克林》时事杂志
澳大利亚	HESF 评估	高等教育质量与标准署（TEQSA）
新西兰	学术审核	大学学术专业委员会（CUAP）和学术审计署（AQA）

（五）日本、新加坡和韩国的高等教育质量保障

1. 日本高等教育质量保障体系

日本高等教育质量保障体系是在美国的影响下结合日本实际逐步建立起来的。日本高等教育外部质量保障体系主要由高校自我评估、设置评估、认证评估及国立大学法人评估等构成。首先，所有高教机构必须实施自我评估，自我评估是认证评估和法人评估的前提，在此基础上接受第三方机构的评估，包括每 5 年接受大学基准

协会的评估或每 7 年接受大学改革支援学位授予机构的评估。其次，国立大学法人还需要接受每 6 年一次由国立大学法人评估委员会实施的法人评估。

自我评估是日本高等教育最重要的内部质量保障方式。1991 年，文部科学省在新的《大学设置基准》中规定，"为了实现大学的目的和社会使命，对于研究活动等状况必须努力实施自我检查和自我评价"。自我评估由校长审议会负责，首先要成立自建自评实施的研讨小组，负责根据本校的具体情况自行决定自评的内容和评价的标准，成立自评委员会负责实施。自我评估主要采取五种形式：（1）以全校整体为评价对象的自检自评；（2）以学部、研究科室或研究所为对象的自评；（3）汇总研究学者的个人经历或研究成果；（4）根据学生问卷调查结果对教学质量进行评估；（5）按照特定的题目实施主题评价。

2. 新加坡高等教育质量保障体系

新加坡高等教育遵循"以毕业生质量为核心，'教学、研究、教工'三重质量保证"的基本原则。一是保证教与学的质量。通过建立教育过程的反馈通道，收集学生、同行部门、录像讲演记录的相关反馈或雇主、大学生、协商委会员的信息，反馈结果用于对核心教育和学习过程的有效性进行改进。二是保证研究的质量。设立由专业的学术权威组成的国际学术咨询小组，审查、公布成绩并为改进提供意见。三是保证教职员工的质量。在聘用方面建立严格的内部核查程序，对院系教职员工进行年度评估，同时邀请外部人员进行审核。

在教育评价模式上，新加坡自 2000 年起对高等学校的评价方式进行了重大调整，启用新的"优秀学校模型（School Excellent Mood，SEM）"进行评价，其核心是强调以学生为中心，并将教师作为素质教育的重要因素。SEM整体框架包括方法和结果两个部分，形成了9个质量标准：领导层、战略计划、职员管理、资源、以学生为重点的流程、管理和运作的结果、职工结果、合作关系与社会结果、主要绩效。SEM将学校的目标、计划、学校文化、活动流程和所拥有的资源整合在一个系统中，倾向于对学校进行整体管理。

3. 韩国高等教育质量保障体系

韩国高等教育形成了以自我评估、发展战略规划为主的内部质量保障机制和以院校认证、专业认证以及特殊项目评估为主的外部质量保障机制，逐步建立起完善的高等教育教学评估制度。其中，院校认证机构包括韩国大学认证所（KUIA）、韩国职业教育认证协会（KAVE），专业认证机构则是各类专业认证委员会，特殊项目评估机构为韩国教育部。韩国从以下几方面促进高等教育发展：一是政策保障。2008年韩国开始实施教育能力提升计划，政府设置优秀大学评估标准，对优秀大学进行财政补助，以提高大学自我管理能力，并提高大学经费使用效率。二是法律保障。韩国在高等教育法律法规方面的建设，对于引领高等教育健康发展具有深远的意义。通过法律明确高等教育改革目标，改革大学管理模式，政府推行问责制改革，加强信息透明度和程序规范化，选择性干预，扩大高校自主权，不断提升高等教育教学质量。同时，将政府管控与私立机构自主管理相结合。韩国教育部负责制定教育政策，同时还对学校运营进行严格、直接的督导与调控，地方教育行政管理机构负责具体监督管理地方教育机构。政府大力鼓励兴办私立高校，一方面通过立法、加大政府投入等方式刺激私立高等教育发展，另一方面积极鼓励企业财团捐资办学，培养企业所需人才，更好地解决高等教育发展的经费需求，促进了教育的健康发展。

表 8-3　日本、新加坡和韩国的高等教育质量保障体系

国家	内部质量保障主要项目	外部质量保障	
		主要项目	负责机构
日本	"三项教育政策"	院校认证	日本大学认证协会（JUAA）、学位授予与高等教育教学提升机构（NIAD-QE）、日本高等教育评估所（JIHEE）
	自我评估	国立大学法人评估	国立大学法人评估委员会
		工程教育认证	日本工程教育认证协会（JABEE）
新加坡	教学、研究、教工	优秀学校模型（SEM）	国际学术咨询小组
			大学联盟
韩国	自我评估	院校认证	韩国大学认证所（KUIA）、韩国职业教育认证协会（KAVE）
	发展战略规划	专业认证	各类专业认证委员会
		特殊项目评估	韩国教育部

（六）高等教育质量保障的国际基本经验

总体来看，高等教育质量保障主要有以外部评审为主导的欧洲大陆国家和亚洲国家的"大陆"模式，以高校自我管理为主导的英国模式和以市场机制为主导的美国模式。[①] 英国以院校审核为特色，美国以认证制度为特色，法国以"国家评估委员会"集权为特色，荷兰以政府控制的外生型保障体系为特色，澳大利亚以"五位一体"为特色，日本以统分结合为特色。概括起来，有以下几方面值得关注：一是理念为先。高等教育质量保障理念体现着时代精神，也在时代发展中不断变化。例如，"以学生为中心"作为一种教育理念

---

① 陈玉琨.高等教育教学保障体系概论［M］.北京：北京师范大学出版社，2004.

早已不是新鲜事，但作为高等教育质量保障与评估的指导思想却是近些年才逐渐形成的。再如，参与式治理是近年来社会治理中出现的一种新型模式，开始被运用到高等教育教学治理之中，很多国家和地区在高等教育内外部质量保障活动中，特别注重吸纳学生、政府部门、社会用人单位等利益相关者的参与。美国新英格兰地区高等教育机构委员会（CIHE）在院校认证中邀请州政府部门派出一名"观察员"参加评估小组的讨论活动。

二是立足改进。质量改进是质量保障的文化核心，无论是内部质量保障还是外部质量保障，其根本目的都在于促进学校提升办学水平、改进教育教学质量。因此，当前各国（地区）各类评估活动都将"促进质量改善与提升"作为基本原则。

三是强化学校主体性。高校是人才培养质量的责任主体，这已成为国际上的共识。各国和地区在构建高等教育教学保障体系中也越来越强调学校的主体性，即强调高校在质量保障中的主体责任，同时在评估内容与标准的设定上尊重高校的主体性。

四是强调绩效与问责。在市场竞争日趋激烈、高等教育迈入普及化时代的大背景下，强调绩效与问责成为大多数国家和地区保障高等教育发展的共同趋势。主要体现在三个方面：第一，始终将大范围、强制性、周期性的外部评估作为质量保障的重要途径；第二，关注学校的绩效表现，政府通过关键绩效指标考核和资金引导，实现对高等教育人才培养质量的评估和监控；第三，要求学校接受利益相关者的监督、意见及问责，将评估报告等向社会大众公开。

五是完善体系。首先，政府发挥宏观调控职能。政府逐渐从直接管控转变为宏观调控，不直接介入质量保障与评估的具体工作，而是成立独立性机构负责（如英国、法国、日本等），或委托给第三方评估机构，政府只对第三方机构进行认证（如德国、美国等）。

其次，注重对高等教育质量保障机构的元评估，即对质量保障与评估机构本身进行评估与审核。最后，外部质量保障与内部质量保障有效衔接，形成完善体系。强调高校内部质量保障体系建设是近年来的国际趋势，内部质量保障注重院校研究和战略规划，是高校实现自我质量保障与提升的关键策略。

二、我国高等教育质量保障体系建设述评

（一）我国高等教育质量保障现状分析

我国真正意义上的高等教育质量保障体系建设始于1990年《普通高等学校教育评估暂行规定》的发布。1999年后，由于高校扩招等诸多因素，高等教育质量问题比较突出。在借鉴国外经验和立足中国高等教育发展实际的基础之上，我国关于高等教育质量保障的研究逐步全面展开，质量保障体系建设也日益受到有关部门和高等学校的重视。以下从价值导向、体系构成、制度建设、组织建设、管理队伍、质量文化、保障机制等七个方面进行简述。

1. 价值导向

一是市场导向。有学者认为，高校教学质量保障体系中质量标准的制定应该以市场为导向，因为"市场其实暗含和确立了一种质量标准，市场在检验学校办学水平，在约束着学校的办学质量，是一种重要的高等教育质量约束和保障机制"[①]。这种质量观得到后来很多相关研究的肯定，进而形成了"市场对高等教育产品的认可程度

---

① 张应强，刘在洲.高等教育大众化背景下的教学质量保障问题［J］.高等教育研究，2003（6）.

成为最直接的标准"的价值共识。二是学校导向。有学者提出，质量标准的制定应该以"举办者的价值目标和社会需要"为价值导向，学校的价值定位决定学校价值标准的制定。① 综合研究型高校主要培养学术研究型人才，应用型院校的培养目标主要是满足地方经济社会发展需要的技能技术人才，其质量标准应该是衡量培养目标与地方经济社会需求的适配度。三是人本导向。有学者认为，应该在高校的人才培养模式中增加一个价值维度，重视和发展学生作为"人"的价值，而不是从各种外在要求出发去规定人才培养的方式和目标。② 在这些价值观念的影响下，我国大部分高校教学质量保障的理念正在逐渐发生转变，质量标准由"参照国家统一标准"转向"学校自主开发"，整体上体现出客观性、多样性和层次性特点。③

2. 体系构成

就高校内部教学质量保障体系的构成而言，许多学者认为应由多个系统构成。例如，陈文贵认为，高校内部教学质量保障体系主要包括教学质量目标系统、教学质量保障对象系统、教学质量保障组织系统、教学质量保障活动系统、教学质量信息反馈系统、教学研究与服务支持系统等六个系统。戚业国、代蕊华等认为，高校内部教学质量保障体系包括五个系统：指挥系统、信息收集系统、评价与诊断系统、信息反馈系统、支持系统。④

---

① 戚业国，代蕊华.本科教学质量保障体系建设的思考与方法[J].教师教育研究，2007（3）.
② 倪瑞华.高校人才培养模式价值坐标体系的设定[J].中国高等教育，2014（3）.
③ 昌庆钟.审核评估与高校内部质量保障体系建设的四个转变[J].中国大学教学，2013（7）.
④ 戚业国，代蕊华.本科教学质量保障体系建设的思考与方法[J].教师教育研究，2007（3）.

3. 制度建设

在国家层面，我国注重高等教育的法律建设和完善相关规定，具体涉及高等学校设置条件规定、学位授予条件、教学成果奖励等。21世纪以来，2004年教育部发布《普通高等学校本科教学工作水平评估方案》，以及教学基本状态数据采集统计等有关文件。2012年教育部发布《关于普通高等学校本科教学评估工作的意见》。2021年教育部发布的《普通高等学校本科教育教学审核评估实施方案（2021—2025年）》，是近20年来我国高等教育评估工作的一次全面总结和提升，对中国高等教育教学质量保障体系建设具有深远意义。

在学校层面，对于高校内部教学质量保障体系的制度建设，学者们也有各种观点。蔡青等从制度建设的功能差异入手，认为高校内部的教学规章制度应涵盖教学改革与建设、实践教学、学生学籍管理、教学质量监控、综合管理等方面的内容。[①] 高耀明等则从制度本身的类别开始分析，将教学质量保障体系的规章制度划分为包括教学基本文件类在内的七个类别。[②] 朱军和程梅珍的分类与前者相似但更细致。他们认为，高校教学质量管理体系文件通常包括五个层次，即教学质量方针目标、教学质量手册、程序文件、工作文件、质量记录等。[③] 各高校也基于不同的出发点，结合各校实际制定了不同的规定，对教学保障制度建设的理解呈现出多样化的趋势。

---

① 蔡青，郑锡伟，韦巧燕.基于评估方案的地方教学型高校教育质量标准的构建［J］.教育与职业，2008（36）.
② 高耀明，张光辉.大学内部教学质量保障体系——以上海师范大学为例［J］.大学（研究与评价），2007（10）.
③ 朱军，程梅珍.ISO 9000族标准在高校教学质量管理中的运用［J］.教育探索，2008（10）.

4. 组织建设

组织建设是高校教学质量保障体系建设的重要一环，解决的是"谁保障"的问题。高海生等认为，学校教学质量保障的组织机构大体上有三个部分，一是代表学校从事教学质量保障与监控工作的机构，二是直接从事教育教学工作的基层教学单位，三是与教学工作有着直接关系、对教学质量有直接影响的职能部门。① 夏明忠等基于 ISO 质量标准理论提出，教学质量保障的组织建设应该由决策指挥系统、执行运作系统、条件保障系统和监督咨询系统等四大系统组成。② 李明提出构建"校—院—系"三级或者"校—院"两级的质量保障组织体系，相应地划分为"校—院—系"三个层次和"校—院"两个层次。③ 杨彩霞提出将质量保障组织体系划分为领导决策机构、组织管理机构、学生处执行机构、监管机构等四个层次，同时在监管机构中不仅在教务处设教学质量管理科，还在教务处之外独立设置教学质量评估中心或者教学质量监控中心，监控机构同时包括学校和学院两级教学督导。④

5. 管理队伍

有学者认为，我国的教学质量管理队伍建设已经取得长足的进步，具有明显的专业化特征，其专业化程度在不断提升。⑤ 但是，在当前形势下，由于中国高等教育尤其是教学型地方本科院校普遍存

---

① 高海生，胡桃元，许茂组，熊国良.高等教育教学质量保障监控体系的构建与实践[J].教育研究，2006（10）.

② 夏明忠，任迎虹.本科教学质量标准与监控——西昌学院的实践[M].北京：北京理工大学出版社，2010.

③ 李明.基于多理论视角的高校内部教学质量保障体系建构[J].中国高等教育评估，2013（2）.

④ 杨彩霞.高校内部教学质量保障体系评析——教育部评估中心教学质量保障体系研讨会启示[J].中国高等教育评估，2009（4）.

⑤ 冯方盛，刘吟.地方高校教学管理队伍专业化假设的问题及对策研究[J].中国高教研究，2011（3）.

在建校时间短、发展资源短缺等困难，为了加快发展，这些院校大都将资源集中于基础设施建设和高层次人才的引进，而对教学管理队伍建设缺乏足够的关注，故而我国高校教学质量管理队伍的建设还存在很多问题。所以，要进一步转变观念，加强对教学管理人员的培训，提高教学管理队伍整体的水平。对此，研究者们提出了一些有益的见解。例如，方惠圻认为教学管理队伍建设是有层次的，分为高层、中层、基层三个层次，在加强教学管理队伍建设时要遵循一定的层次规律。① 陈耀辉等提出通过推行"教学管理人员准入资格"聘用制度完善教学管理队伍的建设。②

6. 质量文化

"质量文化"的概念最早由现代质量管理领军人物、美国的约瑟夫·M.朱兰提出，他认为"质量文化是人们与质量有关的习惯、信念和行为模式，是一种思维的背景"③。蒋友梅提出，高校质量文化之所以区别于企业的质量文化，是因为高校所"生产"的不是商品，而是富有个性的人，因此高校质量文化更是一种精神的存在。④ 李敏提出从构建大学文化和传承民族文化视角，构建我国高等教育质量的保障体系。⑤ 近年来，随着高等教育质量标准向关注学生学习体验转移，对质量文化的关注也开始走向"以学生为本，以学生为中心，强调学生参与"。⑥ 徐娟等认为，高校可通过开展质量文化教育，从树立科学的教育质量观和强化质量意识、坚持全面质量管理的理念、

---

① 方惠圻.高校教学管理队伍建设的层次要求与措施［J］.江西教育科研，2007（7）.
② 陈耀辉，游金辉.高校教学管理队伍专业化建设探讨［J］.教育与教学研究，2009（11）.
③ 禚军.倡导质量文化建设，提高大学教育质量［J］.高教研究，2012（8）.
④ 蒋友梅.转型期中国大学组织内部质量文化的生成［J］.江苏高教，2010（5）.
⑤ 李敏.高等教育质量保障体系变革的文化支柱［J］.现代教育科学，2008（7）.
⑥ 汪雅霜，杨晓江.英国高等教育质量管理的核心要素——同行评议·学生参与·文化培育［J］.黑龙江高教研究，2012（5）.

加强高等教育质量制度建设、完善质量控制与教学质量保证体系等四个方面，加强质量文化建设。①2016年，教育部发布《中国高等教育质量报告》，指出我国高等教育仍然存在"四不够、一不高"的突出问题，其中包括"质量意识和质量文化不够"。我们必须从国际视野出发，结合本国教育质量建设的实际，奉行"以学生为中心"和"培养质量文化"的先进教育理念。②

7. 保障机制

高等教育质量保障机制整体上分为外部机制和高校内部机制。外部机制主要有国家（中央和地方政府）、社会以及各种非公立的教学质量评价组织。别敦荣等认为，高等教育质量保障必须依靠高教界建立起自身有效的质量保证机制，主要是将政策约束转变为机制约束，把市场竞争机制引入高等教育质量保障体系；对于高校内部来说，引入竞争机制可以促使高校的教育主管部门积极参与竞争，同时也关乎教职工的切身利益，促使进一步深化人事、分配制度的改革。③对于内部质量保障机制，康宏认为应包含六个方面的建设，即目标机制、组织机制、主体机制、对象机制、激励机制、调控反馈机制。④符建湘等认为，高校教学质量保障机制包括管理机制、监控机制、预警机制、激励机制。⑤此外，还有学者提出建立竞争机制、创新机制、目标管理与人文关怀机制等不同观点。

---

① 徐娟，董云川.高等教育质量文化建设刍议［J］.上海教育评估研究，2014（3）.
② 教育部高等教育教学评估中心.中国高等教育质量报告（摘要）［N］.中国教育报（第5版），2016-04-08.
③ 别敦荣，孟凡.论学生评教及高效教学质量保障体系的改善［J］.高等教育研究，2007（12）.
④ 康宏.高等教育质量保障机制研究［J］.国家教育行政学院学报，2001（5）.
⑤ 符建湘，傅晓军.高等学校建立教学质量保障机制的思考［J］.评价与管理，2006（4）.

(二)我国高等教育质量保障的主要问题

第一,质量保障体系建设存在同质化倾向。总体上看,各高校因外部需求而建设的教学质量保障体系同质化有余而多样性不足。所有高校都采取了成立质量保障组织、开展质量监测活动等规范性措施,但在关乎提升人才培养质量和教师教育教学水平的内涵建设上显得不足,主要表现为:质量信息数据库利用不充分;质量改进积极性缺乏;自我评估活动开展不足,质量保障工作动力具有较明显的"外塑性",自主性不足,内生动力缺乏。此外,高校教学质量保障体系存在互相模仿甚至照搬的情况,其体系的内容和模式相似性较高,缺乏根据办学定位和培养目标量身定制、体现自身特色的质量保障活动,导致教学质量保障体系建设特色化缺失,模式化趋同。

第二,关于质量保障的理论研究有待深化。从内容来看,大多研究文章集中探讨如何提高教学质量,而忽视了科研、社会服务这两个同样重要的层面。而且,国内现有研究将"内部质量保障"等同于"教学质量保障"。申天恩等指出,这两个概念虽然存在天然关联,但两者所蕴含的理念和外延特征却泾渭分明。[1]高校内部教学质量保障体系面对教学这一特定对象,而高校内部质量保障体系涵盖教学、科研和社会服务三个层面。李国强亦指出,我国高校内部质量保障体系建设还处于初级发展阶段,系统性、整体性、科学性不足。[2]同时,在人们的思想观念中还存在很多认识误区,如片面认为高校办学质量仅指教学质量,而没有认识到高校办学质量是指

---

[1] 申天恩,R.Morris.高校内部质量保障体系建设国际比较与建设框架[J].高校教育管理,2015(1).

[2] 李国强.高校内部质量保障体系建设的成效、问题与展望[J].中国高教研究,2015(2).

高校整体运行的全面质量。在研究方法方面，国内研究集中于综述、启示和理论建构类，实证研究较少，且应用于同一研究的数据收集手段较单一，致使许多启示类文章存在本土化不足的问题。在研究对象方面，涉及私立高校、高校附属机构、职业院校的研究较少，这类院校是我国高等教育不可分割的重要组成部分，且已知的质量问题突出，需要加以更多关注。

第三，质量保障的组织能力有待提升。教学质量保障体系建设要依靠必要的组织结构和人员保障，才能把学校各部门、各环节的教学质量管理活动严密组织起来，构建质量管理的有机整体。目前许多高校按照教学质量保障体系建设要求，在建章立制、搭建组织方面投入了较多时间和精力，但真正落实的时候，却发现人员和经费等问题阻碍工作的顺利实施。[①] 第一，有的高校质量保障机构级别低，未能在制度层面实现"管、办、评"分离。一些高校未设置独立的教学质量监控与评价机构，有的由教务处下设的教学质量管理科负责，有的由发展规划处下设的科室负责。体制和机制上的弊端，使得从整体上协调全校质量保障工作无法开展。第二，质量管理人员的数量和专业化程度不能满足需求。有的高校质量管理人员数量很少，没有足够的时间和精力认真思考教学质量方面存在的问题以及解决办法，又缺乏专业培训和学习提高的机会。第三，教学督导的数量和结构问题。很多高校督导队伍由退休教师组成，校级督导组力量不足，出现听课次数少、学科专业覆盖不全面等问题。院级督导队伍存在结构不均和经费偏少的问题，人数少、年龄大的问题也比较突出，质量保障体系的执行环节薄弱。

---

① 王小明，冯修猛.国内高校内部教学质量监测与评估机构发展：现状、问题与对策[J].上海教育评估研究，2018（4）.

（三）我国高等教育质量保障的发展方向

一是构建高等教育质量标准。《国家中长期教育改革和发展规划纲要（2010-2020年）》提出，要"制定教育质量国家标准，建立教育质量保障体系，改革教育质量评价和人才评价制度，建立多样的评价标准"[①]。构建一套科学规范、合理有效的质量标准，是质量保障体系得以顺利运行的前提和基础。尽管目前有关质量标准的研究还需要更加深入，但是可以总结出一种基本范式，即质量标准是保障体系的核心，质量标准的制定需要学校进行正确定位，树立以市场为导向的基本原则，同时关注学生的主体需要，再依据一定的理论基础，并根据学校和不同专业的实际需要进行。质量标准的制定要体现出层次性、多样性、客观性的基本特征。

二是建设高校质量文化。质量文化在高校内部质量保障体系中发挥根基作用。高校质量文化应当体现人本价值，这是与人文主义教育观的时代趋势相一致的。高校质量文化必须围绕学生成长成才和教师专业发展来构建，高校的一切活动和所有功能都服务于人才培养，如建立教学与科研的融合和内洽机制，设立高校科研评价的"教学因子"，将科研成果转化为人才培养的资源作为评价教师科研的重要标准。只有在高校内部形成高共识度的质量文化，质量保障才能真正在课堂、实验室、图书馆、宿舍等各个角落扎根，人才培养各个环节的高质量诉求才能真正由外部驱动变成内生自觉。人才培养质量在某种程度上而言，是可见、可感知但却不可直接测量的，只有形成质量文化根基，才会获得真正活力，从文化自觉的高度发挥内部质量保障体系的持久效率，确保人才培养质量。

---

① 国家中长期教育改革和发展规划纲要工作小组办公室.国家中兴期教育改革和发展规划纲要（2010—2020年）[EB/OL]．教育部．[2010-07-29]．http://www.moe.gov.cn/srcsite/A01/s7048/201007/t20100729_171904.html.

三是推动高等教育内涵式发展。"内涵式发展是以事物的内部因素作为动力和资源的发展模式,表现为事物内在属性的发展"。①"高等教育内涵式发展是以提高质量为核心的'质量、结构、公平以及制度'等各要素统一、协调、可持续的发展模式"。②"高等教育内涵式发展的核心是科技创新,关键是体制改革,重点是繁荣高校文化"。③总之,对内涵式发展的关注是高等教育质量提升的必然,也是未来发展的趋势,这凸显了高校的主体地位,重视高校内部体制的优化,更加重视教学质量的提高,以持续提升人才培养质量。

四是坚持以学生为中心。高等教育质量保障关注要素由"教"到"学"的转变,是目前研究方向的新变化。研究者开始关注学习者在质量保障中可能发挥的作用,从对学生的评估、学习者支持、学生评估委员会、学生参与度、学生学习目的地等角度开展实证研究。杨彩霞等明确提出,要以学生的学习成果而不是教师的教学效果作为评价教学质量的重点,进而提出组织策略、目标建构策略、服务支持策略以及评价反馈策略等教学质量保障改进策略。④江珊则基于学生评教视角,对哈佛大学教学质量保障体系建设进行分析,呼吁重视学生在评教中的主体作用。⑤因此,在高校质量保障体系建设中,要突出"学生中心"理念,坚持成果导向,注重学生学习体验以及学生参与,让学生更多地参与到质量保障活动当中。

---

① 瞿振元.高等教育内涵式发展的实现途径[J].中国高等教育,2013(2).
② 张德祥,林杰."高等教育内涵式发展"本质的历史变迁与当代意蕴[J].国家教育行政学院学报,2014(11).
③ 刘齐.内涵发展:高等教育大众化阶段的必然选择[J].教育理论与实践,2013(27).
④ 杨彩霞,邹晓东.以学生为中心的高校教学质量保障:理念建构与改进策略[J].教育发展研究,2015(3).
⑤ 江珊.哈佛大学教学质量保障体系建设探析——基于学生评教的视角[J].高校教育管理,2016(2).

三、基于大数据的全过程教学质量保障体系建设

长期以来，高职院校教学质量管理过程中普遍存在着三大问题：一是评价结果反馈不及时，且教学质量测评数据不完整，数据分析有偏差，可信度不高。二是教学质量全过程监控较弱，缺少对专业及其课程实施过程中关键环节的诊断分析，使得状态数据诊断点的监控与专业课程的专项诊改脱离，无法实现教学质量全过程的点（课堂）、线（课程）、面（专业）、体（人才培养质量）的诊断连接。三是缺少与教学质量过程性管理契合度高的信息化测评系统，无法为质量管理部门提供有效可信的数据，也无法满足教师、学生、督导间的互动交流。改进上述三大问题的关键是，实施教学质量全过程的大数据获取、分析，进而提出诊断与改进策略。本节以深职院为案例，介绍基于大数据的全过程教学质量保障体系建设。

（一）基于大数据的全过程教学质量保障体系开发过程

2009 年，深职院通过国家示范校建设验收后，将提高教育教学质量作为内涵式发展的核心。在国内高等教育界广泛讨论基于 OBE 教育理念培养应用型人才和课程学习评价研究的大环境下，学校开展了教学质量管理与评价方案的研究与实践。2010 年，学校承担的广东省教育科学规划项目"发展性教师教学质量评价、导向性教师评优方法研究"课题，提出坚持以学生为中心评价课程教学效果，着力促进教师教学质量提升。2013 年，学校在健全学生督导信息员体系基础上，研究制定教学质量评价实施办法及配套的系列评价标准，开发一套全新的教学质量综合测评软件系统，完善了教师教学

质量测评办法，并在专业与课程建设质量方面开始试点督导评价；同时利用 KDD（Key Data Digging）技术挖掘筛选前十年教师教学质量测评指标数据，聚焦教学质量评价分析和质量体系完善的研究与实践。

2015 年，教育部发文要求全国高职院校开展内部质量保障体系的诊断与改进工作，指导从学校、专业、课程、教师、学生等五个层面开展内部质量保障体系建设，明确诊断与改进工作的目标和任务是"提升教育教学信息化水平"、"选择部分办学水平较高的高职院校，开展专业诊改试点"，并对人才培养工作状态数据等教学信息数据的应用提出了具体要求。为此，深职院在完善评价制度的基础上，以诊改为抓手，聚焦教学质量评价模式改革和质量保障体系完善开展研究，同时进一步改进信息化系统，采集关系型测评数据和专业建设、教学过程文档等非结构化数据，形成了一个全新的涵盖专业、课程、课堂三个层面的全过程教学质量诊断与改进的系统化解决方案。

（二）基于大数据的全过程教学质量保障体系建设思路

遵循以学生为中心的理念，从专业、课程、课堂三个层面采集全过程数据，从诊断关键节点入手，应用大数据分析，构成周期性诊改运行体系。

1. 借鉴国际专业认证标准，研制专业诊断改进方案，开展专业建设全过程质量评价

依据以专业对接产业的原则，通过专业人才需求分析职业岗位能力目标定位，强化流程，形成专业诊断点和诊断方案（图 8-1），采集专业建设全流程关键节点数据，如专业培养目标与职业岗位典型工作任务（核心专业能力）产生流程、"校—院—专业"目标对照信息、专业课程体系、专业教学效果、专业实习实训数据等,通过"专业自查—自诊—自定改进方案—学校诊断与复核"4步骤进行诊断,并通过周期化全面开展专业诊断改进质量提升。学校每学年根据招生第一志愿录取率、毕业生就业竞争力、就业专业相关度等指标和第三方诊断数据,按照深职院制定的专业动态调整管理办法,对专业进行动态调整。其间形成《专业诊断与改进报告》、《专业改进方案》、《专业诊改意见书》,以及反馈专业诊断报告;发表《成果为本的专业设计——基于加拿大北阿尔伯塔理工学院实施 OBE 教学改革的启示》、《"课证"一体化课程体系开发及质量保障的实践》;立项校重大课题《基于高职教育品牌专业教学诊断与改进的理论与实践研究》、校重点课题《专业教学诊断与改进的研究与实践》进行系统研究与实践;对深职院 16 个省品牌专业和 12 个省一流院校高水平专业建设开展质量分析与评估。

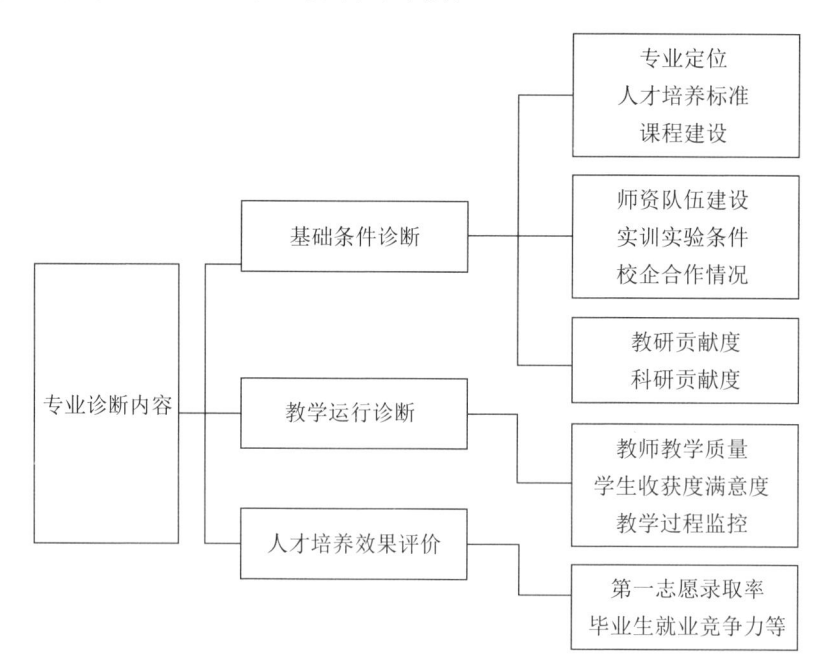

图 8-1 专业诊断主要诊断点

2. 融合布鲁姆的认知领域六级目标分类，以职业行动能力为导向，研制课程诊断与改进方案，开展课程建设全过程质量评价

美国心理学家布鲁姆的教育目标分类法将教育目标分为认知、情感和动作技能三大领域，将认知领域分为知道、领会、应用、分析、综合、评价等六级。深职院融合该目标分类，以职业行动能力为导向，按照全人培育目标，确定课程诊断方案和诊断点（图8-2），采集学生和教师数据、课程目标与专业培养目标对接信息、课程组织数据、课程与能力培养关联信息、教学效果及评价数据、课程实验教学设备及空间信息等，从课程目标定位到课程实施再到教学效果分析，全方位规范教学流程，规范课程能力目标及其表述。同时按照"课程组自查—自诊—自定改进方案—学校诊断与复核"4个步骤进行诊断与改进实施。其间形成《课程诊断与改进报告》、《课

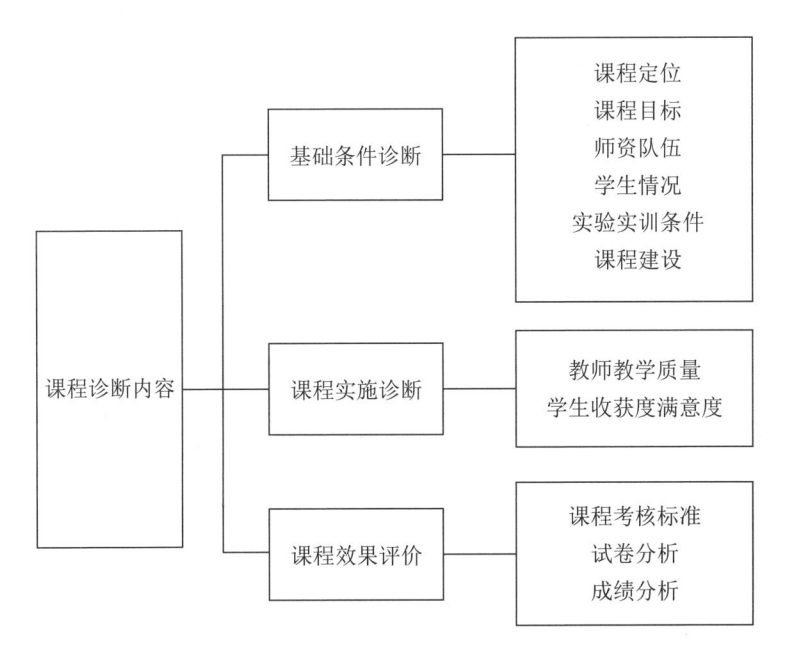

图 8-2　课程诊断主要诊断点

程改进方案》、《课程诊改意见书》等研究报告；完成7门公共课的诊断与改进；对32门省精品开放课程开展质量评估；对6门公共课、19个专业核心课程进行诊断与改进；对100门项目课程进行专项督导。

3. 秉持以"以学生为中心"的学习理念，研制教学质量测评办法、系列指标，开展课堂教学质量评价

深职院贯彻以"以学生为中心"（Student Centered Learning）的学习理念，强调学生在教学过程中的主体地位，激发学生学习潜能，促进学生能力培养，就必然从客观上要求学生更多地参与到教学活动中。为此，我们三次修订校教学质量测评文件，将学生对教师教学的测评权重增加至50%，每学期学生评教率均达97%以上，并分类制定了3套督导用课堂测评指标和2套学生测评指标，其中学生测评指标在学期中侧重于课程内容的前导后序、采用案例或项目（任务等）教学方法等方面的评价，在期末侧重于收获度、满意度等方面的评价。通过课前教学进度信息采集，课中教学质量督导、学生评价和"督导—教师—学生"质量信息反馈交流，课后学生教学效果评价、部门评价、教师自诊数据分析等，形成了课前、课中、课后全过程的教学质量监测、评价与反馈系统（图8-3），有效提升了人才培养的教学效果。其间完成了《基于三育人改革的教学督导与教学质量评价研究》报告，发表了《构建以学生评教为主导的教学质量测评体系》、《"文化育人"与高职课堂教学的关系及融合策略》等论文。

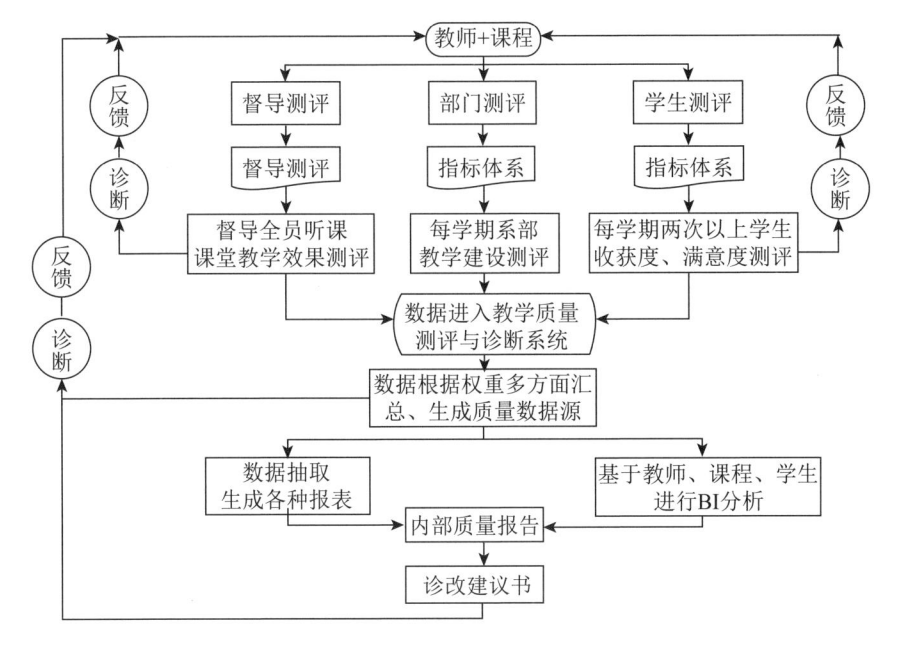

图 8-3　教学质量测评反馈流程图

4. 通过大数据采集、多元分析适时反馈、跟踪复核，形成三个层面的质量诊断与改进的闭环管理系统

通过自主开发的内部质量管理和诊断改进系统、人才培养状态数据可视化系统等采集的数据，结合麦可思毕业生调研数据、数字化校园各系统数据，形成了由结构化数据和非结构化数据组成的数据仓库；运用数据抽取、智能评语分析、可视化分析画像等技术对大数据进行分析，将数据转化为质量信息，既作为诊断改进的依据，又用于绩效考核，实现对学校、专业、课程、班级、教师的教学质量诊断。在信息反馈过程中，通过移动信息即时反馈和分析报告等形式，将《诊断与改进建议书》下达至相关教学单位，督促其进行改进，质量部门再跟踪复核，从而形成一个教学质量的"诊断—反馈—改进"的闭环系统（图 8-4）。在项目实践中，研究团队还利用数据开展青年教师教学质量提升研究，发表了《试论青年教师教学竞赛绩效——基于教学评价数据分析》研究报告。2021年抽取了2017—2020学年学生人才培养工作状态数据采集管理系统中对应的11大项相关数据服务教学诊改；依据学生评教数据，形成学校《2017—2020学年教学质量测评数据分析报告》和23个教学单位子报告，以及《2018—2019学年思政类课程分析报告》、《电子精英班课程分析报告》等分析报告，作为教学决策的参考。

专业、课程、课堂诊断与改进运行流程

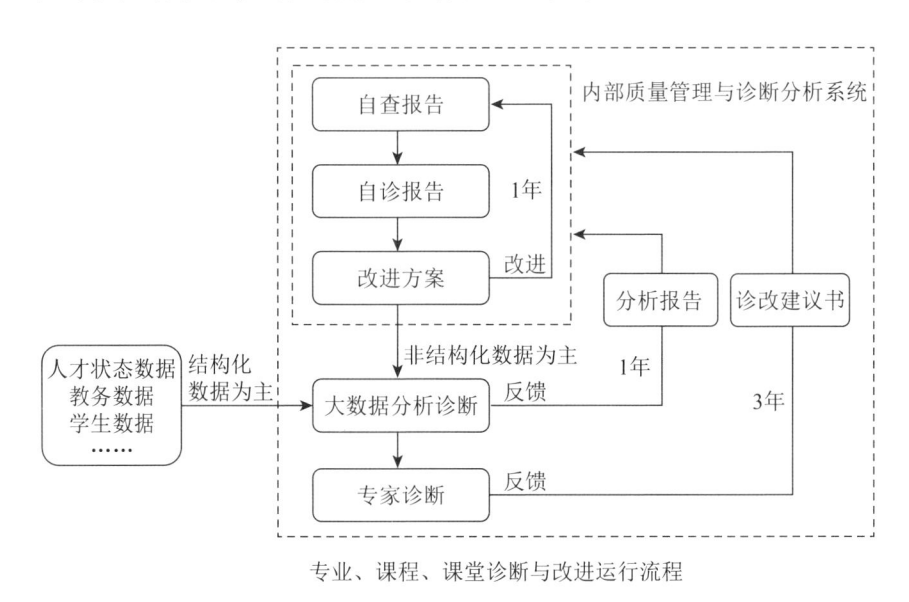

图 8-4　诊断与改进闭环图

5. 自主研发具有独立知识产权的信息化系统，从三个层面实施全过程的教学质量诊断与改进

深职院自主研发的内部质量管理与诊断分析系统包含7大子系统（图8-5），是涉及专业、课程、课堂三个层面的质量诊断与改进的信息系统，形成了多维度测评模型个性化定义、移动和桌面端快速海量异构数据采集、任意数据抽取、智能化评语分析、移动信息即时反馈、改进跟踪管理、大数据多层面可视化分析画像,实现了全过程支撑教学质量诊断与改进等功能。该系统既是质量管理部门的日常工作系统,也是诊断与改进的大数据分析系统,同时支持教师、学生、督导之间的 PDCA 反馈交流,形成了深职院独具特色的质量文化。在此基础上,深职院团队自主研发的"高校教学质量综合测评系统"获得 2 项知识产权,被 20 余所高职和本科院校采用,取得很好的应用效果。

```
深职院内部质量管理与诊断改进系统
├── 教学质量综合测评与诊断分析系统
├── 内部质量诊断与改进管理系统
├── "学生-教师-督导"PDCA反馈交流系统
├── 教师自诊自测系统
├── 内部质量反馈与改进跟踪系统
├── 文件资料管理系统
└── 状态数据诊断分析可视化系统
```

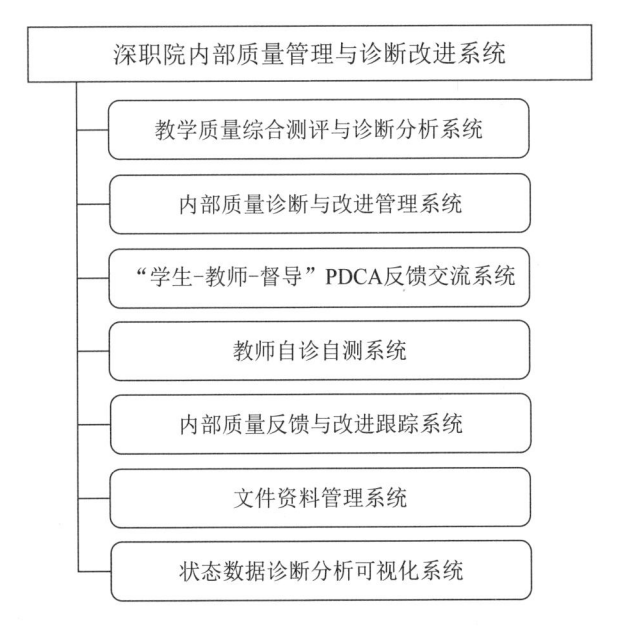

图 8-5 深职院内部质量管理与诊断改进系统

(三)基于大数据的全过程教学质量保障的创新之处

第一,评价理念的创新。基于大数据的全过程教学质量保障体系以学生为中心,通过三个层面的全过程质量跟踪,对关键环节进行诊断,对薄弱节点进行定位,提升了专业与课程改进成效。该成果借鉴国际专业认证范式,推动专业依照现代职业教育专业开发理念和方法进行建设,优化了专业课程体系;参照布鲁姆六级认知目标分类,跟踪全校专业教学标准、课程大纲、教学进度计划,规范了课程目标和内容,实现了课程的PDCA质量管理,确保专业课程目标和教学内容对接行业岗位能力要求;对专业与课程建设与执行过程中的关键环节进行诊断分析,全过程精准定位薄弱环节,提升专业与课程改进效率,使教学质量从点(课堂)、线(课程)、面(专业)、体(人才培养质量)得到持续关注。质量数据既可作为绩效考核的依据,又可作为发现问题、诊断分析、改进措施及跟踪改进的参考依据,促使教学改进的效用大大提高。

第二,评价实践的创新。全过程质量诊断注重过程性质量测评数据的使用,如自主研发的微信端——"学生—教师—督导"PDCA反馈交流系统实现了即时反馈和互动交流,可使学生、教师、督导之间的任意两方实现点对点在线互动,如学生反馈课堂纪律、学习情况及提问、讨论,教师查看学生、督导测评结果,督导了解师生教学状况、反馈课堂观察与评测结果,等等。由于反馈与交流信息在系统中日积月累,形成海量数据源,从而可以实现对教学部门或者教师教学质量的总体评价,充分发挥大数据在提升教育质量、促进教育公平、实现个性化学习、优化教学资源配置、辅助教学部门进行科学决策等方面的重要作用。

第三,评价手段的创新。深职院自主研发的具有知识产权的"高校教学质量综合测评系统",是遵循质量管理需求理念、紧扣国家相关质量管理政策要求而形成的与质量管理需求契合度高的信息化测评系统,是实现内部质量保障体系真正落地的助推器。该系统每学年通过桌面端采集督导和同行评价的数据超过15000条指标项,通过微信端采集的学生测评数据超过500万条指标项及近20000条评语；基于海量数据，运用 SWOT 分析模型（态势分析法），通过纵横向比较、平面分析、综合分析、使用 AI 技术实现教学评语抽取和情感倾向分析等，发现教学过程中的亮点、特色及普遍性和特殊性问题，每学年研制编辑成 30 余本校级、院级、专业、课程专项等各类诊断分析报告，反馈教学质量问题，指明改进方向。

（四）实施效果与反思

深职院自主开发的基于大数据的全过程教学质量保障系统已在全校应用。首先，学校在每学年对 1200 余名教师实行督导全员听课、学生两次测评、部门全员评价、教师课程全面自诊，质量测评结果用于绩效考核，同时反馈质量信息至个人、专业、课程、学院。自 2015 年起，跟踪诊断督导省一、二类品牌专业；自 2017 年起，对 15 个专业和 7 门公共课程开始专业、课程诊断测评试点，逐步扩展至全校的专业与课程；自 2019 年起，又对新增的 100 门项目化课程和"金课"实施全过程质量专项督导，形成了周期性的教学质量诊改运行机制。其次，通过全过程教学质量诊断改进及对各类质量数据挖掘分析，每学年形成了 30 余本校级、院级、专业、课程专项等各类诊断分析报告，反馈教学质量问题，推动教学改革。测评系统中的各项指标与时俱进，促进了在人工智能背景下专业转型升级、项目化课程改造、混合式教学实践的教学改革，促成了 1671 人次教师获评教学优秀，提升了 32 门省级精品开放课程、16 个省级品牌专业、12 个一流专业的建设水平。麦可思报告显示，我校学生专业课程满意率提升 3%，用人单位对应届毕业生总体满意率达 95%。此外，在本项目研制及实践中，我们对 40 余所高校的相关研究进行了调研，立项国家、省级相关研究项目 10 项，发表相关论文 8 篇。该系统至今已在 20 余所院校运行，促进了兄弟院校教学质量评价模式的改革和教学质量管理水平的提高。学校主办高校内部质量管理与诊断改进工作研修班两期，项目组成员在教学督导、质量评价、教学诊断与改进的全国省级培训交流中做报告50多场，培训全国各职业院校教师超过7000人次，入选全国高职院校校长联席会内部质量管理诊断与改进成果案例，并在中国高职高专教育网站展出推广。

在实践过程中，基于大数据的全过程教学质量保障系统之所以取得较好的实施效果，主要在于结合高职院校的实际，较好地把握了以下几个原则：第一，在学校主体的基础上聚焦专业。以学校的质量方针和目标为指引，完善"五纵"（决策指挥、质量生成、资源建设、支持服务、监督控制）、"五横"（学校、专业、课程、教师、学生）、"一平台"（信息支撑平台）的内在有机联系，全面提升对教学质量的支持；在此基础上聚焦专业建设，以品牌专业建设和专业认证为抓手，瞄准专业定位、培养方案、课程体系、师资力量、教学条件、人才培养效果等方面，进行常态性诊断与改进。第二，教学质量测评与诊断改进相结合。教学是学校人才培养的主要手段，教学工作是学校日常的主要工作，教学质量的好坏直接影响人才培养的质量。全过程教学质量保障系统可以根据诊断目标设置教学质量测评的指标体系与测评方法，通过专家、学生、教师等多方的数据调查获取测评结果，通过对测评结果数据的分析可以得到课程、教学、学生满意度收获度等方面的分析结论，从而判断哪些工作做得好，应继续保持，哪些工作做得不好，需要改进。因此从教学角度，可以认为测评是诊断的过程，诊断与改进是测评的结果。第三，数据调查与专家调研相结合。对于量大面广的工作，可以采用数据调查的方式；对于专项工作或者总体性、结论性工作，可以采用专家调研的方式。二者有机结合，形成诊断与改进的基本工作方法。第四，可达性与可测性相结合。按照SMART原则（明确、可测、可达、相关、时限），设计学校、专业、课程、教师、学生等不同层面质量目标和质量标准。以过程方法为基础，将各项活动和资源作为过程进行识别和管理，确定各过程的输入与输出流程以及关联过程的接口，设置质量监控点，建立融目标责任、质量标准、工作制度、绩效考核于一体的质量体系。第五，信息化原则。在当今时代，信息化是一切管理工作的基础，教学质量保障工作必须建立和完善信息化平台，其中主要是教学质量综合测评与诊断分析系统、基于悉尼协议的教学过程监控系统以及"学生—教师—督导"教学质量反馈交流系统，使得教学质量保障工作信息化、常态化、客观化。

第九章

中国特色世界一流职业院校建设的思考

作为一种实践活动，职业教育需要在一定理论的指导下，朝着既定的方向发展迈进，并在逐步嬗变的进程中，不断调试与社会的契合度，在积极适应和适度超越的前提下，稳步地实现自觉革新与持续进阶。建设中国特色世界一流职业院校，必然是对以往职业教育发展模式、发展举措的突破性超越，要在解构原有职业教育发展惯性"舒适区"的基础上，吸收借鉴其他有利要素，重新建构一种兼顾人本价值与社会价值的职业教育进阶模式和理路。当然，"世界一流大学没有固定的办学模式，创建一流职业技术大学，也并不存在现成的模板"①，需要我们在见仁见智的百家争鸣中，展开既有校本个性、又具普适情怀的应然性预设研究。

一、中国特色世界一流职业院校的发展模式

模式是一种趋于稳固的理论与实践定式，是凸显某一实践活动

---

① 阮艺华.关于创建一流职业技术大学的思考[J].中国高教研究，2010(2)：73-74.

个性标识、保障某一实践"如其所是"的表达自我的文化积习。一般而言,"职业教育办学模式就是职业教育在长期发展中所呈现的结构形态及其运行机制"①,"探寻职业教育发展模式的变革,既是对现有职业教育发展困局的反思,也是对未来职业教育发展方向的主动探索;既是顺应外部经济社会环境变革的要求,也是平衡教育内部自身建设的需要;既是实现职业院校办学目标和利益的基础,也是推动国家、社会文明进步的战略抉择,具有极其重要而又深刻的历史性意义"②。因此,建设中国特色世界一流职业院校,首先必须要思考实现一流的基本发展模式。需要指出的是,本研究论及的中国特色世界一流职业院校建设,并非基于狭义视角指向某一单个学校的建设(个体属性),而是基于广义视角指向职业院校这一类学校的一流建设(群体属性)。具体包括高端发展、自主发展、创新发展、充分发展和平衡发展等五种发展模式。

(一)高端发展

作为前缀修辞,"一流"代表了世界一流职业学校的质性规定。"一流"侧重于对"世界一流"的质的定位,代表的是一等的品质、时代潮流的标志和自成一体的流派。③可以说,"中国特色世界一流职业院校"体现的是一种高端文化,只有瞄准高端的质量标准,才能在助力社会发展中体现"一流"的价值。至于如何实现高端发展,有学者指出,世界一流高职院校首先应有自己独特的专业(群),

---

① 石伟平,郝天聪.从校企合作到产教融合——我国职业教育办学模式改革的思维转向[J].教育发展研究,2019(1):1-9.
② 魏明.新时代我国职业教育政策模式的反思与超越[J].中国职业技术教育,2018(12):5-12.
③ 李洪渠.办世界一流高职院校的要素特征及内涵标准研究[J].中国职业技术教育,2015(9):57-61.

通过一流的"双高"职教师资、一流的技术研发实力、一流的实习实训环境、快速的市场反应机制作支撑，并以此为基础形成一流的教学水平，通过先进的产教融合教学模式和优秀的毕业生体现其社会效果，再加上一流的国际化水平和一流的管理文化，共同形成一所学校鲜明的市场辨识度。① 可见，职业院校的高端发展模式主要体现为专业、主体、技术研发等要素的高端发展。

首先，建设中国特色世界一流职业院校，必须坚持专业的高端发展。专业是学校开展人才培养、社会服务、应用技术研究的基本单位，是学校与社会需求的结合点，是学校内涵建设的基本载体。专业建设水平是学校办学实力、社会声誉、人才培养质量以及是否走向世界一流的重要标志。坚持专业的高端发展，一方面是坚持专业类型的高端。囿于办学实力和传统价值定位（层次而非类型）的原因，我国高等职业教育一般对接中低端产业或仅仅服务于产业中低端，学校设置的专业鲜有涉足高端技术领域，其专业的准入条件相对较低，并将职业教育框定在教育底端层次的范围。而建设中国特色世界一流职业院校，必然要求学校在参与高端产业的进程中实现自身的专业转向，紧紧锁定新一代信息技术、人工智能、5G、云计算、大数据、区块链、物联网等战略型高端产业设置相应的专业，保证学校发展方向朝向高端。另一方面是坚持专业层次水平的高端。专业发展水平的高端不仅仅表现为专业的级别、称号，而是体现为专业的实际产出效应及社会影响力。一般而言，专业对社会技术进步的提升推动、对社会高端人才的输出供给、对社会区域文化的辐射熏陶、对国际教育及社会的影响等等，都反映出专业的综合实力和高端程度。此外，还要实现专业发展机制的高端。高端的专业方

---

① 李洪渠，彭振宇，张一婵.基于市场视角看世界一流高职院校内涵及特征[J].职教论坛，2015（12）：4-9.

向和专业质量并非一蹴而就，而是需要不断调适与适应社会发展的频度，达成与社会进阶速度的契合。这就需要建立健全保障专业高端发展的机制，通过实时的元省思、自反馈等形式，全面保障专业的高端发展。

其次，建设中国特色世界一流职业院校，必须坚持师资的高端发展。在高等教育领域，梅贻琦先生有关大楼和大师的论述早已为学界所认同。高端师资团队的打造，不仅是学校人才培养的关键性保障，同时也是学校科技研发和社会服务的重要条件。可以说，师资队伍建设在很大程度上关涉着职业院校是否能够达到一流。因此，坚持高端发展模式，必须打造具有职业教育特色的高端教师团队：要构建以结构优化为目标的双师配置机制，积极扩大招聘具有企业工作经验的高水平技术技能人才、企业经营管理者；通过直聘等方式，加快引进具有绝技绝艺的大师、行业企业领军人才、工匠及传统技艺传承人；建设高层次技能型兼职教师"流动站"，设置"讲座教授"吸引境内外应用研发一流人才来校短期合作与授课，设置"产业教授"高薪聘任企业一线工程师来校担任兼职教师、联合开展技术攻关等；积极探索基于职业工作过程的模块化课程、创新型项目化教学改革，推动形成双师结构与双师素质兼顾的教师资源配置新机制。同时，要构建完善人事制度保障机制，多管齐下实现人尽其才：构建立体多元的招聘体系，建立"能进能出"的用人机制；优化分类考核的评价体系，建立"能上能下"的聘任机制；完善绩效导向的激励体系，建立"能高能低"的分配机制。

最后，建设中国特色世界一流职业院校，必须坚持技术研发的高端发展。技术研发是高等职业教育保质量、上层次、争一流的"硬核"指标。因此，坚持高端发展模式，必须积极探索有利于开展高端技术研发的保障机制。一方面，要坚持应用研究和技术服务为主的技术技能创新服务导向，完善科研管理服务制度，探索建立适合现代职业教育人才培养和技术技能创新服务需要的技术技能创新服务平台运行和管理新模式、新机制；完善科研和技术服务分类评价、分级管理制度体系；建立能有效发挥教师应用研发和技术服务积极性的科研管理服务体制机制；依托国有资产经营公司改制，引进风险投资基金，建立风险共担、利益共享的技术技能成果孵化、转移、转化新机制，形成从技术开发、技术服务到成果转化的一体化技术技能创新机制。另一方面，要引进国内外知名科学家作为带头人，培育科研创新团队；与行业龙头企业、领军企业和科研院所合作，瞄准国家战略型产业和区域支柱性产业高端关键核心技术，重点建设一批应用技术创新平台；对接行业和中小微企业发展需求，重点建设一批公共技术服务平台；积聚人文社科优势科研资源，重点打造一批高端智库和创意中心。

（二）自主发展

经济社会发展的历史证明，任何简单、机械的"拿来主义"都无益于国家的发展，只有对外源"舶来品"进行积极的在地化、本土化，才能形成适合本国发展的中国特色和中国范式。我国地域广阔，民族和人口众多，各地区之间的"小众文化"存在差异性，经济发展存在不平衡性。这就决定了我们不能盲目地依赖国外的外源模式，必须要立足中国大地寻找解决方案。要扎根于中国大地办教育，就必须精准识别中国社会面临的教育问题，并以整体性的视角，思考中国教育发展不平衡、不充分的深层矛盾。在分析问题的同时，也要积极地向本国历史和传统文化中探索问题的消解之道。由此可见，建设中国特色世界一流职业院校，必须坚持自主发展模式，在中华文明的回溯中寻求我国职业教育可持续发展的理论养分，在积极探索中走出一条适合中国国情的现代职业教育进阶之路。

尽管一些世界公认的职业教育理论对指导各国职业教育实践具有重要作用，但从历史视角审视，各国职业教育都是在与本国经济社会的互动磨合中凸显自身个性化特质的。就我国40多年来的职业教育发展而言，党的十一届三中全会以后，伴随着中国的改革开放，国外的相关教育理论随同经济要素一同涌入国门。如果说20世纪初期我国教育经历了"抄（日本）、仿（欧美）、学（苏联）"的发展道路，那么改革开放初期，我国职业教育的发展路径主要是学习、借鉴西方发达国家的先进经验，譬如德国的双元制、美国的社区学院、英国的学徒制等等。这在一定程度上助力了我国职业教育的发展，对我国职业教育产生了积极的推动作用。进入新世纪以来，随着我国整体经济水平、国际地位、开放程度的大幅提升，加上职业教育科研意识的觉醒，借鉴效仿之路出现困境，中国职业教育逐步走上一条探索中国特色、自主发展和创新发展的道路。①

首先，建设中国特色世界一流职业院校，必须在观照经济发展中探索自主发展。职业教育的进阶轨迹与国家和区域社会经济发展密不可分。过去几十年里，我国职业教育或旨在促进欠发达地区经济发展，通过实施"燎原计划"和"三教统筹"等个性发展模式，对统筹城乡职业教育发展、促进农村剩余劳动力转移做出了重要贡献；或旨在促进经济发达地区产业转型升级，通过实施"示范校"、"骨干校"乃至"双高计划"等发展战略，对于推动区域社会产业技术进步、培养产业紧缺的技术技能人才起到了不可替代的作用。未来，建设中国特色世界一流职业教育，必须继续紧密结合国家发展战略的诉求、结合区域经济社会发展的诉求，寻求一流职业院校的

---

① 匡瑛，石伟平.走向现代化：改革开放40年我国职业教育发展之路[J].教育与经济，2018（4）：13-21.

生长点。要牢牢把握国家在不同历史阶段面临的主要社会问题及制定的重大发展战略，牢牢把握区域社会对民生需求和经济发展的相关调控举措、实施的产业布局战略，结合学校自身的实际特点和资源优势，科学合理地选择发展模式，并在实践中对既定战略予以实时的修改完善，最终形成独特的自主发展模式。

其次，建设中国特色世界一流职业院校，必须在满足学生诉求的过程中探索自主发展。职业教育不仅要观照到社会的进步诉求，更要观照到人的全面发展诉求。职业教育是使"无业者有业、有业者乐业"的促进社会就业的实践活动，同时更是增进个体的知识技能，促进个体社会化、全面化发展的实践活动。学生是一个复杂的概念指陈，从历史维度审视，不同时代的学生具有不同的原初知识架构、思想价值体系和个体发展诉求。从空间维度审视，不同地域的学生同样会因为区域环境的影响而具备不同的原生价值、默会知识和发展期待。因此，一流职业院校的自主发展，必须在思考如何解决学生个性化困惑和问题、满足学生个性化需求中，探索自主发展模式。

最后，建设中国特色世界一流职业院校，必须在契合科学技术发展趋势中探索自主发展。保持职业教育与社会发展同频共振的秘诀，不仅在于对社会发展现状的精准把握，更在于对社会未来发展趋势，尤其是社会尖端科技和战略产业发展趋势的科学预测。当前，以人工智能为代表的新一轮科技革命正在席卷全球，人类社会正经历以人工智能为引领的第四次工业革命。在智能时代，人工智能的技术水平、产业结构和人力资源结构必然会代表未来国家的核心竞争力。因此，世界各发达国家均高度重视人工智能，以便积极应对正在发生的世界变革。人工智能技术的快速发展必然会大规模地促使社会产业的转型。这种智能型产业转型过程使社会生产发生科学化优化重组，从而对人力资源结构提出了更高要求，大量人工智能技术方面的高层次技能型人才成为社会急需。2019年，我国人力资源和社会保障部连续发布了数字经济背景下市场迫切需要的39个新职业，包括人工智能工程技术人员、物联网工程技术人员、无人机驾驶员、电子竞技员等。据不完全统计，未来5年新职业人才缺口将超过9000万。由此，职业教育必须积极进行自身调适，探索契合人工智能背景下的新发展形态，在迎合我国人工智能发展诉求的过程中，探寻个性化的发展逻辑，实现学校建设的自主发展。

（三）创新发展

从"属加种差"视角看，高等职业教育除了具有职业教育的个性特质，还包含高等教育的一般功能，即在科学研究、人才培养和社会服务方面发挥重要作用。尤其在今天，高等教育与社会之间的联系达到前所未有的紧密程度。今天的高等教育不仅仅是文化传承和人才培养的摇篮，更是科技创新、科研成果转化、社会瓶颈问题攻关的重要平台。譬如，"柏林大学等一大批创新导向、研学协同的研究型大学，是19世纪德国经济迅速崛起的强大助推器；服务于美国先进制造业的麻省理工学院、服务于美国信息产业的斯坦福大学等一大批世界一流大学，是美国成为当今世界经济和科技中心的功臣"。[①] 不难看出，坚持开放、创新的发展模式，是时下高等教育凸显个体属性、发挥现代职能的必然抉择。高等职业教育是高等教育体系中的重要组成部分，以培养实践性人才、传承技术技能、助力就业创业等人力资源提升特点，与普通高等学校错位发展、优势

---

① 李建求，卿中全.协同创新与高职教育发展［J］.高等工程教育研究，2013（5）：118-122.

互补、平分秋色。由此可见，建设中国特色世界一流职业院校，必须坚持创新发展模式，实施创新驱动发展战略，通过内容和形式等维度的创新，来提升办学质量和人才培养质量，进而为经济体系建设和培养对象的发展提供坚实的支撑保障。具体而言，中国特色世界一流职业教育的创新发展模式，主要体现为学校发展战略的创新、教育内容的创新、教学手段方式的创新等。

首先，建设中国特色世界一流职业院校，必须坚持职业教育进阶战略的创新发展。与普通教育相比，职业教育和区域经济具有天然的贴合性。坚持职业教育发展战略的创新，就必须实现职业教育与区域社会发展同频共振。立足区域社会、服务区域社会，是职业教育发展的首要前提。职业教育首先要牢牢把握区域社会的实然状况和应然发展目标，准确研判职业教育可能作为的阈度空间，科学预设职业教育可能作为的具体策略，以此来把握职业教育融入区域社会的逻辑起点和行进历程，确保将职业院校打造为"地方离不开、企业都需要"的区域经济社会发展的协统创新中心。当然，一流职业院校进阶战略的创新，还必须观照到国家发展战略。要全面统筹国家战略与区域战略之间的关系，以协同思维促进二者的有机整合。例如，中国特色世界一流职业院校的建设，必须观照我国脱贫攻坚、乡村振兴、粤港澳大湾区建设、"一带一路"倡议等发展战略，将职业教育主动融入国家宏观战略举措的大潮，依托绝对的技术优势和个性的实践品质，将其打造成为助力国家经济建设和民生发展的重要助推器。

其次，建设中国特色世界一流职业院校，必须坚持职业教育运行逻辑的创新发展。职业教育的个性特征，决定其必然走出一条不同于普通教育的运行轨迹，其运行逻辑必然是灵活多样、实用理性的。在社会发展的不同阶段，职业教育必须紧密结合世界科技发展的趋势、区域社会产业的发展趋势，以及职业教育自身的发展愿景，采取创新型的运行逻辑。这里所讲的运行逻辑，既包括职业院校内部的运行，也包括职业院校作为一个独立个体在社会系统中的运行。就前者而言，职业院校内部的管理制度、机构设置、人员配备、协作分工等，都要体现出浓郁的"职业"特性，要建立起有利于整合外部资源、化用产业要素的运行机制。就后者而言，职业院校的办学章程、所有制形式、与外部组织之间的资源共享机制以及利益分配等，都要突破常规，生成独具个性的运行逻辑。当然，一流职业院校的运行逻辑并没有固定的模式，需要依据学校个体的发展沿革、所在区域的经济形势、所处时代的国家政策等要素展开相应的逻辑预设。

再次，建设中国特色世界一流职业院校，必须坚持职业教育内容的创新发展。职业教育与普通教育的重要区别之一，就是其与产业发展的密切性。普通教育往往更加注重基本理论、通识知识的教育，使得学生掌握一般性的原理和方法论。而职业教育往往更加重视实用技术、实用技能的传递，最大限度地缩短学生的岗位调试期，尽快投入社会生产实践。这就决定了职业教育的内容必须是与时偕行、常更常新的。尤其在今天，科技发展迅猛，产业前沿技术迭代日新月异。很多知识技能尚未进入学校、融于教材，就已经被更新淘汰。现代职业教育采取的现代学徒制等教育模式，正是对这一现象的有力回应。因此，建设世界一流职业院校，必须不断地更新自身的教育内容，时刻锁定产业发展的最前端，将产业前沿的岗位需求标准纳入学校人才培养方案，确保学校人才培养与社会进步、产业进阶同频共振。当然，需要说明的是，这里所倡导的教育内容创新，绝非形而上学的创新，而是要辩证科学地创新。一流职业教育培养的人才必然是科学素养和人文情怀并重的现代技术技能人才。

相对于快速更新的生产技术而言，一般性的人文知识、道德取向、审美价值等，始终是一种积淀性的存在。在具体的一流院校建设中，必须坚持辩证性的教育内容创新，既要观照到与时俱进的生产技能，也要观照到人生奠基的情感价值，还要观照到助力学生可持续发展的学习能力。

最后，建设中国特色世界一流职业院校，必须坚持职业教育形式的创新发展。在内容、教师、环境等要素相对固定的情况下，教育形式在很大程度上决定了教育实效。囿于思维逻辑、生活惯性的迥异，个体对于知识的接受和内化过程存在很大的差异。尤其在现代资讯高度发达的今天，新生代的学生沉浸在互联网络中，成长在智能时代下，与"云端教育"具有天然的贴合性，能更快更好地接受新的课堂教学。而作为"教"的一方，一流职业院校及其教师必须正视学生的共时性特征，敢于突破传统，积极采用学生喜闻乐见易于接受的教学形式。这不仅要了解学生"注意集中""感知疲劳"等学习规律，通过全方位的视听刺激等形式，让整个教学进程与学生身心特点相契合；还要充分了解"互联网+"所引发的全新生活形式，充分发掘网络平台的潜在资源，建构一种更加开放的课堂教学；更要全面关注新生代学生的"小众文化"，积极化用那些看似"非主流"的表征要素，消解与学生之间的时代隔膜，切实增强线上课堂的明快与诙谐。

（四）充分发展

辩证唯物主义认为，矛盾是事物发展的逻辑起点，而发展不仅是一种实践旨归，也同样是消解矛盾的重要举措手段。"在一定意义上，职业教育不仅是社会生产和社会生活的直接构成，而且是社会成员获得职业身份或职业资格的重要的社会化过程。贯穿于职业教育始终的根本矛盾是社会生产和社会生活实践的发展状况对生活于其中的社会成员的职业要求与社会成员不能满足或不能很好满足这种要求之间的矛盾"。① 因此,建设中国特色世界一流职业院校,其根本目的是解决职业教育相对落后于经济社会发展、落后于社会个体诉求的基本矛盾。消解这一矛盾,就必须坚持充分发展的模式。

职业教育的充分发展主要表现在两个维度:一是作为手段的职业教育本身的充分发展,二是作为职业教育目的的职业教育对象的充分发展。这两个维度的发展又具有极大的协同性,社会的发展终究要落实到每一个人,每一个人的全面发展必然会形成社会的充分发展。在职业教育领域,充分的发展是指职业教育能够在现有资源、要素、条件(人财物)等支撑下,获得最大的教育实效。在这一过程中,需要教育的主体不断进行职业教育内部诸要素的激发和重组。通过激发砥砺,唤醒各个教育要素的能动活性,引起教育要素释放最大的动能;通过要素的重组,不断优化教育的内部结构,实现教育搭配和运作效能的最优化。

第一,坚持一流职业教育的充分发展,要坚持正确的人才发展导向。"当前我国职业教育理念有向经济决定论发展的趋势,谬误隐匿在一些看似合理的主张中。一是把以就业为导向作为单一办学理念,二是将职业作为课程开发的唯一依据。职业教育虽和经济关系密切,但长期来看,经济决定论的取向将把职业院校以育人为中心、多重服务价值的应然功能缩小成只为职业和企业服务"。② 这种价值导向滑向"社会本位论"的阵营,在很大程度上忽视人本价值,并进一步生发出"目中无人"的职业教育。因此,建设中国特色世界

---

① 南海.论职业教育的基本问题[J].教育理论与实践,2003(8).
② 和震,谢珍珍.就业不是职业教育的终点:职业教育的经济决定论驳析[J].中国高教研究,2018(10):42-48.

一流职业院校，必须积极规避这一认识误区，坚持人的充分发展、全面发展的理念，为受教对象的一生发展埋下伏笔。这要求职业教育既要重视确定性的职业能力培养，也要重视变化性的职业能力奠基；既要重视学生的初次就业率，也要观照学生的职业生涯发展规划；既要强调技术技能的传递，也要重视基本文化理论的培育涵养。

第二，坚持一流职业教育的充分发展，必须秉持"全人发展"的理念。这里所指陈的"全人发展"，主要是指面向人人的职业教育以及促进不同年龄阶段的全人生发展。就前者而言，世界一流职业院校应该采取多元化的渠道，提供面向人人的职业教育，为不同人群提供人尽其才、"人皆可以为尧舜"的机会。就后者而言，一流职业院校应该成为终身职业技能培训的重要力量和主体单位，不仅关注学龄段青少年的教育，还要积极探索不同年龄阶段、不同阶层人群的技能培养规律。可以说，相对于普通教育的选拔性、筛选性而言，职业教育更应体现出一种大众性、普适性。特别在终身学习理念和高职扩招背景的导向下，一流职业院校要积极探索适合退伍军人、下岗人群、高校毕业生、新生代农民等不同群体的教育和培训形式。

第三，坚持一流职业教育的充分发展，必须充分激发主体的主观能动性。这里的主体是指教师和学生。对于教师而言，如何采用物质的和非物质的激励手段、采用职前和职后的连贯性培养、实施理性的准入和科学的退出机制，是促进职业教育充分发展的重要理路。特别需要注意的是，一流职业院校的师资构成必然是多元的，和而不同的师资构成和相互砥砺的教师互动必然优于封闭固化、构成单一的师资体系。对于学生而言，需要通过持续的激励举措，不断提升学生的发展欲望；并需要通过生理学、社会学、心理学的研究，不断呈现职业院校学生知识大厦的建构嬗进图。鉴于当前职业院校学生的实然特点，要特别注重开展激励教育，通过行之有效的教育手段和教育方法，不断提升职业教育主体的主观能动性。

第四，坚持一流职业教育的充分发展，必须充分发挥"物"的重要效能。没有资源投入的职业教育发展，无异于"无米之炊"。长期以来，党和国家牢牢把握职业教育的"后发"状况，采取了一系列补偿性的教育扶持政策，加大对职业教育的经济、物质、政策投入力度，使职业教育获得飞速发展。但是在职业教育发展的同时，普通教育没有原地踏步而是在快速进步，二者之间难免会出现新的"发展差"。从另一个角度看，伴随着社会的不断进步，职业教育发展评价标准必然会持续提升。面对新的发展差距，我们必须坚持"持续性补偿"的理念，继续加大对职业教育的资源投入。值得一提的是，在传统"大水漫灌"的物质投入时代，国家对职业教育的重点投入有效地进行了"补差"。但职业教育达到"一般发展"之后，如何精准高效地利用少量资源实现投入效益的最大化，也是我们必须思考的问题。

（五）平衡发展

办人民满意的教育，是党和国家的庄严承诺。当前，我国社会的主要矛盾是人民日益增长的美好生活需要和不平衡不充分的发展之间的矛盾。反映在职业教育领域，则表现为人民群众日益增长的美好教育需求和不充分不平衡的职业教育发展之间的矛盾。职业教育发展的不平衡主要表现为"不同层次职业教育发展的不充分不平衡，城乡之间、区域之间职业教育发展的不充分不平衡，职业启蒙阶段、职前教育阶段和职后继续教育阶段之间发展的不充分不平衡等问题"①。不难想象，职业教育发展的不平衡，必然难以满足人民群众对一流职业教育的需求，难以实现人民群众多元化、多样性的发展愿景。开展职业教育的供给侧改革、实施职业教育的平衡发展是刻不容缓的任务。

从价值论视角看，事物的价值体现为主体的满足程度。广大人民群众的个体和群体诉求，自然就成了职业教育发展和革新的价值取向。人民群众的教育需求是什么？笼统地指陈为"优质的职业教育"显然是草率的。在现实中，我们无法将所有的职业教育都打造成为同质化、均等化的样态，尽管这种样态是理想化的，但却并不一定是合理的。它有应然的理想状态，但一定会受到社会实然的尴尬制约。故此，我们认为，办人民满意的职业教育，首当其冲就是要实现职业教育的平衡发展。当然，除了人本价值，职业教育发展进阶的价值取向也体现在社会价值方面。"中国特色现代职业教育体系的优势还体现在使更多的中国民众能够容易地找到适合于自己的职业教育，体现在保障贫困人口和弱势群体都能享有接受职业教育的权益，体现在中国的众多行业企业能够找到与自身密切相关的职业院校与培训机构，能够发现企业所需要的合适的技术型、技能型、应用型的人才或劳动力。"②可以说，建设中国特色世界一流职业院校，不仅要观照经济效益和社会效益，同时还要兼顾社会的公正与正义。这些要素都是职业教育平衡发展的社会价值所在。

所谓平衡发展，可以概括为学界较为认同的"有质量的均衡发展"，从纵横两个向度予以界定。在横向维度，职业教育的平衡发展一是指职业教育的布局平衡，即职业教育供给在地理空间上与人

---

① 匡瑛.当前我国职业教育必须正视的几大痛点与可能出路［J］.教育与职业，2018（15）：14-19.

② 南海.职业教育的逻辑［M］.太原：山西人民出版社，2012：123.

口的分布和行政区划等要素达成一定的契合程度。社会经济、地理环境以及人口等要素是教育发展的重要影响因素。尤其对职业教育而言，社会经济发达、产业链条完备的地区，其职业教育往往更为发达。自然环境较为优越、人口分布较为稠密的地理位置，其职业教育也同样更为高阶。当然，除了社会的制约性，一流职业教育的布局也同样要凸显出社会主体的"调控性"，并非是人口越少、环境越恶劣的地方，就要提供较少的职业教育供给。在职业教育布局上，要特别关注弱势群体，以教学点、寄宿制学校、网络学校等各种形式，满足所有受教群体（尤其是欠发达地区受教群体）的教育需求。二是指职业教育系统内部的构成要平衡。目前，我国职业教育主要分布在中高等教育阶段，初等教育阶段的职业教育尚处于匮乏供给地带。而且中等和高等职业教育的学校数量布局也要保持适恰的比例，要符合受教群体逐渐进阶的教育需求。与此同时，在重点关注学校职业教育的同时，还要观照到成人职业教育，尤其要把指向社会、指向成人的职业教育作为学校职业教育立足的坚实基壤，实现广义职业教育对学校职业教育发展的底蕴支撑。

在纵向维度，职业教育的平衡发展主要是指职业教育的质量平衡。当前，我国教育的非均等化发展不仅体现在普通教育领域，在职业教育领域也同样突出。相对于经济发达地区，欠发达地区其实更需要通过职业教育的发展来弥补其经济、文化以及人力资源等方面的落差。所以建设一流的职业教育，必须坚持"百花齐放"的理念，在尊重职业教育的社会经济制约性、区域产业制约性的同时，积极发挥职业教育的超越性，通过系列的"补差"手段，为欠发达地区提供优质的职业教育供给，进而发挥职业教育的"先行"优势，带动地方经济社会的全面追赶。当然，我们也不能无视规律而夸大"有质量"的平衡发展。在这里，笔者更愿意提出一个"一般发展"

的概念,即所谓的平衡发展,是在未来不同区域的职业教育达到一个基本质量线的基础之上,再去谋求不同地区、不同职业院校的个性化、多元化发展。世界一流职业学校绝不是经济发达地区的"专利",欠发达地区同样可以培育、发展一流的职业院校。在我国的西部地区和一些少数民族地区,尽管经济薄弱、产业单一,但迤逦的地理环境、不同的文化风情、独特的生态关系等,都是发展一流职业教育的潜在资源。要重点发掘自身的独特性,铸就别具一格、与众不同的"一流"。同时,在充分挖掘自身潜质的基础上,还要积极发挥发达地区职业教育的"溢出效应",通过积极的互动交流,实现整个国家职业教育质量的"一般平衡"和美美与共。

二、中国特色世界一流职业院校的发展路径

建设中国特色世界一流职业院校,需要在准确把握其应然模式、应然样态的前提下,对标差距思考目标规约下的建设路径问题,以特色和质量作为生命线,从合作升华、拓展内涵等维度,走出一条中国特色的"一流"之路。

(一)体系之进阶

从职业教育体系这一维度来看,我国职业教育还存在一定的差距。一方面,我国职业教育层次结构与西方发达国家存在差距。20世纪70年代,美、英、德、日等发达国家的职业教育已经延伸到应用本科、硕士、博士层次,建立起从大专到技术学士、硕士、博士的完整的学位结构体系。另一方面,我国职业教育门类结构与普通教育体系存在差距。当前,我国普通高等教育已经形成了体系完备、

门类均衡的教育体系。与之相比，职业教育还存在很大的差距。以师范门类为例，普通高等教育已经拥有了专门化的师范教育体系，而专门针对职业教育的技术师范教育依然没有形成完整的体系。此外，我国职业教育体系与人民群众教育需求存在差距。随着高等教育大众化到普及化的逐步发展，人民群众对教育的学历层次要求不断提升。以推动经济发展、促进就业、改善民生而广受推崇的职业教育，却因学历层次的问题而受到轻视。社会上对职业教育存在偏见，技术技能人才发展渠道窄、总体待遇较低，不少学生将职业教育视为低人一头的无奈选项。职业教育的"兜底"角色降低了对优秀生源的吸引力，进一步加剧高等教育体系的不平衡不充分发展，难以满足人民群众从"有学上"到"上好学"的高阶诉求。

改革开放 40 年来，我国职业教育体系经历了从局部性、阶段性到终身性、全面性的漫长而渐进的发展过程，从"断头教育"发展成为与普教并行的"终身教育"[①]。在新时代背景下，面对高等教育改革的关键期，我们有必要把"专业学位"引入高职教育领域，鼓励一批有条件的高职院校先行先试，探索高职、应用本科和专业硕士等相贯通的中国特色现代职业教育专业学位体系，促进高职教育发展上水平、上层次，缩短我国与发达国家的差距。

首先，对职业教育的个性予以科学定位。在实践中，职业教育是层次还是类型，是一个涉及教育价值体系的问题。"如果说，从将人的社会分工视为层次的角度来谈教育层次是不平等的，那么，从将人的社会分工视为类型的角度来谈教育层次，应该更为平等、准确。"[②] 受传统价值观念的影响，中国社会习惯将不同的职业分为

---

① 匡瑛，石伟平.走向现代化：改革开放40年我国职业教育发展之路［J］.教育与经济，2018（4）：13-21.
② 姜大源.当议如何做好职业教育这篇大文章［J］.教育与职业，2015（32）：5-8.

三六九等，居于庙堂之高的决策者以及产生高端知识的科学家往往被视为"高端"，而普通的技师、技术工人则被视为"低端"，即所谓"劳心者治人，劳力者治于人"。显然，在社会高度发达的今天，这种价值取向是不合时宜的，不仅违背教育的公平公正原则，也不利于形成和谐有序的社会秩序。实际上，从生态学的视角看，国家的进步和社会的发展是不同类型工作人群共力的结果使然。社会既需要引领发展的高端科技人才，也同样需要维系社会正常运转的普通劳动者。所谓"人皆可以为尧舜"，即是指每一种职业的从业者，都可以在自己的"职业类型"中获得不同的成就。"李白说，'天生我材必有用'，这里的'材'，就是劳动者的类型；龚自珍说，'不拘一格降人才'，这里的'才'就是劳动者层次。职业教育不是低层次的教育，这是应有的教育价值观。"①

其次，突出职教本科学校和专业的特色化内涵建设。《国家职业教育改革实施方案》提出，要畅通技术技能人才成长渠道，开展本科层次职业教育试点，加强专业学位硕士研究生培养，完善高层次应用型人才培养体系。就职教本科学校建设而言，"发挥市场调节作用，实现劳动市场驱动与政府宏观调控的协调"②，根据经济进阶和产业迭代的需求，同频共振地向上延伸职业教育，建设本科层次职业院校、技术大学，是现代职业教育乃至现代经济社会发展的题中之意。建设本科层次职业院校绝不能无视基础、揠苗助长，也不能畏惧差距、裹足不前。需要甄选一批前期建设基础较好、未来发展潜力较大、学科专业契合国家战略的相关学校，为之提供相应的政策和经费支持，助力其实现人才培养、社会服务等方面的层

---

① 姜大源.刍议如何做好职业教育这篇大文章[J].教育与职业，2015(32)：5-8.
② 赵志群，周瑛仪.瑞士经验：现代职业教育体系建设[J].华中师范大学学报（人文社会科学版），2015(3)：154-160.

次提升。同时积极鼓励部分普通本科院校朝向技术型转型，并在融合普通本科教育优势的基础上，创生出新的本科层次职业技术教育。

就职教本科专业而言，专业设置应坚持需求导向，顺应人工智能背景下新一轮科技革命和产业变革，主动服务产业基础高级化、产业链现代化，服务建设现代化经济体系和实现更高质量更充分就业的需要，遵循职业教育规律和人才成长规律，促进学生的全面可持续发展。同时，本科层次职业教育专业应进行系统设计，体现职业教育类型特点，坚持高层次技术技能人才培养定位，实现中等职业教育、专科层次职业教育、本科层次职业教育、专业学位研究生的纵向贯通、有机衔接，助力现代职业教育体系建设。

（二）边界线延展

存在主义关于价值的论述，有助于我们更好地理解职业教育和普通教育的关系。作为人类特有的一种社会实践，职业教育的专属价值取向（目的）决定其个性实践理路（手段）必然有别于普通教育。一般说来，二者的区别主要体现在如下几个方面：其一，职业教育关注个体在社会生产中的社会价值，普通教育关注个体在人类世界中的生命价值。与职业教育相比，普通教育更加凸显人作为万物中的一分子与整个世界的客观联系，重点突出人的内在潜质发挥和个性特质延展，突出个体的人格尊严和生命价值。其二，职业教育是从人的外部条件来探究个体的存在与发展，突出人之于社会的"有用性"。而普通教育则是从人的内在规律来探究个体的存在和超越，追求"本我"的"诗意栖居"。其三，职业教育侧重实然层面的人的发展，普通教育侧重应然层面的人的发展。前者以实用理性为价值导向，注重个体在现有社会条件制约下与社会场域实现最大限度的契合。后者则以理想主义为价值导向，注重个体在有限生命范畴内获得最大限度的自我实现。

尽管职业教育与普通教育存在"本源"性质的区别，但在实际的嬗变发展中，二者也并非绝对的泾渭分明。不仅因为二者同时具备"教育"这一上位概念的"属"之性质，也因为社会在不断的重构发展中对二者的外力糅合。尤其在当下，数字经济时代引发了人类生产方式、生活方式的快速变革，以人工智能为核心特征的新一轮科技革命推动社会产业结构的颠覆性变化，社会对人才类型的需求相应地发生了改变。未来，社会对纯粹的操作技能型人才需求会越来越少，综合性复合型技术技能人才变得越来越重要。而且，随着产业结构的不断升级，一些发达国家更加倾向于发展和扶持高端产业和产业高端，相对低端产业和产业低端被转移到发展中国家。相应地，发达国家对基础研究和具备研发思维的高端技术人才的需求与日俱增，对纯粹生产加工型的单一技术人才的需求则相对减少。这一"他者之鉴"，需要我们在源头上把控职业人才培养的价值取向。因此，建设世界一流职业院校，必须打破传统"职普对立"的二元思维，积极延展职业教育的边界线，在合理的范围内将职业教育的触角延伸到普通教育场域，在价值取向、教育内容等方面开展职业教育特质的重新界定。

首先，淡化传统职业教育界线需要转变传统职业教育的价值取向。传统职业教育的根本价值在于培养理论的践行者，其进一步旨归在于通过人力资本的提升来促进个体的"有业"和"乐业"。这种以就业为导向的传统职业教育价值取向消除了学非所用的人才培养弊端，使人才培养契合了社会产业的发展需求，但也在一定程度上形成了严重的教育实践误区，束缚和固化了职业教育的模式革新。"在重视职业教育对企业需求和技术规制适应的同时，忽视或有意无意抛弃了更为复杂的对人在企业和技术活动中的创新探索和主体性的培养；重视了技术技能培养，忽视了职业精神、社会技能和人生技能的培养；在强化工学结合的同时，忽视了对企业资源的教学化改造以及实习的教育化效果。"[1] 因此，建设世界一流职业院校，必须扭转以就业为导向的职业教育价值取向，妥善处理好职业教育在"探索社会发展规律"和"践行已有理论"之间的关系，全面协调企业需求和人的发展之间的关系平衡，甄选一种更为系统、更加全面的职业教育价值导向。

其次，淡化传统职业教育界限需要转变传统职业教育的教育内容。在教育内容方面，职业教育和普通教育的区别在于前者更重视专业技术知识，后者更重视通识理论知识；前者重视个别，后者重视一般；前者关注应用的结果及具体操作方法，后者关注推导的过程及方法论。未来社会需要的高端技术人才不仅要"知其然"、"知其所以然"，还要"知其何以更好然"。因此，建设世界一流职业院校，必须在相应的专业市场场域内，不仅强调知识和技能的传递，更要强调学生逻辑思维的培养；不仅要让学生掌握一般的生产技能、生产知识，更要掌握这一技能及知识背后的相关理论，以此来激发学生的反思能力，为学生更好地提升生产效率、助推产业进步、实现个体价值，奠定可持续发展的理论基础。

第三，淡化传统职业教育界线需要转变传统职业教育的培养方式。就业导向的人才培养价值，决定了职业教育必须缩短学生就业的"调试期"，让学生更好、更快地为企业所用。因此，在人才培养过程中，实践导向一直是职业教育特色标识。从早期的工学结合、校企合作，到近些年的现代学徒制、"1+X"试点，都是职业教育力

---

[1] 魏明.新时代我国职业教育政策模式的反思与超越[J].中国职业技术教育，2018（12）：5-12.

推产教融合、实现人才培养与社会需求无缝衔接的重要举措。另外，在具体的学校教育教学中，以任务驱动为主的项目化教学也日益为职业教育所推崇，其解构了学科本位知识体系，消减了严密学科体系所带来的晦涩抽象，取而代之的是具体生产实践任务所带来的高强情境性、带入感，让学生在看得见的目标驱动下完成知识内化。但无论是深入企业的"做中学"，还是任务驱动的项目化教学，都只能掌握某一生产程序单元内部的相关知识，无法获得这一单元外部的其他知识，更无法促成不同单元知识的有机整合，进而成为反思性思维生成的屏障壁垒。因此，建设世界一流职业院校，必须在传统"做中学"方式的基础上，进一步增加"思中学"的环节，让学生通过项目化教学习得零散的知识，再借鉴普通教育"间接经验思辨"的教学建构完整的学科知识体系，以此实现"道"与"器"的双维发展。

当然，倡导职业教育边界线的淡化，并非是对传统职业教育的颠覆否定。就中国的基本国情而言，我国地域辽阔、人口众多，各地发展极不均衡，职业教育的发展也必然存在一定的梯度差和层级化。一方面，在经济发达地区大力发展世界一流职业教育，逐渐淡化传统职业教育界线，提升一流职业院校的研发水平和培养综合性技术人才的能力，为数字经济背景下的社会发展提供更加尖端的技术支持、更加高端的人才保障。另一方面，在经济欠发达地区也要大力发展职业教育，通过以就业为导向的技术技能培训，不断提升贫困人口素质，提高区域社会人力资源水平，为发达地区转移而来的劳动密集型产业提供优质的产业工人。

（三）服务性升级

教育不仅具有社会制约性，也同样具有能动的社会功能。高等职业院校既隶属于职业教育系统，也隶属于高等教育系统，具有人才培养、科学研究、文化传承与创新等社会功能。《国家职业教育改革实施方案》指出，要把发展高等职业教育作为优化高等教育结构和培养大国工匠、能工巧匠的重要方式，使城乡新增劳动力更多地接受高等教育。高等职业学校要培养服务于区域发展的高素质技术技能人才，重点服务于企业特别是中小微企业的技术研发和产品升级，加强社区教育和终身学习服务。我国当前正处在经济转型升级的关键时期，需要大量的技术技能人才，特别是先进制造业、现代服务业等领域的高素质技术技能人才缺口很大，而职业教育培养培训的学生数量远低于市场需求。可见，建设世界一流职业院校，必须提升学校的社会服务水平，着力提升创新和科研能力，服务国家与区域经济社会发展。要坚持"国家召唤在哪里，服务就到哪里；企业发展在哪里，服务就到哪里；市民需求在哪里，服务就到哪里"的理念，针对国家重大发展战略、民族企业走向全球的需求，以及广大人民群众对美好生活的向往，提供类型多样、层次高阶、方便可及的社会服务。

首先，要进一步做好经济发展的服务升级。改革开放以来，职业教育为我国经济社会发展提供了有力的人才和智力支撑，现代职业教育体系框架全面建成，服务经济社会发展的能力和社会吸引力不断增强，具备了基本实现现代化的诸多有利条件和良好工作基础。随着我国进入新的发展阶段，产业升级和经济结构调整不断加快，经济转型和产业迭代不仅对高端技术技能人才需求旺盛，同时也渴望高层次职业院校提供技术研发等智慧支撑，职业教育重要地位和作用越来越凸显。2018年11月，习近平总书记主持召开中央全面深化改革委员会第五次会议，强调把职业教育摆在更加突出的位置，着力培养高素质劳动者和技术技能人才，为促进经济社会发展和提高国家竞争力提供优质人才资源支撑。可见，与经济社会发展高阶要求相比，我国职业教育的服务能力还存在一定的差距。需要职业教育加快改革发展，进一步对接市场需求，优化调整专业结构，深入推进职业教育内涵式、高端化进阶，更大规模地培养高层次、高水平技术技能人才，有效支撑我国经济的持续向好发展。

其次，进一步做好科学技术研究的服务升级。当今世界竞争激烈，各国综合实力的竞争其实质就是科学技术的竞争。职业院校如何发挥自身的教育优势，把更多的科技知识、实用技术、前沿理论应用到社会生产实践，进而实现职业教育的超越性发展，是世界一流职业院校建设必须彰显的应有之意。尤其在人工智能时代，科技带给人们的惊喜远非过去所能及。职业教育不仅要盯住"传统文化"这一自留地，还要更加大胆、更加开放地主动投入现代科技研究的洪流，在中流击水中历练自我。具体而言，世界一流职业院校建设要坚持应用研究和技术服务为主的技术技能创新服务导向，完善科研管理服务制度，探索建立适合现代职业教育人才培养和技术技能创新服务平台的运行管理新模式、新机制。要瞄准区域社会产业高端关键核心技术，重点建设一批应用技术创新平台；对接行业和中小微企业发展需求，重点建设一批公共技术服务平台；积聚人文社科优势科研资源，重点打造一批高端智库和创意中心。

再次，进一步做好国家发展战略的服务升级。2019年4月，李克强总理在对全国深化职业教育改革电视电话会议的批示中进一步强调，发展现代职业教育，是提升人力资源素质、稳定和扩大就业的现实需要，也是推动高质量发展、建设现代化强国的重要举措。可见，建设世界一流职业院校，不能"躲进小楼成一统"，而是要积极主动地参与区域社会的综合治理，参与国家重大发展战略；重点发挥高职院校的文化辐射功能，发挥高职院校师生的文化输出功能，主动与国家精准扶贫、乡村振兴、粤港澳大湾区建设、中国特色社会主义先行示范区建设、"中国制造2025"、"一带一路"倡议、"互联网+"等重大发展战略相结合，以高度的战略眼光来确定专业设置和专业转向，并根据社会发展对人才需求的变化做出敏锐的调整；不断延伸和拓展职业教育的服务功能，实现在服务中助力社会发展、在服务中提升自身办学水平的发展目标。

最后，要进一步做好人才培养的服务升级。高等职业院校以培养社会生产实践第一线的高素质技术技能专门人才为主要任务。步入新时代，伴随着我国产业结构、驱动要素、经济发展方式、生产过程等方面的深刻变革，社会对技术技能人才的素质有了全新的要求。从需求侧来看，国家渴望新型人才满足新产业新业态的需求。从供给侧来看，高等职业院校必须转变人才培养观念，创新人才培养模式，倾力实现供给与需求的动态平衡。因此，建设世界一流职业院校，必须重点培养具有现代性、未来性乃至后现代性的卓越技能型人才。在具体的教育实践中，职业院校要通过自身理念的革新、内容的革新、手段的革新等，来实现教育的整体超越。这种革新的勇气，需要打破传统职业教育的"舒适区"，并妥善处理传统与现代、民族与国家、个体与族群之间的关系，打破零和博弈的传统思维，保障两方的双向价值实现。

（四）互动性增长

"适应是一个不断变化的过程，而这一过程强调为应对其所依附的经济社会环境变化与组织嬗变，通过不断调整自身的结构要素而满足经济社会发展需求的过程。"[①] 从某种程度上看，职业教育不断

---

① 佘远富，刘超.论大众化背景下高等教育的社会适应性[J].高等教育研究，2010（1）：41-48.

发展嬗变的过程，其实是顺应经济社会发展的诉求，不断进行自我革命、自我调适的过程。而卓越的职业教育，必然做到从不适应到适应、从低端适应到高端适应、从被动适应到自觉适应。建设世界一流职业院校，绝不能闭门造车、故步自封，而是要在与社会积极自觉、持续良好的互动中，不断寻求机遇和增长点。我国地域辽阔，各地在文化资源、物质资源方面存在一定的差异。实践证明，高水平职业教育的进步，既要坚持优势集中，也要坚持错位发展。各地区的职业教育不能超然独立于社会之外，而是要扬长避短，发挥自己的特色优势，积极主动地参与当地战略型产业、支柱型产业和未来型产业的发展，以个性化产业振兴战略助力区域社会经济发展。

因此，高等职业教育要积极调整自己的学科专业布局，既要凸显自身的"职业性"特色，更要契合当地的产业性特色。要在学校教育内容中，增加更多的地方产业知识，要在与地方产业的互动中，不断革新自身的课程体系，革新自身的课程内容，引导学生在实践中获得更多的生活知识，为学生的未来职业发展奠定坚实的基础。要加大与地方政府机构、社会团体、企业单位的互动交流，与各个单位结成和谐共生的社会共同体。要把区域经济的发展、社会矛盾的消解、产业转型的助力、企业难题的攻克等，作为一流职业教育发展的重要考量指标，在持续、有效的社会互动中，不断成就一流职业教育的一流水平。

当然，一流职业院校在与区域社会的互动中，不能跟随社会的发展而亦步亦趋地进行机械式调适，而是要从被动适应的"倒逼发展"到自觉适应的"主动引领"转向。"事实上，主动引领质量生成更强调一种主动性与能动性作用，而这种主动性与能动性作用下的质量生成，偏重于质量生成过程中对区域经济社会发展的互利共惠，从而表现为一种增益性适应。"①此外，现代社会中的要素联动并非纯粹的"优势集中"，很多时候更加强调不同领域的"跨界组合"。因此，建设世界一流职业院校，还需要做好如下几个方面的互动。

一是加强职业院校之间的互动。在区域范围内，整合相似的产业（行业）资源，形成某一行业（产业）的集聚平台，是促成"集成式"发展、实现"集团作战"的重要手段。我国职业院校在长期的办学实践中，积累了丰富的办学经验，形成了对职业教育本质性、规律性的认识。这些对职业教育本质、技能型人才培养、参与社会服务的共性体认是开展世界一流职业院校建设的重要逻辑起点，需要在各个职业院校的深度合作中，开展进一步的经验总结、理论演绎、创新升华。并且，不同职业院校在与不同区域社会的互动中，会必然生成特殊性的办学理念、发展模式和进阶策略，需要彼此在互通有无中相互启迪、相互砥砺。因此，建设世界一流职业院校，就必须加强同行之间的合作，既在"求同"中进一步凝练职业教育的一般性规律和历时性特征，也在"存异"中不断发掘不同职业院校的个性化战略和区域化优势。

二是加强与普通高等学校的互动。职业教育与普通教育是两种不同类型的教育，在办学模式、发展路径、校园文化乃至教育内容、教育手段等方面都存在着一定的差异。新中国成立以来，我国普通高等教育的规模、质量以及国际认可程度皆大幅攀升，不断实现发展超越，其发展理念、发展战略等宝贵经验，为职业教育的发展提供了有益借鉴。建设世界一流职业教育，必须在与普通高等教育的互动中，实现不同教育元素的启发、砥砺、整合。同时，职业学校与普通高校等非职业学校的互动，也将进一步淡化不同类型教育的

---

① 徐小容，朱德全.倒逼到主动：职业教育质量治理对区域经济社会发展的适应性研究[J].职业技术教育，2018（10）：47-52.

边界，更加适合现代社会对综合型人才的需求。

三是积极开展与国际教育组织及国外院校之间的互动。国际化水平是世界一流职业院校的重要标志。综观世界范围内的顶尖高等学府，无不具备一流的国际化程度。尽管当前学界对"国际化影响"尚未有一致的标准，但一般认为，学校师资和学生的多元化、科研交流与合作的国际化、教学理念和资源的国际整合化、社会影响及声誉的国际化等，都是一流高等学府必不可少的国际化要素。可见，建设世界一流职业院校必须积极营造一流的国际影响，特别在全球化、一体化的信息时代，只有具备人类命运共同体视野、具有超强的国际资源整合能力，才能在世界职业教育舞台上炫出瑰丽的"一抹红"。因此，建设世界一流职业院校，必须在"请进来"与"走出去"的双向互动中，加大与国际教育组织、国外教育机构及著名高等学校的深度互动，进而实现理念互通、技术互通和方法手段的互通。在此基础上，以教育为切入点，进一步化解分歧、增进了解、提升认同，为提升职业教育的国际化水平和人类命运共同体的建构，提供中国智慧、贡献中国方案。

（五）合作中升华

"开放合作办学是高职教育的主要特征，这体现在教育与职业、学校与企业、学习与工作、高教与职教的结合与融合上。"[①] "十九大报告明确职业教育要深化产教融合、校企合作，全国教育大会再次强调推进产教融合、校企合作，《国务院办公厅关于深化产教融合的若干意见》将产教融合上升为国家教育改革和人力资源开发的基本制度安排，充分体现了产教融合、校企合作对当前全面提升人力资

---

① 周建松，陈正江.新时代中国特色高等职业教育的内涵与发展路径［J］.中国高教研究，2019（4）：98-102，108.

源质量、提高教育服务经济转型升级能力的重大意义。"①世界职业教育发展经验表明，促进校企合作、深化产教融合，是办好职业教育的关键举措。卓越企业参与学校的人才培养，是推动职业院校教育教学改革与产业转型升级衔接配套、提升技术技能人才培养质量的重要途径。通过建设校企命运共同体的形式参与职业院校的专业建设、师资建设、课程建设等各个环节，已经成为企业参与职业院校人才培养的重要方式。因此，建设世界一流职业院校，需要在产教深度融合中完善并提升服务质量，在政、校、行、企之间的合作中不断汲取养分，实现自身发展的升华。

首先，搭建产教融合、校企合作的综合平台。"高职教育的办学使命要求构建一个产教融合、校企合作、工学结合、知行合一的育人体系，积极探索全方位多层次的合作发展机制，以此来实现学校与政府、行业、企业、党派、协会、兄弟院校以及国际的合作。"②建设世界一流职业院校，必须搭建蕴含政府、行业、企业和学校在内的综合型合作平台，全面实现"政校行企四方联动，产学研用立体推进"的良好局面。一是强化职业院校与政府及相关事业单位的深度融合。政府在政校行企的联动中占据主导地位，发挥着重要的引导和推动作用。学校通过承担政府机关的相关项目，助力政府机关开展区域社会的综合治理，为政府机关和事业单位建言献策。学校在不断参与区域社会治理、提供优质公共服务的过程中，明确自身的教育发展方向，提升自身的社会影响力。二是强化学校与行业组织的深度融合。行业组织是学校和企业链接的纽带，为政校行企

---

① 马树超，郭文富.坚持学历教育与职业培训并举 推动新时代职业教育改革［J］.中国职业技术教育，2019（7）：13-18.

② 周建松，陈正江.新时代中国特色高等职业教育的内涵与发展路径［J］.中国高教研究，2019（4）：98-102，108.

联动模式的建设方向等提供重要的指导意见。行业组织是众多企业发展程度、发展诉求的集中"代言人",是准确反映相关领域发展的风向标。职业院校要加强与行业协会等行业组织的合作,保障自身精准地与企业和社会对接。三是强化学校与具体企业的深度融合。企业是校企合作的最大载体,能够准确反映出自身的人才诉求、技术诉求。职业院校通过加强与企业的深度合作,在产学研深度融合中完善并提升服务质量。学校特别需要在努力契合企业进阶速度、发展趋向的过程中,优化人才培养模式、人才培养方案、人才培养内容等,将更多的企业要素融入学校教育教学体系。

其次,遴选优质产教融合型企业。"职业教育办学模式改革不仅是教育问题,而且是经济问题。如果办学模式改革仅仅关注到表面的教育现象,而忽视隐藏其后的经济社会背景,那么将很难取得实质性进展。"[①]《国家职业教育改革实施方案》指出,要在开展国家产教融合建设试点的基础上,建立产教融合型企业认证制度,对进入目录的产教融合型企业给予"金融+财政+土地+信用"的组合式激励,并按规定落实相关税收政策,厚植企业承担职业教育责任的社会环境,推动职业院校和行业企业形成命运共同体。因此,建设世界一流职业院校,必须依托产教融合型企业的示范带动,深入开展校企合作。一方面充分利用国家相关支持政策,帮助产教融合型企业争取更多资源,不断提升企业参与学校人才培养的积极性、主动性。另一方面通过国家对产教融合型企业的条件规约,倒逼企业提升"教育性",不断提升二者相互融合的共性基础。

再次,引导企业参与学校人才培养全过程。创新驱动发展战略加速了现代产业体系的建立和持续更新,在此背景下,深化产教融

---

① 石伟平,郝天聪.从校企合作到产教融合——我国职业教育办学模式改革的思维转向[J].教育发展研究,2019(1):1-9.

合、校企合作是职业院校实施人才培养供给侧性改革的紧迫任务。因此，建设世界一流职业院校，必须积极开展校企合作，化用企业资源、引入产业前端技术，以不断完善学校教育教学，不断提升学校人才培养质量，进而实现学校的发展进阶。

最后，建立互惠双赢的校企合作保障机制。长期以来，产教融合、校企合作中最主要的症结是学校找企业困难重重。因资源不对称、利益不均衡等原因，校企双方往往貌合神离、合而不融。从"熟人交情"模式变为"必然选择"模式，是真正实现校企合作的重中之重。[①] 建设世界一流职业院校，一是建立健全校企合作保障机制，从根本上保障校企合作的有效推进。校企双方要共同制定人事聘用管理考核制度、师资双向流通与管理原则，制定实践教学细则、联合课程考评办法，通过规范组织构架和制度建设，实现人才共育、过程共管、成果共享、责任共担。二是建立共同决策机制。要进一步完善校企共同决策机制，形成统筹制定决策、投入、质量评估、反馈整改和成果共享机制，讨论决定人才培养方案等重大事项，协调解决合作过程中遇到的问题。三是建立成本分担机制。校企通过签订合作协议约定各自职责和义务。学校提供理论教学和部分基础技能训练的场所、配套相关教学设备，企业在内部建设专门用于实践教学的培训中心或岗位学习场所；建在企业的实训基地以企业投入为主，建在学校的实训基地以学校投入为主；政府以项目或奖励的形式分担部分运行成本。四是完善校企文化融合机制。产教融合归根结底是双方之间物质文化、制度文化和精神文化的融合。只有实现校企之间的文化认同，才能更好地在相互借鉴中创生出新的文化和效益。因此，在具体的实践中，要将企业精益求精、严谨务实、

---

① 匡瑛.当前我国职业教育必须正视的几大痛点与可能出路［J］.教育与职业，2018（15）：14-19.

追求卓越、敬业奉献的工匠精神融入学校教育教学，将竞争意识、质量意识、效率意识、敬业精神融入校风、教风和学风建设，增进校企双方文化认同。

（六）创新型强校

所谓"惟创新者进，惟创新者强，惟创新者胜"。创新是一个民族和国家长久不衰、持续向前的源动力。创新对于职业教育的意义亦是如此。卓越的高等职业教育不仅要使学生能够在社会既有的岗位中就业，更要使学生凭借自身所学理论、技术，或通过知识叠加重组或通过知识整合创生的方式，创造出新的生产、经营组织或新的就业岗位。如果说就业是职业教育的一般性、基础性要求，那么，创新创业则是职业教育的特色型、高阶性水准。因此，建设世界一流职业院校，必须以创新创业型特质谋求更大的生存空间。

在大众创业、万众创新的时代，一流职业院校要创立并践行"重心在教育、目标在万众、路径在分层、关键在实践、核心在创新"的理念，积极播撒创新创业的思想火种，让学生在校期间对创新创业的文化底蕴耳濡目染。要以创新为引领，践行与专业教育深度融合的进阶式双创教育模式，深化从启蒙教育、预科教育、专门教育到实战训练的双创人才培养体系，完善通识必修课、选修课、专业课到实践训练课的双创课程体系，优化从社团孕育、赛会遴选、项目训练到创业实战的双创实践体系，构建产教融合、产品试制、项目孵化、成果展示的双创服务体系，最终形成创教、创孵、创赛、创展、创投一体化的双创生态体系。

首先，大力营造创新创业的文化氛围。文化是促进学生发展的重要潜力，具有春风化雨、润物无声的教育功效。在具体的职业教育实践中，学校既要通过显性的创新课程直接正面地教育学生，也要通过自身的实践行动，为学生树立可资参考的榜样示范。在学校的管理方面，可以引进现代化的管理手段，以智慧化、人性化的管理服务，激发学生的创新意识。在教育教学方面，可以采用数字化的教学手段，传递最前沿的智能化教育内容，培养学生的创新旨趣。在创新创业服务方面，可以构建设备共享、知识产权、检验检测、财务法务、路演推介、投资融资、创业教育、创业咨询等公共服务云平台，提供线上线下一体化全要素服务，为双创教育数字化赋能。在学生实践活动方面，可以重点扶持一批创新社团，通过创客街、金点子大赛、新生创客体验月等校园活动，形成"月月有主题，周周有活动，人人有项目"的双创文化氛围，为双创启蒙教育文化赋能。同时要努力推动创新创业类科技活动、技能竞赛在全校专业的覆盖率、学生参与率，营造"崇尚创新、学习技能"的良好氛围。此外，还要给广大师生提供良好的创新创业环境，一方面对教师加强制度性保障，解放教师的头脑和手脚，让教师率先垂范地开展创新创业实践；另一方面引导学生充分利用区域社会资源、特色要素，帮助学生将潜在的资源转化为有形的生产力，助力学生创新创业实践。

其次，大力开展创新创业课程和教材建设。课程是人才培养的重要载体，是人才素质架构革新的关键抓手。一流职业院校要完善创新能力培养的课程模块，加强教材建设，提升创新能力培养效果；完善通识必修课、选修课、创业专业课、实践训练课的"进阶式"创业课程体系，推进专业教育与创新创业教育的深度融合，深化进阶式创业教育人才培养改革；注重创新创业课程的专业性特色，引导学生正视自身所学的专业，认同自身的专业文化，更好地利用自身的"专业资本"创造出更多、更优的"经济价值"；深入实施双创课程的深耕细作，联合名企、名校、名家改造传统双创课程，开发新型活页式、工作手册式双语教材，结合不同专业特色建设"育训一体"课程包；积极打造优秀创新型项目化课程、创客型项目化课程，建立以作品输出为导向的课程评价机制；加强创新创业教学资源库建设，建设优质转创融合教学资源；注重课程和教材的国际化影响，既要引进来，也要走出去，在合作交流中不断激发双创课程和教材开发的新增长点；大力推进双创课堂教学方法创新，形成中国特色世界水平的课堂教学模式。

再次，积极打造优质的创新创业资源平台。要积极搭建跨界学习平台，联合知名企业建设一批跨界学习示范中心，促进人才培养由单一型学科向多学科融合型转变；支持跨界学习中心开展跨学科、跨专业的创新创业活动和训练营等特色课程教学；积极打造项目遴选平台，通过开展一系列的实践活动，发掘并扶持一批优秀创新创业项目，并通过文博会、高交会、Maker Faire等国内外高端活动进行项目推广；通过创新工程平台遴选一批优秀项目，通过创客中心打磨、企业介入改造，传授创新创业通识知识和技能，增强学生创业信心；积极打造学生创意创业园，推进校外创业园建设工作，开展创业团队的培育与孵化，面向优秀初创企业实施培优工程，培育出一批高成长性的初创企业和具有企业家精神的创业菁英，打造国际技术技能人才创业园。

最后，积极探索创新创业教育体系。注重创新创业师资团队建设，培育高水平双创师资团队。探索社会与学校双创师资的双向流动机制，对教育师资进行外引内培，通过柔性引才、短期聘用等方式，汇聚一批一流的双创教育专家，为一流创新创业教育提供强有力的"硬核"保障。注重开展双创菁英教育，开设创业实践班，培养具有创新意识、掌握创业知识的创业型人才；开设创新创客班，培养具有创新精神、产品思维和产品经理素养的创新型人才。注重开展双创综合配套改革，建立和完善技术成果转化机制，加快技术成果孵化、转移，推进双创教育成果落地；鼓励科研人员创业创新，完善高端人才双向流动机制，支持引进海内外高层次人才联合创业。此外，要积极做好双创实验室建设和硬件配备建设，为一流职业院校开展双创工作提供有力的外在条件支持。

（七）特色化建基

个性是事物的本质属性，是事物之间相互区别的重要标识。生态位理论认为，生态群落中的每一个子要素只有处于自己最适恰的生态位置上，才能在生态系统中得以生存和发展。对于一流职业院校而言，只有找到自己在职业教育生态系统中的适恰位置，办出契合自身位置的特色，才能实现自身的一流发展。

首先，建设世界一流职业院校，要凸显高等职业教育的类型特色，构筑同质异构的地方高等教育生态。高等教育是一个生态系统，其中既包含普通高等教育，也包含高等职业教育。二者定位于不同的社会职业坐标，培养不同类型的社会人才，并且在人才培养目标、教育模式、教育内容乃至教育方法手段等方面都存在一定的差异。高等职业教育内部也同样是一个生态系统，不同院校有着不同的生态位置，其中既有瞄准国际顶尖、开展产业链前端技术研发的职业教育，也有提供技术支持、负责相关人群培训、实现其再就业的一般性职业教育。因此，建设世界一流职业院校，不能以同质化的标准来预设理路，要在特色上下功夫，在质量上求生存。

其次，建设世界一流职业院校，要凸显职业院校的门类特色，形成契合不同专业大类的科类范式。高等职业教育系统内部不仅有层次高低之分，同样也存在不同专业门类的区分。对同一专业门类的高等职业院校，我们可将其归纳为群维度的职业院校范畴，譬如职业技术师范类院校，综合类高等职业院校，理、工、农、医、艺术类高等职业院校，等等。它们相应具有群维度的职业教育特色。因此，建设世界一流职业院校，还必须在群维度的特色上下功夫。要紧紧地把握拟建学校的专业大类属性，把握其应该具备的群维度特色。譬如，建设职业技术师范院校，不仅要凸显其有别于普通高等师范教育的特色，还要凸显其有别于一般职业技术教育的特色，在具体的办学理念、教育模式等方面全面彰显这一"群"特色，以不断提升群体辨识度，同时提升其一流化建设程度和持续进取能力。

最后，建设世界一流职业院校，要凸显职业院校的校本特色，凝练助力自身持续进阶的独特标识。每一所院校都是一个独立的个体，办学历史、服务面向、立足区域、发展战略等要素不同，决定其应该具有个体维度的特殊的一流特色。具体而言，我们可以将这一个体维度特色概括为发展理念的特色、教育模式的特色、教育内容的特色、教学手段的特色、教育成果的特色、科学研究的特色等等。譬如，在教育模式方面，如果说职业教育的特色是产教融合、校企合作，那么个体维度的特色就可能是依托校企共建的特色产业学院开展教育实践。总之，在建设一流职业院校的实践中，学校要特别注重对校本层面的特色进行提炼，坚决避免"一纲一本管几亿"的现象，在不断的自我省思、自我重构中，总结、升华自身的个体性特色。

（八）高质量发展

党的十九大报告指出，我国经济已由高速增长阶段转向高质量发展阶段，正处在转变发展方式、优化经济结构、转换增长动力的攻关期。这是我国首次以"高质量"来界定经济的发展特征。在职业教育领域，《国家职业教育改革实施方案》进一步提出，要推进高等职业教育高质量发展。高等职业教育高质量发展蕴含着丰富的时代内涵。"从宏观看，这是高等职业教育领域解决人民日益增长的美好生活需要和不平衡不充分的发展之间的矛盾的需要；从中观看，衡量高质量发展的指标是行业、区域高等职业教育人才培养的匹配度即结构性质量；从微观看，具体落实在每一所学校、每一个专业的人才培养和教育教学质量上。"[①] 实际上，"高等职业教育高质量发展核心的关注点就是教育质量的提升与持续改进。在经历了高速扩张阶段后，我国职业教育体系虽然在规模上实现历史性突破，但在质量建设中仍存着人才培养和办学质量水平参差不齐等问题"[②]。因此，建设世界一流职业院校，必须打造以质量为本的内涵式发展模式。

质量是一个"多元一体"的概念表征。所谓"一体"，主要指的是一种客观事物具有某种能力的属性，由于客观事物具备了某种能力，才可能满足人们的需要。而"多元"则是指对同一事物的评价，因为时间、空间的迥异以及主体的不同诉求，而存在动态、变化、发展和相对的特质。按照这一界定，实现一流职业院校高质量的内涵式发展，必须坚持科学的质量观。

首先，建设世界一流职业院校，要坚持"一体化"的高质量发展。即是说，一流职业院校要以质量作为根本生命线，以学校的教育实效作为评价办学好坏的重要准绳。其中最主要的考核指标，应该是学校的人才培养质量。人才培养是学校的核心使命，是一流职业院校各类效用发挥的先决条件。未来的人才培养，既要看到职

---

① 周建松，陈正江.新时代中国特色高等职业教育的内涵与发展路径[J].中国高教研究，2019（4）：98-102，108.
② 朱磊.高职教育高质量发展面临的挑战与建议[J].江西电力职业技术学院学报，2019（11）：111-112.

业教育生源的实然状况，更要以宏大的志向瞄准世界级的技能型人才培养标准。要积极开展对象研究，发掘职业院校教育对象的问题、困惑、需求，发掘其特殊规律和进取的一般轨迹，在此基础上科学理性地探索一流职业院校教育教学的个性化模式，实现精准施教。此外，一流职业院校的人才培养，不仅要关注人才培养的"现在时"，还要关注人才培养的"未来时"，在强化职业技能养成的同时，更要强调应用能力和开发能力的训练，激发学生的创新意识，不断提升学生的道德修养，培养工匠精神，促进职业技能和职业道德的高度融合，为高端产业和产业高端输送高水平的综合性技能人才。

其次，建设世界一流职业院校，要坚持多元化的高质量发展。所谓多元化的质量观，是指对于不同的高职院校，其内涵式发展的评价指标应该是多维度的。在以学生进取作为首要考核指标的同时，还要适度参考学校的社会服务、科研实力、对外交流、师资力量、课程建设、校园文化等元素。要根据学校的不同定位和不同服务人群，合理地制定内涵式发展战略。在我国，高等职业院校体系十分庞大，院校之间既有门类之别，也有历史长短之别，更有地域经济文化环境之别。因此，一流职业院校的高质量发展，必须是凸显特色化的高质量发展。本着"有所为有所不为"的原则，力争在某一个或某几个领域做到极致，打造"精致的塔尖"，才是一流职业院校高质量发展的应有之义。

最后，建设世界一流职业院校，要倡导科学化的学校规模拓展。随着我国由教育大国向教育强国的发展嬗变，未来的高等职业教育依然具有较大的发展空间。这首先表现在横向发展的规模和数量之上。在规模维度，一流职业院校的规模在一定范围内可以继续扩张，不断发挥优质学校的"溢出效应"，以此来满足更多受众的教育需求。当然，一流职业院校的规模扩张必须建立在科学的理论指导下，在国家紧缺、未来社会发展需要的专业维度，合理地有步骤地进行延伸拓展。并且，一流职业院校的拓展，也并不是完全表现为学校个体的无限扩大。相反，小而精、小而有特色、小而灵活的拓展模式，同样是世界一流职业院校建设的重要理路抉择。

附录

德国双元制职业教育及发展趋势

严格来说,"德国没有与中国教育体系中'高职'相对应的教育层次","其职业教育的主体是'双元制'职业教育"。[①] 德国职业院校的发展深深嵌入双元制模式之中,近些年双元制模式也延伸到了高等教育领域。"双元"意味着一体两面,企业和职业院校都是法律规定的实施主体,双方共同协作、相互补充,实施职业教育。"双元制"模式既规定了德国职业教育的双主体,又明确了德国职业教育和职业院校的内涵。考察德国职业院校的建设发展,在很大程度上就是考察德国职业教育双元制模式的发展。

一、德国现代职业教育的兴起

德国现代职业教育确立和发展于德国社会现代化进程中,特别是19世纪德国社会转型、文化思想、国家立法等各方面共同影响和推动了德国现代职业教育实践,从深层次塑造了德国职业教育体系,

---

① 国家发改委东北振兴司赴德职业教育培训团.感受"双元制"——德国职业教育考察报告.

形成了德国职业院校独特的发展模式和特征。

（一）社会环境的催生：资本主义社会与工业革命

19 世纪，德国经历工业革命，逐渐开启现代化历程。人口迅速增长，大量获得自由的劳动力离开农村，聚集于城市，逐渐形成日后的工人阶级。1871 年统一后的国家更有利于工业现代化和城市的发展，工商业迅速兴起，越来越多的人进入工业生产领域，受雇于新兴工业工厂，这是德国职业教育迅速兴盛的基本前提。与此同时，工业化大生产对劳动力的技术素质要求越来越高，传统的学徒模式无法满足工业化要求，这为企业参与职业教育提供了机会。

德国传统的学徒培训模式历史悠久，但在工业化兴起的过程中，传统模式不适合现代生产技术的传授，无论是效率还是质量都无法满足社会对新兴产业工人的素质需要，由此，一些工厂开始对学徒进行自主培训。德国开始出现实训工场，由企业主自主为工人传授技术技能，以高效、高速的方式培训工人实际掌握操作技能。实训工场开始普遍化。1875 年，在普鲁士矿业、冶金业与盐业部门，有 105 家企业为工人开设培训课程、教育课程及讲座。1878年，普鲁士在国家铁路管理局实训工场进行工人培训，学制四年，每两周在工作时间内授课，实训学徒有日薪。国铁主导的培训模式随后引发民企效仿。到 20 世纪初，大工业企业培训开始制度化、规模化。[①]

虽然德国属于资本主义发展起步较晚的国家，但是在 1870 年到 1913 年期间，德国工业飞速发展，总产值超过英国，居世界第二位。德国用 30 多年时间，走完英国用 100 多年走过的路，将一个以农业

---

① 李超.德国职业教育历史源起与勃兴——以19世纪为考察对象[J].黑龙江高教研究，2016（12）：61-63.

为主的落后国家，转变为一个现代高效率的工业技术国家。[①]这一快速发展过程为企业自主培训劳动力，以及现代职业教育的兴起和发展创造了土壤和环境。与此同时，企业对新兴劳动力的培训以及职业教育的迅速兴旺，又反过来持续促进德国工业社会的发展。在此过程中，工业发展和培训实践互相促进，使得企业在劳动力培训中的作用日益牢固。相对而言，学校在职业教育实践中发挥的作用较为有限，在职业教育体系发展之初处于相对次要的地位。

二战以后，社会经济恢复发展，工业振兴，急需大量的技能技术人才。面对人才资源和自然资源匮乏的现实，德国政府选择通过大力发展、挖掘人力资源来支撑工业和国家经济发展，因此格外重视职业教育，开始大力支持职业学校发展。基于这样的背景，职业院校在职业教育体系中的"一元"地位和协同企业展开职业教育的现实功能得以明确，职业学校得以发展，并逐步和企业共同构筑了德国"企业—学校"双元职业教育体系。

（二）职业教育思想的兴起：现代职业教育和学校的理论基础

德国双元制职业教育和职业学校发展兴盛的背后，有强大的思想理论作支撑。19世纪德国思想界的启蒙思想以及相关教育思想对教育界影响很大，为德国现代职业教育体系的产生和职业院校的发展奠定了深厚的认知和理论基础，这也是德国职业教育能长久占据世界一流位置的内在支撑。

19世纪德国思想界关于教育的探讨异常热烈，包括康德、谢林、洪堡等都很关注教育，对教育问题进行严肃的探讨和理论阐释。以康德思想为代表的理性主义深刻影响了德国职业教育界，为职业

---

① 刘捷.凯兴斯泰纳的职业教育思想述评[J].教育评论，1992，3.

教育思想的发展奠定了基础。整体而言，德国启蒙思想家以实现个人幸福为基点，认为应当让社会成员在自己的等级内有计划有步骤地通过教育，为某种专门职业、活动或工作做好准备，而每个社会成员接受的教育，都包括普通教育和普通劳动教育（即职业教育）。启蒙思想家尤其主张普通劳动教育，反对手工业及传统学徒训练，认为传统的学徒训练缺乏科学支撑和论证，是一种机械模仿，没有理论设计能力训练，不能适应新的产业对工人的要求。对新工人训练就是新的启蒙教育学。[1]

德国哲学家和启蒙思想家的哲学思想、教育思想为专门的职业教育思想和实践的兴起奠定了认识论基础，引导德国形成了独特的职业教育思想和理论。诸多教育家撰文阐述职业教育思想，其中最著名的是19世纪后半叶的凯兴斯泰纳和斯普朗格。其主要观点包括：

首先，职业教育国家义务教育性质的理论基础。在国家层面，凯兴斯泰纳把职业教育和公民教育联系起来。德国传统观念认为国家公民教育、职业教育与个人教育三者相互分离，而凯兴斯泰纳的教育理念则体现了更大的包容性。[2]凯兴斯泰纳认为，国家应面向全体公民义务实施职业教育，通过职业教育对人的个性进行影响，改善社会道德。他将实施职业教育的学校称为"劳作学校"，培养能够直接服务于国家的有用公民。正是由于凯兴斯泰纳的职业教育思想和实践的影响，职业教育在德国开始进入国家层面，开始具有国民义务教育的性质。[3]

---

[1] 卢洁莹.德国职业教育价值观的演进与启示[J].职业技术教育，2010，5.
[2] 钱逸秋.凯兴斯泰纳经典职教理论在现代职教理论中的延伸与创新[J].教育与职业，2018（07）：26-33.
[3] 李超.德国职业教育历史源起与勃兴——以19世纪为考察对象[J].黑龙江高教研究，2016（12）：61-63.

其次,关于职业教育对人的发展重要性的理论支撑。在现实教育层面,凯兴斯泰纳对"重普轻职"的传统教育思想进行了批判,特别是对学校中普遍盛行的死记硬背式教学进行了批判。他指出,书本知识远不如精神的发展、道德的适应力和工作本领要紧,而只有职业教育能改变这种状况。凯兴斯泰纳提倡学校从一个进行理论、智力培训的地方转化成多方面进行人类实践的"车间",让学生到劳作学校亲身经历、亲身观察。① 凯兴斯泰纳还首次提出教育的新人文主义,强调职业教育是陶冶教育,是全人教育,只有通过职业实践,教育才能走上可持续发展的道路②,而"学校应该是学生为未来职业进行准备的场所"③。凯兴斯泰纳不仅系统阐述了职业教育思想,还将其理论转化为实践。

再次,关于职业教育与普通教育的关系。斯普朗格的职业教育思想同样对德国职业教育和职业院校的发展产生了深远影响。斯普朗格通过对基础教育、职业教育和普通教育三者关系的讨论,阐述了他的职业教育思想。他认为,不应把基础教育、职业教育和普通教育三者机械地分离开来,普通教育是每个人必须接受的人文素质教育,职业教育中应注重普通教育的比重,不能只注重"技匠"教育而忽视心灵和文化素质教育。同时,在基础教育阶段应把职业教育揉合进去。当然,注重教育的实用性并非排斥人文和精神教育,而是通过引入各项职业导向内容将比较抽象的人文教育具体化。④

---

① 刘捷.凯兴斯泰纳的职业教育思想述评[J].教育评论,1992,3.
② 钱逸秋.凯兴斯泰纳经典职教理论在现代职教理论中的延伸与创新[J].教育与职业,2018(07):26-33.
③ 李超.德国职业教育历史源起与勃兴——以19世纪为考察对象[J].黑龙江高教研究,2016(12):61-63.
④ 卢洁莹.德国职业教育价值观的演进与启示[J].职业技术教育,2010,5.

他们的职业教育理论和相关实践进一步推动了德国职业教育实践和职业学校发展，不仅从根本上影响、塑造了德国的职业教育，而且至今对世界各国的职业教育理论和实践研究具有深远意义。

总之，德国职业教育思想从根本上塑造了德国职业教育的内涵精神，奠定了德国双元制职业教育模式的内在理性基础，使得以企业为主、协同职业学校的双元制职业教育模式不仅仅是德国基于现实需求的选择，也是有着必然思想理念支持的内在合理体系。

（三）国家意志的体现：职业学校兴起

德国职业教育有成熟健全的法律支撑，国家积极立法是德国职业教育体系兴起的重要动力之一。这种法律保障源于国家对职业教育管理的必要，是国家意志在职业教育领域的强力体现，是职业学校能从当时复杂的社会环境中脱颖而出，成为职业教育双主体之一的重要力量。

德国通过立法打破被行会垄断的学徒培训传统，为新兴职业教育实践和职业学校发展创造空间。工业社会兴起之初，德国的手工业行会是反对新兴职业教育的重要组织。当时，行会手工业管理着旧式学徒教育，有成熟的行会学徒制，对学徒职业培训有着绝对话语权。但旧式学徒制无法满足德国城市化和工业现代化的需要。面对新兴现代工厂对传统培训模式的挑战，手工业行会逐渐成为阻碍职业教育实践的力量。为了保证工业现代化进程，德国政府通过立法制约行会，为新兴职业教育实践扫除障碍。1733年普鲁士《手工业条例》限制行会自治，加强了国家对行会的管理。1794年《普鲁士邦法》进一步打破行会垄断及特权，强化了国家权力。由此行会对学徒培训的垄断及控制能力逐渐被削弱，开始接受国家管理。1811年德国颁布《行业监督法》，规定任何未入行会的人都可在不经过工匠培养教育（学徒教育）的条件下，根据国家法律规定从事任何行业的经营；同时学徒也可以自由流动，到不隶属行会的从业者处工作。由此，传统行会学徒教育的公法地位被破除，学徒招生权让渡给行业从业者，而不论其是否拥有行会会籍和学徒教育满师合格证。①1869年德国颁布《工商条例》，规定学徒必须在地方进修学校学习。至此，行会对职业教育的垄断权被彻底打破，新型职业学校获得发展空间。

在改革行会的同时，德国也通过立法不断推动职业学校的发展。1849年的《工商条例》首次承认手工业工场外的工商学校也能作为职业教育场所，为新兴职业学校开辟了发展路径。同时政府对传统学校进行改造。普鲁士于19世纪20年代建立的工商学校和进修学校可视为职业学校的前身，主要由教会和行会创办。政府将这些学校改造为进修学校，纳入义务制范围。1874年，文化部颁布《进修学校条例》，通过国家补贴的方式推动地方明确进修学校教育义务，进一步保障了进修学校的地位。1885年，工商进修学校管理权由文化部移至贸易部，进修学校与工商职业技术教育并轨，通过这次转移，学徒及从业者的技能培训进一步得到强化。②由此，国家主导的职业学校迅速发展。职业学校的建立，平衡了传统行会和新兴企业对学徒培训的权力，意味着国家正式介入职业教育，是在国家层面建构职业教育体系的重要步骤。1895—1903年，手工业行会进修学校的就学率从44%下滑到22%，到1911年只有6.31%；而同时期义务制进修学校的就学率达到93.69%。到1900年，德国多数城市

---

① 李超.传统学徒教育向近代职业教育的过渡——以19世纪的德国为例[J].中国高校科技，2017，9.

② 李超.德国职业教育历史源起与勃兴——以19世纪为考察对象[J].黑龙江高教研究，2016（12）：61-63.

通过地方立法明确了进修学校的义务教育性质，按职业划分的进修学校在全德国开始试行，职业学校开始全面发展。[①]1911年，德国宪法规定18岁以下青少年必须接受职业教育。政府开始推动义务制职业培训和教育。

德国政府通过立法，通过对教会和行会学校进行改造，通过赋予进修学校义务教育性质，以及对新职业学校的大力支持，打破了职业教育被行会垄断的传统，促使行会职业教育转型，逐渐形成了学校与企业双主体协作进行职业教育的格局，最终确立并稳固了职业学校在职业教育体系中的"一元"地位，为德国现代职业教育体系奠定了基本架构。整体而言，在现代德国双元制职业教育体系中，职业院校从产生之初就与企业培训共存，学生首先作为雇员或工厂学徒到进修学校学习，而不是首先作为进修学校的学生再接受学徒培训。职业进修学校事实上是企业学徒培训教育的法定补充。在此逻辑下，德国特色的双元制职业教育得以形成发展。

（四）"双元"实践：学校与工厂的合作竞争

随着行会对学徒培训的垄断被打破，职业教育迅速发展，传统的师徒培训制逐渐衰落，以"职业学校—实训工厂"为主的现代培训模式逐渐兴起。在工业化和技术技能教育规模化的过程中，职业学校和企业两个主体相互补充、合作竞争、共担职业教育的格局形成。学校负责教授普通知识和一般理论知识，授课地点为课堂，企业根据行业、专业等现实需求培养学生的实际操作能力和技术本领。学校职业教育由国家推动，企业职业教育由行业规范领导，两条路径相互竞争博弈又彼此合作协调，共同构筑了德国独具特色的双元

---

① 李超.德国职业教育历史源起与勃兴——以19世纪为考察对象［J］.黑龙江高教研究，2016（12）：61-63.

制职业教育格局。这种双元路径在培养目标、培养方式和培养规模上完全不同于传统师徒制,在较短时间为德国提供了工业发展所必需的人力资源。

职业教育权利的归属直接影响相关行业主体的利益,因此职业学校的建立发展过程包含着不同主体对于职业教育权利的竞争。一方面,传统行会的垄断地位被打破,企业培训强势发展;另一方面,国家介入职业教育,通过发展职业学校等措施平衡结构,建构了职业教育国家体系。"德国职业教育历史也是一部企业和学校的斗争史,尤其表现在职业学校为争得一席之地而斗争的历史。"[①] 在最终定型的双元制职业教育模式中,职业院校作为"一元"的主体地位明确,但更多的是对企业职业教育必不可少的补充辅助。企业和学校各自为学生提供不同的知识技能,"在这一体系中,产业界与政府共同参与、相互制衡也彼此协作"[②]。德国职业教育之所以能一直保持世界领先地位,这种双主体性质和合作制衡关系功不可没。在彼此合作竞争中,德国职业教育实践中的两个主体——职业学校和企业也各自发展壮大起来。

二、德国现代职业院校的发展和运行机制

双元制职业教育包括两条相互支撑、特色鲜明的路径。在整个职业教育过程中,职业院校和企业一体两面。一方面,学生要在学校接受相关知识、理论教育;另一方面,学生要在企业接受技术技

---

① 陈莹.德国职业教育"双元制"提法之商榷[J].江北师范大学学报(教育科学版),2011,7.
② 李俊.德国职业教育哲学简析[J].职教论坛,2018(02):21-27.

能培育。企业和学校分工不同又彼此协作，共同构成德国职业教育实践的主体。双元制职业教育体系在实践中较好地兼顾了学生实践技能和理论知识的学习，强调培养学生的实践和职业能力。本节讨论双元制模式下德国现代职业院校的发展状况。

（一）德国职业院校概况

德国实行联邦制，教育事业由联邦政府和州政府共同管理。联邦政府负责全国教育规划和职业教育，主要通过各州文教部长联席会议对全国教育事业进行管理和协调，而基础教育、高等教育等主要的立法和行政管理权属于各州。[①] 各州拥有文化教育自主权，各级各类学校属于州级教育机构。学校法的立法权在各州，但是职业教育的立法权在联邦政府。[②]

德国高等职业院校的发展，深深依存于德国双元制职业教育模式整体构架之中。德国实行 12 年制的义务教育，6—18 岁的公民必须接受义务教育，其中必须完成 9 年（有些州为 10 年）全日制教育，如果不能继续全日制普通学校或者全日制职业学校的学业，则必须上 3 年非全日制职业学校。小学生进入中学无需进行统一考试，依据小学成绩、教师鉴定、家长意见以及学生的志趣等进行分流，一部分进入主体中学，毕业后大部分接受双元制职业教育；一部分进入实科中学，毕业后可在企业或机关任中级职员；一部分进入文理中学，毕业后可直接上大学。由此形成德国人才培养的两条主要路径：其一，小学—文理中学—大学，这是一条直接升学的道路，培

---

① 林勇.教育与经济系统视野中的德国职业教育及其借鉴［J］.重庆大学学报（社会科学版），2010，9.

② 李俊.德国职业教育的想象、现实与启示——再论德国职业教育发展的社会原因［J］.外国教育研究，2016：14-27.

养的是从事科学研究和基础理论研究的人员；其二，小学—主体中学或实科中学—职业学校，这是一条直接就业的道路。①

目前，德国的职业教育形式和学校类型多样。实施职业教育的学校主要有职业学校、职业专科学校、高等职业专科学校、职业大学等4类，这4类又包括双元制职业学校和不属于双元制的职业学校。双元制是德国职业教育的主要形式，约占70%—80%，不属于双元制的职业学校约占20%—30%。②不属于双元制的职业学校和其他职业教育形式主要包括全日制职业学校和过渡学校，对双元制职业教育与培训起着一定的补充作用。例如，健康及福利、音乐等领域的职业培训只能在学校形式的职业教育中进行，全日制职业学校也可提供幼儿教育、媒体、商科及设计等领域的职业教育。过渡学校是教育体系在双元制及学校职业教育之外为学习能力较弱的初中毕业生提供的额外支持，协助他们获得一定的职业教育与培训，在一定程度上可以视为教育结构与功能上的一种补充。③

高中阶段职业学校有两种。一种以就业为导向，包括职业学校和职业专科学校。其中，职业学校是通常所说的双元制学校，是最重要的职业教育形式；职业专科学校是全日制职业教育，毕业后学生直接就业，少部分学生可以通过参加专科高中或职业高中毕业证书的课程补习，获得专科大学的入学资格。另一种以升学为导向，包括职业高中和专科高中，其主要生源是实科中学的学生，毕业后

---

① 财政部国际司.德国职业教育体系介绍［EB/OL］.http://gjs.mof.gov.cn/pindaoliebiao/cjgj/201308/t20130806_974355.html.
② 刘瑞新.德国职业教育"双元制"及职业能力培养目标的实现［J］.教育与职业，2013，7.
③ 李俊.德国职业教育的想象、现实与启示——再论德国职业教育发展的社会原因［J］.外国教育研究，2016：14-27.

可升入专科大学。[①]

传统的双元制职业教育与高等教育是分割的。但随着现代社会发展，大学阶段的职业教育开始出现并迅速崛起。1968年，德国创建了与大学并行的新型高等学校——高等专科学校，主要由过去属于中等职业学校的工程师学校和其他高级中学、经济学校和技术学校演变而来。当时，学校仍然是以学科为本，更偏向普通教育，没有真正意义上的职业教育特点，直到20世纪七八十年代，大学阶段的职业教育继承双元制模式，高等院校和企业密切合作，开始快速发展。[②]这些新兴职业院校本质上就是传统双元制模式的延伸。

本科阶段职业教育有两种模式。第一种是职业学院和企业联合培养，经费由州财政和企业共同承担，主要招收中等教育第二阶段的实科中学和主体中学毕业生，学习年限一般为3年，学生需要分别在学校学习理论知识，在企业进行实践操作，每3个月轮换一次。第二种是应用科学大学和企业合作，经费主要来源于公共财政资金，学制有三年制和四年制两种，学生一般需要在企业学习两个学期，入学资格要求是学生必须从中等教育第二阶段的文理中学毕业并参加一段时间相关专业的实习，或从实科中学和主体中学毕业。[③]

（二）德国高等职业院校的发展

双元制职业教育有效发挥了企业和学校各自的优势，推动了德国职业教育高速发展。在这一过程中，德国高等职业院校也得以迅速发展。特别是20世纪后期，为满足社会飞速发展和对人才的更高要求，以及为了保持德国职业教育的世界地位，德国大力推动高等

[①] 李海宗，陈磊.德国职业教育衔接模式对我国的启示［J］.中国高教研究，2012，9.
[②] 路君.德国高等职业教育的专业与课程设置［D］.东北师范大学，2001，8.
[③] 张嘉炜.德国职业教育学制解读［J］.高教探索，2015（09）：70-75.

职业教育的发展，主要表现在高等专业学校和应用科学大学的崛起。

1. 高等专业学校的成立

1967年，在达伦多夫的指导下，巴登-符腾堡州教育部出台了第一个赋予工程师学校和高级专业学校大学同等地位的方案，全称为"州高等学校总方案：学术型高校、师范学院、职业师范学校、艺术学院、工程师学校、高级专业学校的结构与组织改革方案"，也称为"达伦多夫方案"。① 由此，德国开启了高等专业学校的建设。1968年10月，联邦德国各州州长会议通过"联邦德国在各州统一高等专业学校"的决议，把以前的工程师学校、中等专业学校及相应的教育机构改建成高等专科学院，学制为3年。这就是今天所说的应用科学大学的前身。1971年，由高等工程学院和高等职业学校升级形成的第一所高等专科学院正式开始运行。② 之后，德国各州开始对原有工程师学校进行重组升级。1973年，高等专业学校的教师有了"教授"的正式称号。1976年的《高等教育框架法》不再将大学和高等专业学校进行区分，明确这两类高校虽然不同类型，但具有同等地位。1985年，《高等教育框架法》支持所有的高校开展国际合作以及申请第三方资金开展研究，包括对高等专业学校应用导向的研究。③ 总之，高等专业学校的快速发展推动了教育资源和内涵的提升，为之后应用科学大学的发展奠定了基础。

2. 双元制大学的出现

为满足培养高级职业人才的社会需求，企业和学校寻求合作，

---

① 彭湃.德国应用科学大学的50年：起源、发展与隐忧［J］.清华大学教育研究，2020，3.

② 董慧超，邓泽民.德国应用科学大学发展历程的探究［J］.中国职业技术教育，2017（15）：34-39.

③ 彭湃.德国应用科学大学的50年：起源、发展与隐忧［J］.清华大学教育研究，2020，3.

逐渐开启双元制在高等教育领域的发展。20世纪70年代，巴登－符腾堡州企业发起建立了第一所德国职业学院，是企业在双元制职业培训的基础上建立起来的高层次应用人才培养机构。当时，戴姆勒－奔驰等3家企业提出将企业学校合作培养人才模式引入高等教育领域，由企业对高中毕业生进行理论课程培训，使其达到大学水平。1974年，斯图加特和曼海姆职业学院正式成立，164名学生与51家培训企业一起展开了新的职业教育尝试。之后，巴登－符腾堡州陆续出现新的职业学院，其培养质量获得了社会各界的认可。2009年，巴登－符腾堡州将职业学院转制为双元制大学，并赋予这种教育培训模式与大学学习的同等地位。[①]巴登－符腾堡州开创了双元制高等职业教育模式。至此，德国职业教育突破层次限制，开启了升级发展的路径。到2012年，德国萨克森、柏林、图林根等9个州都出现了职业学院，办学点（或校）达59个，既有州立的也有政府认可的私立职业学院。[②]新兴的职业学院和传统高等学校不同，它继承职业教育双元制的精髓，将理论与实践的教学结合，职业学院进行理论知识教育，企业进行实践教育，共同承担为德国培养高级应用型人才的责任。后来，这种"双元制学制"（Duales Studium）被应用科学大学和普通大学借鉴创新，尤其是应用科学大学成为提供双元制课程的重要力量。[③]

3. 应用科学大学的快速发展

1988年，德国科学委员会出台《德国高等学校90年代发展展

[①] 李俊，郭婧.德国高等教育扩张下职业教育的变化及面临的挑战[J].江苏高教，2018（05）：83-88.

[②] 逯长春."职业学院"到"双元制大学"——德国巴符州职业学院发展轨迹及启示[J].高校教育管理，2014，8（04）：104-108.

[③] 逯长春.德国"双元制"本科教育管窥——以巴符州双元制大学为例[J].职业技术教育，2013，34（23）：92-96.

望》，指出高等专业学校属于高等教育，是德国高等院校系统的组成部分。高等专业学校以应用性为标志的专业设置是高等教育体系中不可或缺的因素。[1] 由此，高等专业学校的地位再次得到强调和明确。为了国际交流的需要，德国于1998年决定赋予高等专业学校以相应大学的称谓，官方英文名称为"University of Applied Science"（应用科学大学）。自此，高等专业学校和应用科学大学成为同义词并具备了国际影响力。1999年，德国开始推进"博洛尼亚进程"，将原先单一层次的硕士文凭分解成学士和硕士两级学位，应用科学大学和普通大学一样，可授予学士和硕士学位。[2]

应用科学大学开始了快速发展。从数量看，起步于20世纪60年代的应用科学大学，"至两德合并时的1990/1991学年度已经有122所（含行政管理高专），占当年高校数量的40.4%。再到半个世纪后的2018/2019学年度已经有246所，占当年高校数量的57.7%。而大学及专业学院（含师范学院、神学院、艺术学院）的总数在过去几十年中几乎没有变化"[3]。由此可见应用科学大学在近几十年的发展速度及其背后的巨大社会需求。应用科学大学和行业企业深度合作、协同育人，教育教学中实践课程占很大比重，教授选聘除学术资格外，还需要职业资格（5年以上实践经验或经历）和教学资格（2年以上相关教学经验）。

进入21世纪，德国应用科学大学发展取得了巨大进展。2005年，巴登－符腾堡州直接将高等专业学校称为高等学校（Hochschule），

---

[1] 李小娃.德国高等职业教育的院校类型、招生特点及启示[J].高等职业教育探索，2018，2.

[2] 彭湃.德国应用科学大学的50年：起源、发展与隐忧[J].清华大学教育研究，2020，3.

[3] 彭湃.德国应用科学大学的50年：起源、发展与隐忧[J].清华大学教育研究，2020，3.

不再要求高等专业学校名称前必须有"专业"（Fach）字样。2012年，弗劳恩霍夫协会（Fraunhofer Gesellschaft）在应用科学大学设立第一所研究中心，在此之前这些研究中心都设立在大学。2016年，黑森州福尔达高等专业学校（Fulda FH）成为全德首个具备独立博士学位授予权的应用科学大学。2018年，应用科学大学的总注册学生数突破100万人。2019年，应用科学大学庆祝其50年的历史，德国总统发来贺信，盛赞"应用科学大学作为科学与应用导向的教育与研究机构一直以来就是不可或缺的"[①]。虽然与普通大学类型不同，但是应用科学大学努力缩小与普通大学的价值差别。随着高等职业教育持续的升级发展，德国高等职业教育将与普通高等教育并行发展、衔接贯通，迎来持续的发展机会和挑战。

德国双元制职业教育是一个与时俱进的体系，高等职业院校伴随着双元制的延伸而不断升级发展。在40余年的发展过程中，"双元制"经历了三次全面深入的反思、讨论，始终处于不断的修正中。[②] 而作为双元之一的职业院校——包括双元制大学和应用科学大学，在双元制的塑形历史中发展空间逐渐扩大，层次不断提升。但从升级过程来看，没有企业的实质性参与，没有高质量的企业培训，职业院校也将失去特色和吸引力。说到底，双元制职业教育的内涵和特征是德国职院校发展的根本优势，职业院校从未通过脱离企业而获得持续发展。相反地，越是与企业形成有效合作，职业教育和职业院校获得学生和社会的认可度越高。

[①] 彭湃.德国应用科学大学的50年：起源、发展与隐忧［J］.清华大学教育研究，2020，3.

[②] 李庶泉.德国职业教育"双元制"的现代化及其对我国的启示［J］.教育与职业，2017（16）：26-30.

(三) 德国职业院校的运行机制

德国职业院校（包括借鉴双元模式的高等院校）嵌入双元制职业教育体系，其运行呈现出明显的"双元"特征。一方面，职业院校的运作和企业紧密关联；另一方面，职业院校本身的要素也呈现"双元"特征。职业院校通过各项基本要素的双元建设来保障和企业的深度合作，保障职业教育的水准。

1. 职业院校与企业"二合一"运作

企业与院校双元协作、顺利运行的背后，是多要素高效合作的支撑。双元制职业教育不仅要协调职业院校和企业两个主体，还涉及很多相关要素如各级管理机构、行业、第三方等的相互协调。从管理结构上讲，"在德国，每个州都按地方法规管理学校学生，而联邦（不是州）按全国法律约束企业和职工；企业是私立，学校则是公立的，如此，管理也可被理解为是双元的"[①]。如果没有高效的合作机制和传统，院校和企业深度共举职业教育是很难实现的。在实际运作中，正是基于联邦政府一体化的管理和引导，各要素才得以协调，使得完全不同的两类组织——企业和院校围绕职业教育而高效协作，形成"二合一"的有效运作机制。"双主体"共同建构了职业教育整体，最终造就了举世闻名的双元职业教育模式。

职业院校和企业的有机合作是德国职业教育成功的关键。早在1964年，德国联邦教育委员会在《对职业培训和职业学校的鉴定》中就指出，"双元制成功的前提在于各参与者之间的建设性合作。学校和企业的'并行'，即学校和企业各自相对独立地实施职业教育

[①] 国家发改委东北振兴司赴德职业教育培训团.感受"双元制"——德国职业教育考察报告.

不足以称为合作"①。双元制表面看是职业院校和企业两个主体，事实上涉及多个主体，包括联邦政府、州政府、行业产业界、企业商会、学校、学生等，仅不同主体的分工、职责明确和利益协调就是极其复杂的工程，而具体实践中存在更多的分歧和矛盾。仅就提供教育培训的企业来讲，规模、类别、行业各有不同，所以主体间的协作互补非常重要。

另一方面，企业承担的实践教学是职业院校无法提供的重要内容，没有企业参与，职业教育就失去了重要内涵。德国职业院校也非常清楚这一点。《巴符州双元制大学基本规章》第一条第二款开宗明义，明确了学校与企业的紧密协作关系，"通过学术机构之大学教育与相应培训中心之实践导向培训密切结合，培养学生独立运用科学知识和方法于职业实践的能力；基于双元培训之需要，与培训中心合作，推动相关研究（即合作研究）"②。职业院校必须能有效容纳企业及其实践教学，并在具体教育实践中与相关要素融合为有机整体。因此，德国职业院校的管理和要素都有二元特征。

2. 双元制模式下的教师和学生

德国通过建设双师队伍和构建学生双重身份，有效保证了双元制教育实践的实施。职业院校的师资普遍强调实践经验和经历，教学过程突出实践和职业导向，保障学生实践技能和职业能力的培养。

一是"双师型"职业教育教师。德国非常注重职业教育师资的"双师"素养和能力。从整体看，双元制职业教育师资包括学校教师和企业职教人员，他们属于两个体系，各有分工，共同协作实施

---

① 江奇.从校企合作到学习场所合作——德国职业教育研究和实践的新发展[J].比较教育研究，2014（01）：93-99.
② 逯长春."职业学院"到"双元制大学"——德国巴符州职业学院发展轨迹及启示[J].高校教育管理，2014，8（04）：104-108.

双元制职业教育。职业院校教师主要承担理论知识和各种普通知识的传授；企业职教人员（或称实训教师）属于企业雇员，有专职和兼职两种，侧重实践能力培养。两条路径保证师资队伍的"双师"性质。

为确保职业院校的师资质量，一方面，在教师入职标准中严格要求实践能力和经验。德国《高等教育总法》规定，除博士学位外，担任应用科学大学教授还必须拥有不少于5年的相关领域实践工作经历，且其中至少有3年是学术性机构之外的工作。[①]另一方面，通过其他途径补充师资，特别是聘任社会各界有丰富实践经验的人士为学生授课，以保证职业教育与各行业实践前沿和实际需求保持紧密联系。实际上兼职教师的需求量越来越大，甚至超过了专任教师数量。例如，柏林经济与法律应用科学大学有156名教授、495名校外特聘讲师，卡尔斯鲁厄技术和经济应用科学大学有176名教授、330名校外特聘讲师。[②]职业院校根据行业、专业需求和学校实际状况动态管理外聘师资，以最大程度保证学生获得高水平职业教育。

德国对职业教育的师资培养亦凸显"双师"特征。德国有非常完备的职业教育师资培养系统，在任何一个环节及全过程，实践能力和经验都是关键要素。首先，对生源强调实践经验和经历。职业师范教育要求入学学生具有一定的实践经验和经历，同时为具有社会工作经验的人提供培养路径。"德国的职业教育者大多数是拥有企业经验的工程师、技术员，他们在工作几年后通过职业师范专业的学习，转而成为职业教师，这就让享有盛誉的德国双元制职业教育

---

① 陈正.德国应用技术大学的历史变迁对我国职业教育的启示［J］.国家教育行政学院学报，2014（10）：84-88.
② 孙进.德国应用科学大学校企合作的形式、特点与发展趋向［J］.比较教育研究，2012，2.

拥有了雄厚的师资力量，经济也得以飞速发展。"①其次，对在职教师的培训，既重视知识更新，同时非常重视实践能力的提升。师资培训通常和企业保持紧密联系，以强化教师的实践能力。

二是具有双重身份的学生。德国高等职业院校学生来源呈多样化特征，其中高中毕业生是主要生源。高等专业学校招收专科高中毕业生及同等学力者入学，即学生通过12年学习，在专科高中（学制中的第11级和第12级）获得入学资格，其中第11级主要接受专业实践教育，可以用职业教育替代。②应用科学大学的生源主要包括文理中学第11级、第12级或第13级毕业生，职业/专业中学毕业生，专业高级中学毕业生，高级职业专科学校毕业生及专科学院毕业生等。③

与传统双元制职业教育体系中的学生一样，接受高等职业教育的学生也具有双重身份。一方面，学生是在校学生；另一方面，学生和企业签订合同，属于企业一员。双元制高等职业院校继承了双元协作路径，以保证学生获得高水准的职业技术教育和实践能力。其中获得企业合同许可非常重要。应用科学大学学生首先要到企业申请，经过企业的筛选，和企业签订培训合同并获得资助，才有可能被大学录取。④也就是说，入校学习一方面要求生源具有一定的实践经验和必要的文凭，即文理高中毕业生或通过培训达到同等学力者；另一方面学生必须与企业签订培训合同，即与参加职业

---

① 杨柳.德国"双元制"职教师资培养模式对我国的启示［J］.江西师范大学，2008：30.
② 李小娃.德国高等职业教育的院校类型、招生特点及启示［J］.高等职业教育探索，2018，4.
③ 宋晓欣，闫志利，Müller-Rytlewski.德国应用科技大学招生制度特点及启示［J］.中国职业技术教育，2015，33.
④ 孙进.德国应用科学大学校企合作的形式、特点与发展趋向［J］.比较教育研究，2012，2.

学院联合培训的企业签订接受职业训练的综合合同。①学生和企业签订劳动合同并从企业获得劳动报酬,这种机制解决了学生生活费的来源问题,使学生能够安心投入到学习和工作当中。学生在学习期间能够得到学校教师和企业师傅的个性化指导,职业能力得到切实提升。②学生和企业签订具有法律效力的正式合同,明确赋予和显示了学生所具有的双重身份,揭示了学生获得教育的两种协作路径。

3. 双元制模式下的教育教学

双元制模式下,职业院校和企业的教学内容互相配合,形成有机协作体系。职业教育包含技术技能培训和专业知识理论的教学,受教地分别是企业和职业学校。学生必须完成职业院校和企业的教育培训,才能完成整个学习过程。

院校和企业在法律规定下共同展开职业教育与教学。"职业学校根据各州制订的《框架教学计划》组织教学活动,在企业中进行的实践性教学活动则根据德国联邦政府颁布的《职业教育条例》来设计和实施。"③职业院校和企业合作教育的过程非常复杂,需要双方在目标、内容、方法、时间等各方面严密互补和高效协作。以应用科学大学来看,理论教学在大学完成,实践教学在企业完成,大学和企业的教学轮流进行,分别为期3个月。在整个教学过程中,企业的实践教学占据非常重要的地位,要求各个专业的学生必须完成实习方能毕业;实习则由学生直接与企业联系。毕业论文或设计也与企业有关。一般由企业以招聘广告的形式在企业网站或专业的招

---

① 李小娃.德国高等职业教育的院校类型、招生特点及启示[J].高等职业教育探索,2018,4.
② 陈愚,李鹏.德国双元制应用技术大学对我国地方院校转型的启示[J].实验技术与管理,2017,34(04):275-279.
③ 潘庆玉.德国职业教育及教学模式的探讨[J].继续教育研究,2009,10.

聘网站上发布主题，由学生向企业提出申请。应用科学大学的学生大多选择在企业完成毕业论文或设计。在完成整个毕业设计的过程中，学生会得到大学导师和企业方面相关专家两方面的辅导。为了保证整个过程的质量和效果，双方签订专门合同规定各自的责任与义务。[①]德国企业每年在职业教育方面投入大量的人力和财力，建立自己的实训中心，对学生进行实训和考核，并对于参加实训的学生发放生活补助，以培养学生对企业的归属感和荣誉感。[②]

德国应用科技大学和其他高等职业院校的核心优势和特色，就是很好地继承了双元制职业教育的传统。如巴符州双元制大学的教学核心是双元学习方案，即"每一名大学生同时也是一名培训生"，学校与企业紧密合作，以保证学生理论与实践交替学习，达到"知识向能力转化"的目的。在具体实施中，企业和社会机构自己选拔学生，与学生签订培训协议（通常为3年），企业在学习期间为学生提供持续津贴。[③]德国的职业教育有严格规范的考试制度，既有学校书面考试又有实际操作、技能考核。德国建立了由行业、学校、企业等组织组成的考试委员会，考试如果不能通过，学生则不能从事该行业的工作。[④]考试通过后，学生获得学校证书和职业资格证书，可以从事相关行业的工作。

职业院校与企业的合作程度以及企业提供的实践教育的质量，从根本上决定了学生所受职业教育的水平。德国职业院校依托企业

---

① 孙进.德国应用科学大学校企合作的形式、特点与发展趋向[J].比较教育研究，2012，2.
② 郑健.从德国的职业教育看我国应用型院校的发展[J].大学教育，2018，3.
③ 逯长春."职业学院"到"双元制大学"——德国巴符州职业学院发展轨迹及启示[J].高校教育管理，2014，8（04）：104-108.
④ 财政部国际司.德国职业教育体系介绍.http://gjs.mof.gov.cn/pindaoliebiao/cjgj/201308/t20130806_974355.html.

办学及运行的模式，就是为了使职业教育贯通理论与实践，使社会、行业发展的需求能及时反馈于教育过程，避免知识与应用脱节，使学生获得较高的职业素养和职业能力。

三、德国职业院校发展的经验启示

德国职业院校在发展中突破传统教育边界，与企业紧密合作，共同培养人才。职业院校始终坚持和企业分享教育的主体地位，明确自己的核心功能，确保在双元制职业教育中的主体价值，同时在职业教育升级进程中抓住机遇，不断探索更进一步的发展。

（一）建构有益于职业院校发展的文化和认知

德国职业教育能享誉世界，与其文化传统关系密切。首先，德国国民整体具有务实踏实的特征，社会和百姓普遍重视技术技能，有深厚的崇尚职业劳动和技艺技能的社会精神和文化氛围。德国很多历史人物的思想不断地强化这种文化特征。如马丁·路德是提倡政府实施强制性义务教育的第一人，他的"天职观"对德国人尊重劳动、热爱职业的传统教育价值观的形成和发展有深远影响，促进了德国人独特的工作观、职业观、人才观的演变和发展。[1]其次，德国知识界特有的思辨和理性传统也深刻地影响着人们对劳动、职业的认知。如康德第一个把"教育"这种复杂的社会文化现象纳入"科学"的认识范畴之中，认为教育方法应成为一种科学。这种对科学的独到理解，促进了德国职业教育理论的发展。当19世纪中叶

---

① 曾繁相. 德国职业教育发达的历史与现实成因及其对我国职业教育的启示 [J]. 教育与职业，2014，2.

"务实、实证的自然科学观念和方法"在德国社会被普遍接受时,反映职业教育特征的"职业科学"便在德国思辨文化的土壤上得以发芽成长。[①]最后,德国的职业教育思想发达。凯兴斯泰纳等教育家阐述并实践自己的职业教育思想,为德国职业院校的兴起发展奠定了深厚的理论基础和内涵精神。在德国文化传统中,职业教育并非仅仅是为了获得工作或为了谋生,而是完成人的成长的必要方式。这样的文化传统和思想观念,使得德国人重视职业教育,形成了独特的国民职业教育认知观念和视野,同时塑造了国民良好的职业和劳动观念,为职业教育的发展奠定了深厚的基础。

因此,促进职业教育和职业院校发展,需要从认知和文化氛围的建构入手,强化人们对技术技能的态度,改变人们对职业教育的传统认知,逐步改善职业教育的社会地位。只有整个社会对职业教育的认同加强,形成崇尚职业精神、尊重劳动及技术工作的社会风气,形成符合时代发展需求和人的发展规律的职业教育思想和观念文化,职业教育和职业院校才能获得更广泛的发展和更有力的支撑。

(二)完善法律法规体系,保障职业院校发展

德国有一套体系严密的法律法规,支持职业教育,保障职业院校权益,为职业院校的发展创造了良好的环境和条件。德国关于职业教育的法规条例非常细致且有针对性,学校和企业的教育、培训过程都受国家法律法规的制约和引导。例如,针对职业学校教育体系的法律条令有《职业学校框架协议》、《职业学校文凭协议》、《职业专科学校框架协议》、《专科学校框架协议》、《关于职业学校结业

[①] 曾繁相.德国职业教育的起源、发展与崛起对我国职业教育的启示[J].教育与职业,2014,2.

的协议》、《关于受教育者人数较少的国家认可教育职业的学生跨州专业班级的框架协议》、《职业学校结业协议》、《职业学校职业相关学历框架教学计划的制定及其与联邦教育条例协商指南》等等。① 德国关于职业教育的立法历史非常悠久，对职业教育影响深远。12世纪科隆"车旋工规章"是早期的职业教育法律雏形。而不同时期适时订立的法律法规，则对职业教育的发展起着重要的引导和保护作用。一些关键性的法律法规从根本上影响了德国职业教育的内涵和格局。如1811年的《工商警察法》打破了行会的学徒训练垄断权，为职业学校开辟了发展空间，为后来的双元制职业教育模式奠定了基本结构。严密完备的法律法规体系明确了职业教育的职责、义务、教育内容、考核方式等，保障了职业院校的稳定发展。

我国关于职业教育的法律法规尚待进一步完善。近些年来，我国加强了职业教育相关法律法规的建设，但无论是广度还是深度，仍不能满足职业教育发展的现实需要。如我国1996年通过并实施的《职业教育法》侧重于宏观指导，缺少对职业教育具体问题的规范和指导，师资、培训、考核、准入资质等重要内容缺失，难以适应职业教育飞速发展的需要。② 同时，我国当前职业教育法律体系中关于职业教育与普通教育衔接的部分几乎是空白，关于职业教育内部衔接的相关规定也需进一步完善。③ 虽然近年来颁布了一系列推动职业教育发展的政策和文件，但是进一步细化、完善职业教育法律法规仍然是紧迫问题。总之，建设完整的职业教育法律体系、增强职业教育法律对职业教育发展的引导和规范，是职业院校快速发展的必

---

① 江奇.德国职业教育校企合作机制研究［J］.陕西师范大学，2014：49-50.
② 乔程.德国职业教育体系参照下我国职业教育发展刍议［J］.继续教育研究，2017（05）：118-120.
③ 李海宗，陈磊.德国职业教育衔接模式对我国的启示［J］.中国高教研究，2012（09）：102.

要保障。

(三) 国家统筹引导职业院校发展

首先,德国政府通过保证职业院校地位,引导双元职业教育格局最终形成。19 世纪,在德国政府的大力推动下,"进修学校不断经过国家改造,才具有职业学校的雏形"①,职业院校得以在较短时间快速具备发展基础并持续发展。正是政府的作用,德国职业教育才获得和普通教育一样重要的地位,成为义务制教育,为高等职业院校的发展奠定坚实基础。正是政府重视职业教育的传统,德国才形成了成熟、完备的职业教育法律法规体系,为双元制职业教育和职业院校发展提供了法律保障。正是政府高效的服务和支撑,德国职业院校才能和企业紧密协作、深度联合。正是政府大力支持,德国高等职业院校才能加大改革和升级力度,加大国际化进程,职业院校才能取得突破性发展并迎来新一轮发展机遇。

其次,德国政府引导多方协作。双元制涉及企业和学校,还涉及地方政府、行业产业等多种主体,不仅涉及教育问题,还涉及经济税收、社会管理等问题,要全面协调好不同主体、要素间的需求和利益,使企业和学校两种不同类型的组织完成目标一致的高效合作,没有政府持续强力的影响难以实现。德国职业教育特色突出,体系完备,学校和企业协调统一,和政府的介入、努力分不开。

再次,德国政府全面参与,推动职业院校发展。这包括加强对职业院校发展改革的支持,在财政、政策等多方面给予保障和激励;加强对职业教育和人才培养相关规范、条例、标准的探索和研究;加强面向未来的职业院校发展布局;加强职业院校的数字化信息化

---

① 李超.德国职业教育历史源起与勃兴——以19世纪为考察对象 [J].黑龙江高教研究,2016 (12):61-63.

及人工智能化实践；引导并加强企业对职业教育的参与力度，激励企业与职业院校合作等。这些实践仅靠职业院校的力量难以完成。德国政府通过顶层设计、制度和法律建设，甚至具体标准的制定、实施，从各个方面推动、支持职业院校发展。

最后，国家支持保障了社会对职业教育的高度认可。德国政府和社会一直对职业教育保持较高的认可和重视度。政府通过完善的法规体系和条例等赋予职业教育和普通教育同等地位，保障了职业教育的生源，使职业院校在整个教育体系中占据重要位置并发挥重大的教育和社会作用。早在20世纪初，德国高等职业院校数量就已经超过了普通高等院校，占到高校总数的59%。[①] 由于职业教育的高质发展，德国的学生非常认同双元制职业教育。这一趋势并没有随着社会的发展而减弱。近年来，德国政府大力升级职业教育，提高职业教育学历，进一步巩固职业教育的地位，突出职业教育的重要性，为职业院校开创新发展局面创造条件。

（四）职业院校与企业建立主体合作关系

德国职业院校能获得社会认可，德国职业教育能成为世界一流，归功于成功高效的校企合作。校企合作模式符合职业教育人才培养规律。职业院校加大与企业、行业合作的力度和有效性，是职业人才成长、教学中理论与实践的结合，以及学生形成职业能力和素养的最佳教育机制。德国的现代职业教育经历了上百年的发展，其职业院校和企业的合作背后有着深厚的传统支撑，已形成成熟的有机体系。

首先，德国从立法的角度逐渐明确了企业在职业教育中的主体

[①] 孙慧敏，肖凤茹.职业教育和培训：国外的经验与中国的实践[J].天津师范大学学报（社会科学版），2006（5）：76-80.

地位，特别是20世纪下半叶颁布的《联邦职业教育法》、《职业培训促进法》、《劳动保护法》、《工商会法》等，从不同层面和角度明确了行业和企业在职业教育中的责任。其次，德国通过立法，从财务和税收两方面将企业嵌入职业教育框架。德国《联邦企业基本法》规定企业总收入的2.5%必须用于职业教育，《联邦职业教育法》规定所有企业必须按从业人员总数的7%提供职业培训位置，否则额外承担相应税负。同时，德国法律还规定每个企业都必须加入行业协会，行业协会下属企业不论是否有职业培训任务，都必须向所在的行业协会缴纳一定的培训费用，行业协会设立的教育基金会负责规划、安排培训费用的使用及分配。① 联邦政府为了保证企业缴纳资金的合理使用，制定了严格的资金申请和使用办法，企业的教育培训部门可以申请和使用这部分资金，大部分的企业可以获得50%—80%的教育培训补助，国家重点扶持的产业或社会急需的职业岗位有可能获得全额的培训补助。如果企业所提供的职业培训岗位比求职人数少12.5%，将按照《职业教育学习位置促进法》征收一定的职业教育费。不重视职业教育的企业要缴纳一定费用，这一措施极大地促进了企业对职业教育的支持。② 正是从经济角度建立企业与职业教育的关联，才更大程度地强化了企业的职业教育责任和义务，使企业养成了深度参与职业教育的传统。

德国企业历来重视自己在职业教育中的主体地位，不仅在人才培养实践中投入力量，而且对于整个职业教育的变革发展也异常关注。如将双元制职业教育引入高等教育，就源于巴符州的博世、戴姆勒-奔驰、洛伦兹标准电气等3家企业提出的相关建议。企业对

---

① 吴青松，刘群，巫霞.职业院校全面开展职业培训的困境和出路——基于英国、德国职业教育培训立法的启示［J］.成人教育，2020，10.
② 郑健.从德国的职业教育看我国应用型院校的发展［J］.大学教育，2018，3.

职业教育的关注，推动企业思考职业教育实践、形成新理念，并迅速在职业教育实践中引发行动，拓展了德国乃至世界职业院校发展的新空间。

良好的校企合作并非依靠学校或企业的力量就能实现。为了使双元制职业教育落实有效，德国政府在法律法规建设方面的努力从未间断，而且随着时代变化动态调整改革，以维护校企合作。我国也需要持续加大对职业教育的支持和引导力度，通过政策、法规、资源等落实企业在职业教育中的主体地位。院校需要转换思路，以学生的发展和成长为本位，加大改革力度，探索并深化联合企业培养人才的路径。职业院校需在为社会服务的过程中，获得更多有价值的行业支持和社会资源，探索创造和企业深度合作的机制。行业企业需要为人才培养加大责任，基于行业和自身的长远发展，积极参与到职业教育人才培养工作中来。

四、院校案例：巴符州双元制大学

双元制大学是在职业学院（BA）基础上发展而来的职业教育升级模式。20世纪70年代，高等教育领域的职业院校——双元制大学兴起于德国巴登-符腾堡州。巴登-符腾堡州双元制大学是德国第一所双元制大学，总部设在斯图加特，由巴登-符腾堡州的职业学院合并而成，包括海登海姆校区、海尔布隆校区、卡尔斯鲁厄校区、勒拉赫校区、曼海姆校区、莫斯巴赫校区、斯图加特校区、拉文斯堡校区和维林根-施维宁根校区等9个校区。目前，巴符州双元制大学约有34000名在校生，学校与约9000家企业和社会机构展开合作，提供工学、经济学和社会学领域的学位项目。[①]

（一）继承双元制传统

巴登-符腾堡州经济活跃，20世纪中后期，企业对高级应用型人才的需求加大，但毕业生满足不了相关需求，于是在企业的提议和带动下，巴登-符腾堡州出现了企业联合培养人才的"斯图加特模式"。1974年，首批职业学院在巴登-符腾堡州的斯图加特和曼海姆成立，当时共有50家合作培训企业参与，总计对160名大学生进行双元制培训。1982年，州议会通过《巴登-符腾堡州职业学院法》[②]，职业院校正式获得高等教育机构的地位。

巴登-符腾堡州开创了高等教育领域的双元制，或者说将德国独具特色的双元制优势延伸到了高等教育领域。在整个教育过程中，为了提高学生的职业竞争力和职业素养，学校通过与企业联合培养的方式，在提供专业理论知识教育的同时，由相关企业开设培训和实践课程，为理论与实践结合提供双元学习路径，即接受高等职业教育的学生具有双重身份，在校学习时也是企业一员，同时在学校学习和在企业接受培训。巴登-符腾堡州的模式很快获得认可，德国其他州开始效仿。

2009年，巴登-符腾堡州进一步推动高等职业教育发展，将8所职业学院组建成双元制大学（DHBW）。这是德国第一所以"双元制"命名的高校，也是最主要的双元制大学课程提供者，学生规模最大，为学生提供的学习位置也是同类大学中最多的。自2011年

[①] 张烨，黄秋明.德国双元制应用型本科人才培养模式研究——以巴符州双元制大学为例［J］.职教论，2018（02）：171-176.

[②] 张烨，黄秋明.德国双元制应用型本科人才培养模式研究——以巴符州双元制大学为例［J］.职教论，2018（02）：171-176.

开始，除本科层次外，DHBW 还开创了硕士层次的双元制学习项目。①巴登－符腾堡州双元制大学具有鲜明的职业特征，是德国第一个整合学术学习与职业培训的高等教育机构，获得理论知识并应用于实践是该大学的核心原则。②

（二）坚持职业导向的人才培养定位

巴登－符腾堡州双元制大学以职业能力为导向，培养将理论应用于实践的高水平应用型人才，其开设的课程都建立了相应的职业培养目标，强调实践能力和职业能力的培养，学生在学校和企业两个不同的学习场所接受教育培训，通过学校和企业两个体系的课程实现培养高水平应用型人才的目标。

巴登－符腾堡州双元制大学的学习设计独具特色和优势：一是小班化教学，班级规模不超过 30 人，保证职业能力提升的个性化要求得到满足。二是将行业前沿和发展趋势的相关内容纳入课程，邀请其他学校及企业行业等机构的专家为学生提供实践前沿内容。三是以高强度学习保证学习质量，所有专业均需完成 210 个学分，学生须经历以 3 月为间隔的校企交替的学习过程。四是突出人才培养的国际化，加强国际合作。几乎所有的专业学习中，都有一部分内容要求学生在国外完成，以使学生获取跨文化工作经验。③学生的整个大学职业教育以满足企业培训要求为前提，旨在培养他们宽厚的理论基础、丰富的实践经验、较强的社会交往能力和团队协作

---

① 逯长春.德国"双元制"本科教育管窥——以巴符州双元制大学为例［J］.职业技术教育，2013，34（23）：92-96.

② 李小娃.德国高等职业教育的院校类型、招生特点及启示［J］.高等职业教育探索，2018，4.

③ 逯长春.德国"双元制"本科教育管窥——以巴符州双元制大学为例［J］.职业技术教育，2013，34（23）：92-96.

意识。①

(三) 企业在人才培养中的主体地位

德国高等教育领域的职业院校主要培养应用型、技术型人才，办学体制以企业为主，企业决定专业方向、教学计划、培养目标等。②企业对于人才需求的变化和能力的要求最敏感，将双元制引入高等教育、创办职业学院的提议者是企业，即把"大学学业和职业培训"结合起来以吸引高中毕业生。因此，企业在人才培养中拥有主体地位。

首先，企业拥有决定学生是否获得入学许可的权力。双元制大学录取的基本条件是学生需要在企业接受培训，并和培训提供场所签订培训合同。③决定学生入学许可的主体是双元制大学的合作企业而不是学校。学生直接向企业或社会机构提交入学申请，企业在申请者满足各项条件的基础上决定谁获得学习位置。在获得学习位置后，企业和学生签订具有法律效力的合同，约定双方责任和义务，企业向学生提供相应的津贴报酬。

其次，企业对培训及实践课程负责。企业全面实施实践课程是双元制大学实现人才培养目标的重要保障。每个学生在接受规定的文化理论教育的同时，接受严格的实践操作训练。整个学习过程中，大约60%是专业课程，40%是普通教育课程。学生在毕业时须参加

---

① 任晓霏，戴研，莱因霍尔德·盖尔斯德费尔.德国双元制大学创新驱动产学研合作之路——巴登-符腾堡州州立双元制大学总校长盖尔斯德费尔教授访谈录 [J].高校教育管理，2015，9.

② 匡瑛.高等职业教育发展与变革之比较研究 [D].华东师范大学，2005：69.

③ 李小娃.德国高等职业教育的院校类型、招生特点及启示 [J].高等职业教育探索，2018，4.

国家统一考试，考试通过可拿到毕业证书。①90%兼职教师是来自企业的资深专家。②通过在学校和企业的双重学习训练，学生在理论和实际操作方面都接受了较高层次的培养和训练，为成为符合行业企业需求的高层次应用型人才做好了全面准备。

最后，企业的认可决定着学生的毕业资质。双元制大学的教学过程由企业和学校协同完成，学生毕业时需要获得双方的认可。一方面学生要参加国家、学校的考试，获得学位证书；另一方面，学生要通过行业企业的相关测试，获得企业发放的资格证书。通常由行会协会组织考试，通过考试者，获得相应的职业教育毕业证，或代表资格认可的行业协会颁发的技工介绍信。企业的考试对于学生毕业非常重要。获得企业认可的资格证书，才能获得在该行业工作的许可。企业的考试对于学生毕业非常重要。③此外，企业还吸纳大部分学生就业。由于校企联合人才培养的成功，大多数学生在未毕业时就与企业签订了工作协议。在双元制大学完成学业后，约有85%的学生会留在原企业工作，并逐步进入中高管理层或技术层，持续推进产学研创新合作。④

（四）高效的管理和运行机制

德国成熟的职业教育法律法规体系和地方政府依法办学的传统，

---

① 匡瑛. 高等职业教育发展与变革之比较研究［D］. 华东师范大学，2005：71.
② 任晓霏，戴研，莱因霍尔德·盖尔斯德费尔. 德国双元制大学创新驱动产学研合作之路——巴登－符腾堡州州立双元制大学总校长盖尔斯德费尔教授访谈录［J］. 高校教育管理，2015，9.
③ 牛金成. 德国巴登符腾堡职业学院探微［J］. 职业技术教育，2017，38(30)：73-77.
④ 任晓霏，戴研，莱因霍尔德·盖尔斯德费尔. 德国双元制大学创新驱动产学研合作之路——巴登－符腾堡州州立双元制大学总校长盖尔斯德费尔教授访谈录［J］. 高校教育管理，2015，9.

为双元制大学的发展运行提供了保障。双元制大学的组织和运行严格遵循相关法律法规及职业教育的法律法规，如《州大学法》、《双元制大学设立法》、《州薪酬法》、《大学基本规章》等。此外，入学与注册、考试与质量保障以及合作伙伴加入等，均有相应条例予以规范。重要的是所有的法律与规章条例都非常细致。[1] 无论是和企业合作的路径、要求，还是教授的薪酬待遇、学生的入学及考试等，都有章可循、有法可依，极大地降低了学校办学和运行的实践成本。

双元制大学构建了合理的管理框架。根据《巴符州大学法》的规定，学校最高领导层由董事会、参议院和监事会等3个机构组成，其中董事会负责运营管理，原则上对所有在法律规章内无明确主管的事项负责，具体由管理行政机构执行。参议院裁定相关研究、教学、学业和双元培训的事项。监事会承担学校发展及提出相关措施的职责。学校的管理框架充分考虑了人员的多元化和代表性，董事会成员除了全职人员还有兼职成员，兼职成员主要来自社会培训机构。[2]

双元制管理运行机制中的一个重要角色是行业协会。行业协会的参与保障了双元模式的有效展开。职业教育法规定，行业协会（如手工业协会、工商业协会）和自由职业协会（如律师协会、会计师协会）等是组成相应职业教育地方主管机构的主要成员，负责监督、审核相应职业教育活动的各个环节，学生到企业实习、职业技能资格考试和证书颁发以及就业等都需要得到行业协会的认可。[3]

---

[1] 逯长春."职业学院"到"双元制大学"——德国巴符州职业学院发展轨迹及启示[J].高校教育管理，2014，8（04）：104-108.

[2] 逯长春."职业学院"到"双元制大学"——德国巴符州职业学院发展轨迹及启示[J].高校教育管理，2014，8（04）：104-108.

[3] 任晓霏，戴研，莱因霍尔德·盖尔斯德费尔.德国双元制大学创新驱动产学研合作之路——巴登-符腾堡州立双元制大学总校长盖尔斯德费尔教授访谈录[J].高校教育管理，2015，9.

双元制大学受到企业和广大高中毕业生的欢迎。一项调查显示，成绩最好的高中学生都愿意报考巴登-符腾堡州双元制大学，毕业生大多很快进入企业的中高层管理或技术岗位。以 IBM 公司为例，在 31—40 岁的员工中，收入最高的是从双元制大学毕业的学生。[①]双元制大学在实践中快速发展，得到了社会和学生的普遍认可。

---

① 任晓霏，戴研，莱因霍尔德·盖尔斯德费尔.德国双元制大学创新驱动产学研合作之路——巴登-符腾堡州州立双元制大学总校长盖尔斯德费尔教授访谈录［J］.高校教育管理，2015，9.

后 记

中国拥有世界上最大规模的职业教育体系。在服务国际产能合作方面，中国职业教育也正在协同企业"走出去"。可以说，中国职业教育正以自信的姿态开放办学、迈向世界。本书从全球产业和科技变革对职业教育提出的机遇与挑战的视角，在剖析世界高等职业教育的历史演进和国际职业教育发展经验及趋势的基础上，对建设中国特色世界一流职业院校的若干问题进行了深入研究，内容涉及新科技浪潮中的"大国工匠"培育、产教融合和校企合作、专业与课程建设、数字化教育革命、教学创新、文化育人、国际化发展、质量保障等方面，并以深圳职业技术学院为案例进行了生动阐释，希望能对不断提升中国职业教育的办学水平和国际影响力贡献绵薄之力。

全书的主要观念和写作思路由深圳职业技术学院党委书记杨欣斌教授提出。杨欣斌对写作提纲进行了反复修订和完善，参与全书的写作过程并撰写了部分章节，负责全书内容的统稿和审校。深圳职业技术学院技术与职业教育研究所李建求研究员和卿中全研究员负责全书写作过程的组织、协调。参与各章内容撰写的人员如下：第一章（杨欣斌教授，袁礼博士），第二章（魏明副研究员、博士），

第三章（宋晶副研究员、博士），第四章（卿中全研究员，王茂莉副研究员），第五章（艾娣博士，袁礼博士），第六章（徐平利研究员），第七章（李灵莉副研究员、博士），第八章（乌云高娃教授，林献忠博士），第九章（江涛副研究员、博士），附录（李灵莉副研究员、博士）。在全书写作过程中，魏明副研究员做了大量具体的协调工作，谢晨辉和戴敏在书稿排版中付出了辛勤劳动。

在此要强调指出的是，本书虽然由部分人执笔撰写而成，但实际上是深圳职业技术学院2000多名教职员工辛勤汗水的结晶，广大教师的创造性劳动为本书提供了珍贵的素材，由于人数众多未及逐一署名，在此一并对他们表示感谢。我们还要感谢本书参考资料中提到的所有作者。商务印书馆自始至终关心本书的出版，提供了很多建设性意见，对于他们的敬业精神我们也表示感谢。

本书得到深圳职业技术学院学术著作出版资助项目的资助。我们把这部专著作为深圳职业技术学院在建设中国特色世界一流职业院校进程中统筹推进"双高"院校建设的一个阶段性成果，也作为向深圳职业技术学院30周年校庆的献礼。

2022年2月28日

图书在版编目(CIP)数据

中国特色世界一流职业院校建设研究 / 杨欣斌等著. — 北京：商务印书馆，2022
ISBN 978-7-100-20910-6

Ⅰ. ①中… Ⅱ. ①杨… Ⅲ. ①高等职业教育－学校管理－研究－中国 Ⅳ. ①G719.2

中国版本图书馆CIP数据核字(2022)第043479号

权利保留，侵权必究。

中国特色世界一流职业院校建设研究
杨欣斌 等 著

商 务 印 书 馆 出 版
（北京王府井大街36号 邮政编码100710）
商 务 印 书 馆 发 行
艺堂印刷（天津）有限公司印刷
ISBN 978-7-100-20910-6

2022年7月第1版　　开本710×1000　1/16
2022年7月第1次印刷　印张19

定价：95.00元